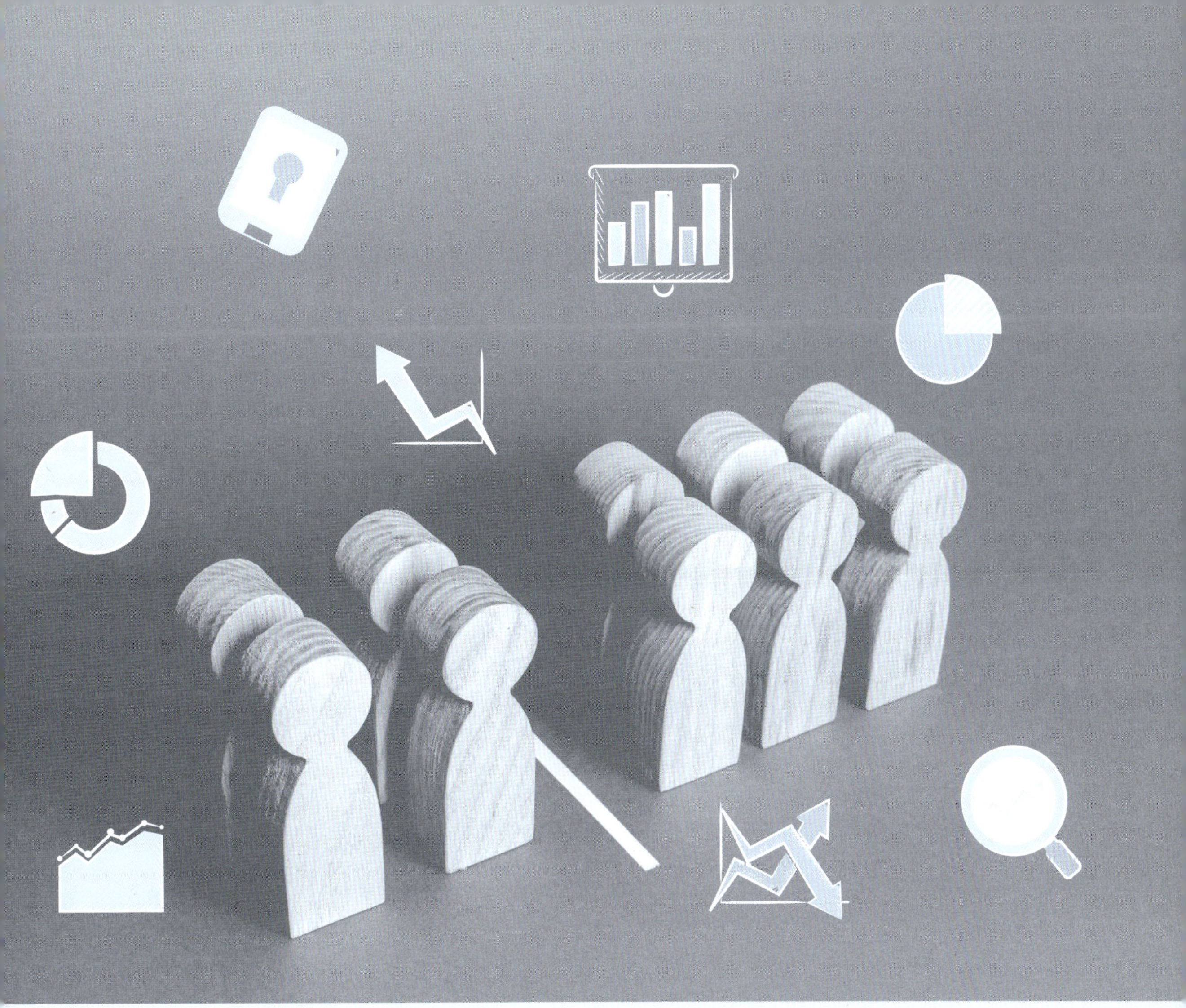

Statistical Class

수학교사를 위한 통계 수업

| 전영주 · 윤용식 · 배종호 지음 |

KM 경문사

머리말

통계는 모든 과학적 연구의 토대이자 데이터 기반 의사결정의 핵심 도구이다. 그리고 사회과학, 자연과학, 공학 등 데이터를 다루는 연구 분야에서 사용되는 통계적 방법은 현대 사회의 복잡한 문제를 해결하는 데 있어서 필수적이다. 더욱이 최근 이슈가 되고 있는 인공지능(AI) 연구에 있어서 통계와의 조합 체계는 필수 불가결의 요소로 여겨지고 있으며, 이러한 이유로 통계를 이해하고 활용하는 능력은 이미 현대사회에서 필수적인 역량 중 하나로 자리매김했다. 따라서 학생들에게 과학적으로 사고하는 방법과 실생활에서 발생하는 여러 문제에 대하여 데이터를 기반으로 분석하고 해결하는 능력을 길러 주는 통계교육은 당위적이며 피할 수 없는 과제가 되었다.

수학교사는 이러한 통계교육의 중요한 안내자이다. 학생들은 교사를 통해 통계의 기초 개념을 배우고, 데이터를 분석하고 해석하는 방법을 익히게 된다. 그래서 수학교사는 통계의 기본 개념을 명확하게 이해하고, 이를 학생들에게 효과적으로 전달할 수 있는 능력을 갖추어야 한다. 그렇지만 수학교사들 중에는 통계교육에 어려움을 토로하는 이들이 많다. 그것은 통계교육에 대한 체계적인 안내와 수학교사를 위한 맞춤식 통계교육 자료의 부족에서 기인한다고 볼 수 있다.

고로 이 책은 수학교사들이 통계 이론과 핵심 개념에 쉽게 접근하고 학생들에게는 통계의 중요성과 유용성을 효과적으로 전달할 수 있도록 수학교사의 통계교육 전문성 향상을 돕기 위한 내용으로 구성하였다. 특히, 통계에 대한 기초적인 이해부터 교실에서 학생들에게 효과적으로 통계를 가르치는 방법까지 포괄적으로 다루었다. 이 책은 다음의 세 가지를 고려하여 집필하였다.

- 통계교육에 필요한 이론적 내용과 개념 이해
- 문제해결을 통한 통계의 핵심 개념 점검 및 확인
- 학교 통계교육을 위한 실용적인 가이드

이 책은 총 13장으로 구성되어 있으며, 1~2장에서는 통계교육의 이해와 자료를 표현하는 방법을 설명하고, 3~6장에서는 자료를 수집하고 분석방법을 선택하여 분석 결과를 올바르게 해석하는 데 주요한 역할을 하는 확률론의 기초를 소개하였다. 7~8장에서는 대표적인 확률분포의 유형을 설명하고, 9장에서는 추론통계 준비를 위한 모수와 통계량의 관계, 10~11장에서는 본격적인 통계분석인 추론통계 개념을 안내하였으며, 12장에서는 통계적 추론에서의 중요한 분포를 담았다. 그리고 13장에서는 최근 화제가 되고 있는 인공지능(AI) 분야와 관련된 통계분석에 대해 설명하였다. 그리고 각 장의 내용 가운데 수학교사들이 놓치기 쉬운 통계 개념을 '수학교사를 위한 통계 수업' 코너로 별도 소개하였다. 또한 각 장마다 핵심 개념을 제대로 이해하고 있는지 점검할 수 있는 문제(Exercise)를 두어 수학교사 스스로 부족한 부분을 확인할 수 있도록 하였다.

모쪼록 이 책을 읽는 수학교사 여러분께 실질적인 통계 개념 이해와 학생들의 통계교육에 도움이 되기를 바란다. 또한 이 책을 통해 통계가 단순한 수량적 자료의 계산 체계가 아닌 세상의 복잡한 문제를 이해하고 해결하는 데 필요한 강력한 도구임을 다시 한 번 되새기고, 학생들에게 통계의 매력을 효과적으로 전달할 수 있기를 기대한다. 동시에 여러분의 통계교육 여정에 유익한 동반자가 되기를 진심으로 바란다.

마지막으로 이 책을 만드는 과정에서 도움을 주신 많은 분들과 이 책의 출판을 격려해 주신 경문사 조경희 사장님과 편집부에 깊은 감사를 드린다.

2025년 1월

저자 일동

차례

제 1 장
통계교육의 이해

1.1 통계를 왜 가르쳐야 할까

우리는 지금 경제학자 갤브레이스(J. K. Galbraith)의 말처럼 고도로 정보화된 정보의 홍수(flood of information) 속에서 모든 것을 확신할 수 없는 불확실성의 시대(The age of uncertainty)를 살아가고 있다. 그래서 우리는 자료(data)를 수집하고 이를 토대로 얻은 정보(information)를 활용하여 확실하지 않은 어떠한 사실에 대한 과학적인 판단을 할 수 있는 방법을 터득해야만 한다. 이것은 학생들에게도 자료와 정보를 활용할 수 있도록 이를 가공하고 분석하는 능력을 길러 주어야 한다는 방증이기도 하다. 여기서 말하는 능력이란 정보처리능력(information literacy)과 합리적 의사결정 능력(rational decision-making competence)이며 이 능력을 배양시키는 것이 통계교육이다(김창일, 전영주, 2017).

그리고 이러한 통계교육을 통해 얻게 되는 통계지식은 필요한 데이터와 흩어져 있는 정보를 수집·종합·분석하여 합리적 의사결정으로 이끄는 현대적 이해의 도구로, 또 불확실성의 미래를 개척해 나아갈 수 있도록 돕는 과학적 사고 체계의 밑거름이 된다. 그래서 통계지식은 오늘날 민주시민으로서 갖추어야 할 기본소양이 되었다(김창일, 전영주, 2020). 결국, 통계는 교과서에 갇힌 지식이 아니라 교과서 밖의 일상과 유기적으로 연계하기에 가장 적합한 학교수학의 주제로 거대하게 움직이는 복잡한 현대사회의 여러 현상을 이해하고 분석하는 훌륭한 도구가 되고 있다.

1.2 통계교육의 방향

미국수학교사협의회(NCTM, 2000)는 학교수학의 규준을 통해 자료를 수집하고, 분석하여 추론과 예측을 행할 수 있는 능력 함양을 통계교육의 지향점으로 제시하였다. 우리나라의 수학과 교육과정에서도 NCTM과 유사하게 미래를 예측하고 합리적으로 의사결정하는 통계적 소양[1]

함양이라는 통계교육의 목표를 제시하고 있다. 중학교에서는 〈확률과 통계〉 단원, 그리고 고등학교에서는「확률과 통계」교과목에 그 기본 방향을 담고 있다. 이를 좀 더 구체적으로 살펴보면, 중학교에서는 자료를 수집·정리하고, 정리된 자료를 보다 더 쉽게 파악할 수 있도록 표나 그래프, 그림 등에 의해 나타내거나 자료가 갖는 특성을 분석하고 설명하는 방법을 다루는 (기술)통계교육을 강조하고 있다. 고등학교에서는 표본을 대상으로 얻은 정보에서 모집단의 특성을 추론하거나 모집단에 대한 가설 검증의 방법을 다루는 (추측)통계교육에 그 중심을 두고 있다. 그러면서 빅데이터 시대를 반영하는 실생활 맥락의 통계교육으로 통계의 유용성과 가치 인식 제고에 주안점을 두고 있다.

이러한 통계교육은 Ben-Zvi et al.(2004/2010)이 주장한 자료의 필요성과 자료 생성 방법에 대해 알기, 기술통계와 관련된 기초 용어와 아이디어에 대해 알기, 그래프와 표를 알고 해석하기, 기초적인 확률 개념에 대해 이해하기, 통계적 결론을 내리거나 추정하는 방법에 대해 알기 등 통계적 소양을 위해 필요한 통계적 기초 지식의 요소들을 배워야 한다는 것과 같은 맥락에서 이해할 수 있다. 그리고 이 같은 통계지식 습득을 위한 통계적 탐구 절차는 Watson(2006/2013)이 제시한 개념 지도를 통해 살펴볼 수 있다([그림 1-1]).

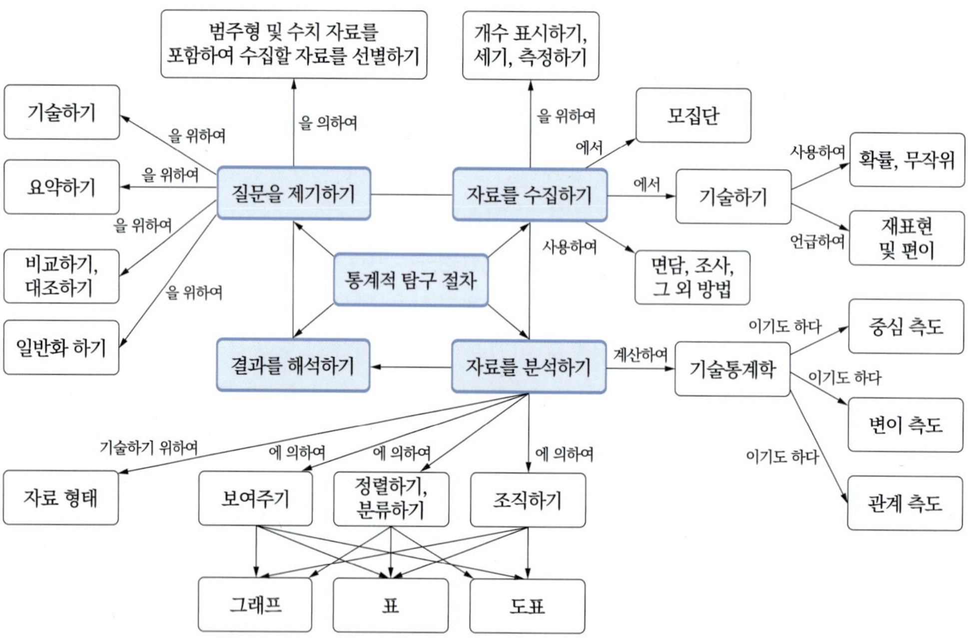

[그림 1-1] 통계적 탐구 절차에 대한 개념 지도(Watson, 2013, p.16)

[1] Garfield et al.(2008)은 통계적 소양을 두 가지로 나누어 설명하고 있다. 하나는 다양한 맥락에서 접하는 통계 정보나 자료와 관련된 주장, 또는 확률 통계적 현상들을 해석하고 비판적으로 평가하는 능력이며, 또 다른 하나는 통계 정보에 대해 토론하고 의사소통하는 행동을 말한다.

1.3 자료와 정보 그리고 통계학

앞서 자료와 정보라는 용어를 사용하였다. 사전적 의미로의 자료는 '연구나 조사 따위의 바탕이 되는 재료' 를 의미하며, 정보는 '관찰이나 측정을 통하여 수집한 자료를 실제 문제에 도움이 될 수 있도록 정리한 지식 또는 그 자료' 를 뜻한다(Naver 국어사전, 2024). 이를 종합하여 정리하면, 우리 주변의 실생활에서 관찰이나 측정을 통해 수집한 사실이나 결과인 가공되지 않은 자료를 특정 목적에 맞게 가공해서 합리적인 의사 결정의 근거로 사용될 수 있도록 정리한 것이 정보이다. 그리고 이를 과학적으로 접근하여 연구하는 학문이 바로 통계학(statistics)이다. 이러한 통계학을 대략적으로 분류하여 도식화하면 [그림 1-2]와 같다.

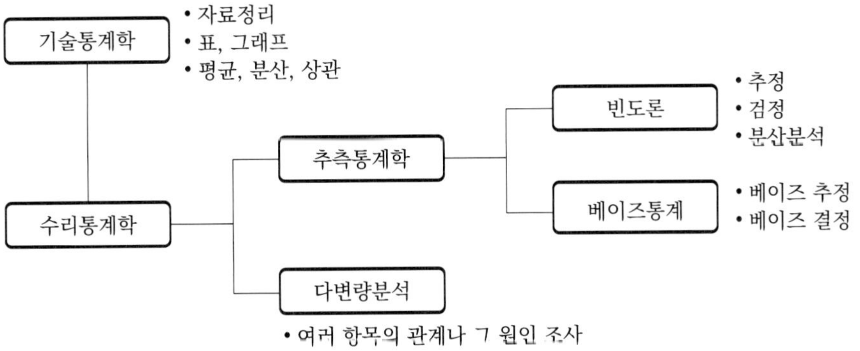

[그림 1-2] 통계학의 분류(Wakui et al., 2016, p.11)

1.4 자료와 척도

현실 세계에서 관찰이나 측정을 통해 수집한 사실이나 결과인 자료(숫자나 문자, 일반적으로는 주로 숫자)를 분류하는 전형적인 방법이 있다. 먼저, 관찰이나 측정 대상의 속성으로 구분하는 질적 자료(qualitative data)와 양적 자료(quantitative data)가 있다. 질적 자료는 관측된 값이 문자로 표시되어 양적으로 비교할 수 없는 자료이며, 양적 자료는 키나 온도처럼 수(number)로 표현할 수 있는 자료를 말한다. 이때 양적 자료는 연령이나 주사위를 던졌을 때 나타나는 눈의 수처럼 셀 수 있는 이산 자료(discrete data)와 키나 몸무게, 온도처럼 셀 수 없는 자료인 연속 자료(continuous data)로 세분할 수 있다. 다음은 관찰이나 측정 대상의 특성을 분류하기 위한 방법으로 명목척도(nominal scale), 순서척도(ordinal scale), 구간척도(interval scale), 비율척도(ratio scale)가 있다. 명목척도는 관찰이나 측정 대상이 어느 집단이나 범주의 한 곳에 속하는지 구분하여 분류하는 경우에 사용되는 척도로 성별이나 직업 등을 예로 들 수 있다. 순서척도는 순위를 매겨 일정한 순서를 갖도록 하는 경우에 사용되는 척도로 "매우 좋다, 좋다, 보통이다,

나쁘다, 매우 나쁘다"와 같은 리커트 척도(Likert scale)가 대표적인 예이다. 구간척도는 온도와 물가지수처럼 측정결과가 실수값으로 표현되는 척도이며, 비율척도는 구체적인 크기를 측정할 수 있으며, 두 측정값의 비율이 의미를 갖는 척도로 키, 몸무게, 가격 등을 그 예로 들 수 있다. 이를 정리하면 다음 〈표 1-1〉과 같다. 그리고 [그림 1-3]은 회사원을 예로 들어 자료의 분류를 시각화한 것이다.

〈표 1-1〉 자료의 분류

구분		예시	특성	연산	분석방법	
					기술통계	추측통계
질적	명목척도	자동차 번호, 성별, 주민번호	범주에 의미부여 분류, 구분의 개념	=, ≠	백분율, 최빈값	비모수통계
	순서척도	순위, 리커스트 척도	크기, 순서에 의미 수반	=, ≠, <, >	중앙값	비모수통계
양적	구간척도	온도, IQ	크기, 순서, 차이에 의미 수반 상대적 영점 존재	+, −	평균, 분산	모수통계
	비율척도	길이, 면적, 무게	크기, 순서, 차이에 의미 수반 절대적 영점 존재	+, −, ×, ÷	평균, 분산	모수통계

*중·고등학교의 통계 교육과정과 본문에서 다루는 내용은 모두 모수통계학(parametric statistics)이다. 모수통계학이란 모집단이 정규분포를 따른다거나 통계량이 모수와 통계적 관계가 있다는 전제를 둔 통계학으로 이러한 전제를 만족하지 못한 통계학을 비모수통계학(nonparametric statistics)이라 부른다.

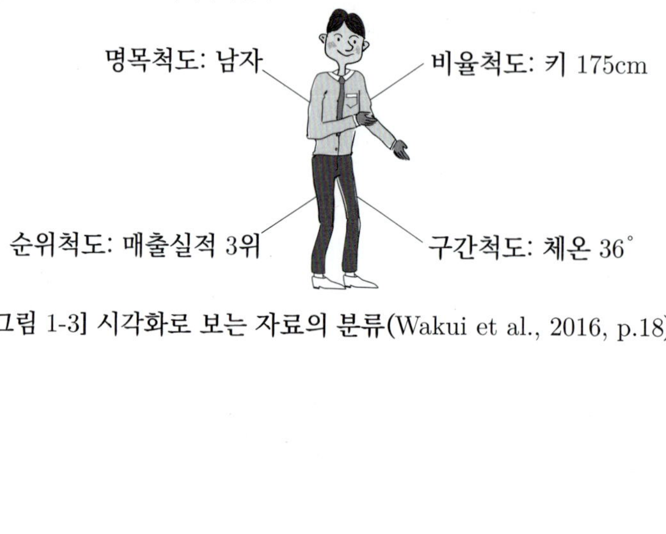

[그림 1-3] 시각화로 보는 자료의 분류(Wakui et al., 2016, p.18)

1.5 모집단과 표본

통계의 시작은 관심 대상에 대해 관찰이나 측정을 통해 자료를 수집하여 분석하는 것으로, 조사나 관심 대상이 되는 전체 집단을 모집단(population)이라 하고, 그 전체 모집단 가운데 일부를 표본(sample)이라 한다. 이때 관심을 가지고 있는 대상에 대한 자료를 수집하여 확실하지 않은 어떠한 사실에 대해 과학적인 판단을 할 수 있는 가장 좋은 방법은 모집단의 모든 대상을 조사하는 전수조사(census)이나 시간적, 공간적, 경제적 제약 등에 의해 모집단을 대표할 수 있는 일부분만을 택하여 조사하는 표본조사(sample survey)로 자료의 특성을 파악하고 의사결정이 이루어지기도 한다. 다만, 표본조사로 얻어진 자료는 모집단과 차이(표본오차, sampling error)가 발생할 수 있기에 표본 자료임을 밝혀야 한다. 표본평균, 표본비율, 표본분산으로 표현하는 것이 그 예이다. 한편, 표본오차는 표집오차, 오차한계, 오차범위, 최대허용오차 등으로 다양하게 불린다.

1.6 표본추출과 편향(bias)

표본오차를 줄이기 위하여 표본의 수를 크게 하는 것도 중요하지만 표본이 모집단의 대표성을 잃지 않도록, 즉 모집단을 잘 표현할 수 있도록 올바른 방법으로 표본추출하는 것이 더 중요하다. 다음은 표본을 추출하는 대표적인 방법들이다.

• 단순랜덤 표본추출(simple random sampling): 크기 N인 모집단에서 크기 n인 표본을 뽑을 경우, n개의 추출단위로 구성된 모든 부분집합들이 표본으로 선택될 확률이 모두 동일하도록 설계된 추출법으로 난수표(table of random numbers)나 컴퓨터 프로그램을 이용한다.

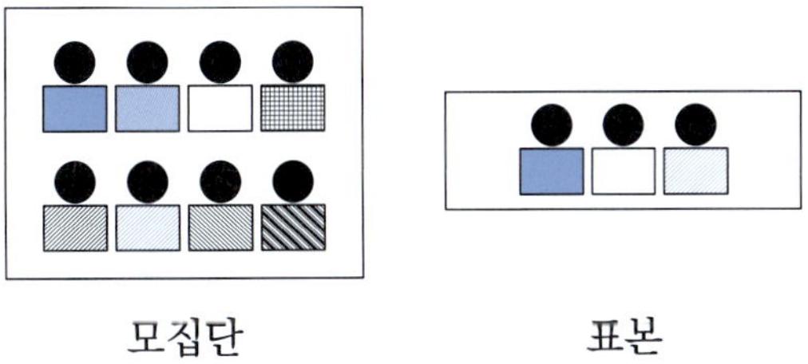

[그림 1-4] 단순랜덤 표본추출

• 체계적(계통적) 표본추출(systematic sampling): 모집단의 정보를 이용하여 모집단을 일정한 순으로 나열하고 첫 번째 표본은 작은 하나의 수를 랜덤추출 한다. 두 번째부터는 일정한

표집간격(sampling interval)을 두고 표본을 추출하는 방식이다. 이때 크기 N인 모집단에서 크기 n인 표본을 뽑을 경우, 일반적으로 표집간격은 N/n으로 정한다.

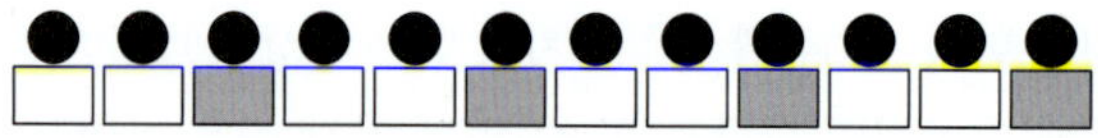

[그림 1-5] 체계적 표본추출

• 층화랜덤 표본추출(stratified random sampling): 모집단이 여러 개의 층(strata)(예, 성별, 학년, 연령 등)을 형성할 때 각 층 내에서 표본을 랜덤하게 추출하는 방법으로 단순랜덤추출에 의한 표본보다 모집단에 대한 정보를 더 얻을 수 있다.

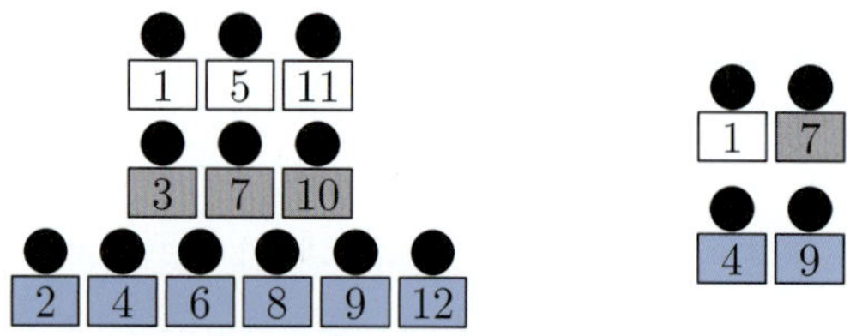

[그림 1-6] 층화랜덤 표본추출

• 군집 표본추출(cluster sampling): 모집단의 조사 대상이 큰 경우, 모집단을 몇 개의 동질적인 군집(cluster)으로 나누고 이 가운데 일부 군집을 랜덤하게 선택한 후, 선택된 군집에 포함되어 있는 요소를 모두 표본으로 채택하는 방법이다.

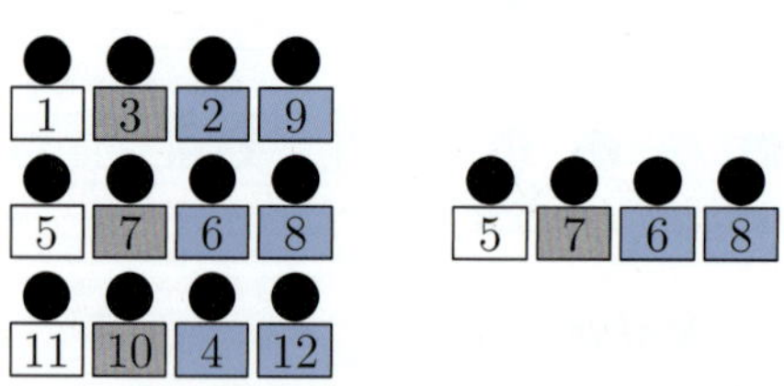

[그림 1-7] 군집 표본추출

한편, 편향(bias)은 측정 과정이나 모집단에서 표본을 추출하는 과정에서 불편성(unbiasedness)을 만족하지 않아 발생하는 오차라고 할 수 있다. 이러한 편향이 발생하는 원인으로는 조사대상자들이 조사에 적극적으로 응하거나 전혀 응하지 않아 발생한다. 자발적 응답 편향(response bias) 또는 무응답 편향(non-response bias)이 편향의 대표적 예이다. 또 무응답자를 처음부터 조사대상에서 제외하여 발생하는 과소포함 편향(undercoverage bias), 그리고 진실하지 않은 답변으로 발생하는 편향 등이 있다.

1장 Exercise

문제 1.1

기술통계학과 추측통계학을 비교하여 설명하시오.

문제 1.2

다음 주어진 자료를 범주자료, 이산자료, 연속자료로 구분하시오.

(1) 어느 하루 동안 측정하는 기온

(2) A 대학 대학생들의 아르바이트 업종

(3) A4 분량의 한 페이지를 타이핑할 때 발생하는 오타의 개수

(4) 어느 회사에서 제작하는 신발 사이즈

(5) 일년 중 일교차가 10°C를 넘는 날의 수

표본(추출)오차(sampling error): 통계량(statistic)−모수(parameter)

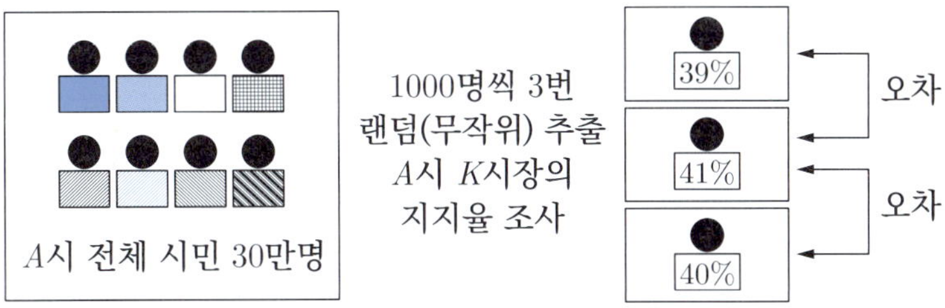

$\overline{X}$ 의 표본(추출)오차의 크기를 나타내기 위해 표본(추출)오차 제곱의 기댓값의 제곱근을 구한다.

$$\mathrm{E}\left[(\overline{X}-\mu)^2\right]=\mathrm{V}(\overline{X})=\frac{\sigma^2}{n},\ \sqrt{\mathrm{E}[(\overline{X}-\mu)^2]}=\frac{\sigma}{\sqrt{n}}(\text{표준오차})$$

$\overline{X}$ 의 표준오차 $\dfrac{\sigma}{\sqrt{n}}$ 은 모평균 μ를 추정할 때 발생하는 표본오차의 큰 정도를 나타낸다.
또, $\hat{p}$의 표준오차 $\sqrt{\dfrac{\hat{p}(1-\hat{p})}{n}}$ 는 모비율 p를 추정할 때 발생하는 표본오차의 큰 정도를 나타낸다.
그리고 아래 그림은 표본오차와 표준오차와의 관계를 나타낸 것이다.

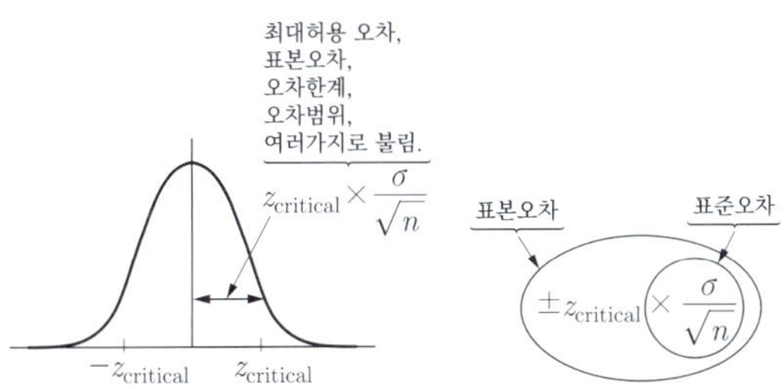

예를 들어, 표본오차는 95% 신뢰 수준(95% 신뢰도의 임계값(critical value)은

$z_{2.5\%}=z_{0.025}=1.96$)에

$$e=\pm 1.96\sqrt{\frac{\hat{p}(1-\hat{p})}{n}}$$

이다. 이를 이용하여 A시 K시장에 대한 지지율을 설명하면 다음과 같다.

A시 K시장에 대한 지지율을 알아보기 위해 A시 시민 1000명을 대상으로 실시한 이번 여론조사에서는 지지율 40% 였다. 이 조사의 표본오차는 95% 신뢰 수준에 ±3.0% 포인트이며, 응답률은 10%(10000명 중 실제 1000명이 응답함)였다.

$$e = \pm 1.96\sqrt{\frac{0.4(1-0.4)}{1000}} = \pm 0.0303\cdots \fallingdotseq \pm 0.030$$

제 2 장

자료의 표현

2.1 자료의 시각화

숫자나 문자로 구성되어 있는 자료는 이를 정리하지 않을 경우 단순한 숫자나 문자에 불과하다. 그리고 자료를 통해서 얻고자 하는 정보도 생산해 낼 수 없게 된다. 뿐만 아니라 자료의 특성을 파악할 수 없어 합리적인 의사 결정 과정에서도 전혀 도움을 받을 수 없게 된다. 그래서 자료를 체계적으로 정리하는 것, 이것은 통계에서 매우 중요한 일이라 할 수 있다. 이와 같은 자료 정리의 방법 중 가장 간단한 방법은 표로 시각화(예시 , 2023년 자동차 판매량)하여 나타내는 것이다. 그리고 오른쪽 그래프는 이 자료를 그림으로 표현한 그림그래프이다.

예시 2023년 자동차 판매량

자동차	판매량(만대)
BYD	302
미쓰비시	628
스즈키	301
스텔란티스	640
제너럴모터스	487
도요타	1065
포드	397
폭스바겐	880
현대	730
혼다	395

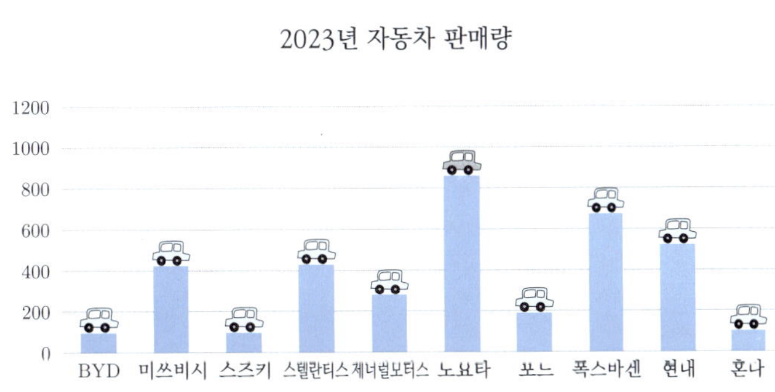

[그림 2-1] 2023년 자동차 판매량(그림그래프)

이처럼 자료의 경향이나 특징을 파악하기 위해 자료를 그림으로 나타낼 때 질적 자료 혹은 양적 자료인지에 따라 다르게 표현한다. 예를 들어, 질적 자료인 경우 자료의 빈도수(frequency)를 한눈에 알아볼 수 있도록 막대 모양의 길이로 나타내는 막대그래프(bar graph), 그리고 막대그래프가 표현하지 못하는 전체에 대한 비율을 나타내기에 적합한 원그래프(pie chart)와 띠그래프(band graph) 등을 이용한다.

2023년 자동차 판매량을 나타낸 예시 는 무엇을 자료로 보느냐에 따라 질적 자료일 수도 있고 양적 자료일 수도 있다. 만일 자동차가 판매될 때마다 그 자동차의 제조사를 자료로 본다면 예시 에서 나타난 자료는 질적 자료가 된다. 그리고 이 질적 자료를 요약하여 자료의 빈도수를 그래프로 표현한 것이 [그림 2-2], [그림 2-3], [그림 2-4]이다.

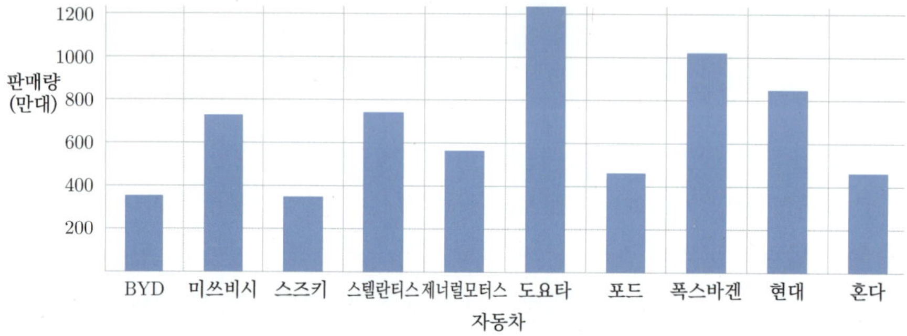

[그림 2-2] 2023년 자동차 판매량(막대그래프)

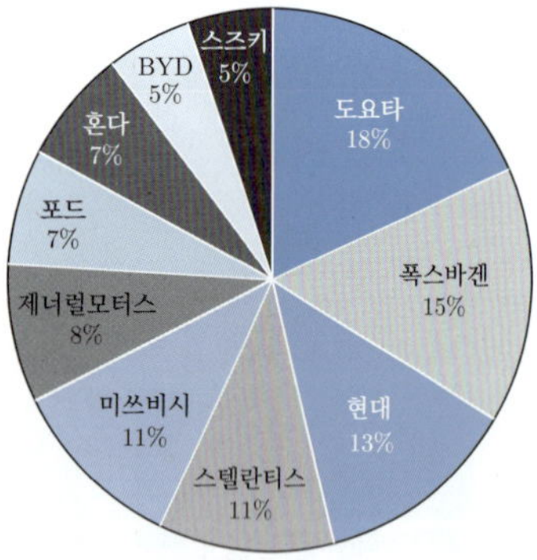

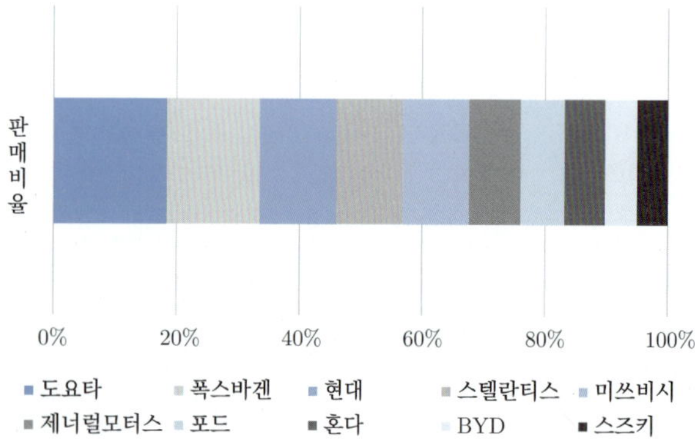

[그림 2-3] 2023년 자동차 판매량(원그래프) [그림 2-4] 2023년 자동차 판매량(띠그래프)

그리고 양적 자료인 경우에는 표와 그래프를 혼합한 형태로 나타내는 줄기와 잎 그림(stem-and-leaf plot), 도수분포표를 그래프로 나타낸 히스토그램(histogram), 자료로부터 얻어낸 통계량을 통해 분산된 자료를 비교하는데 편리한 상자 수염 그림(box-and-whisker plot), 확률분포를

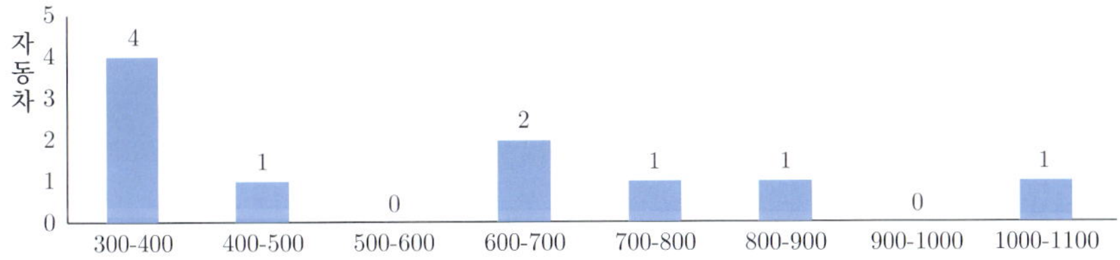

[그림 2-5] 2023년 자동차 판매량(히스토그램)

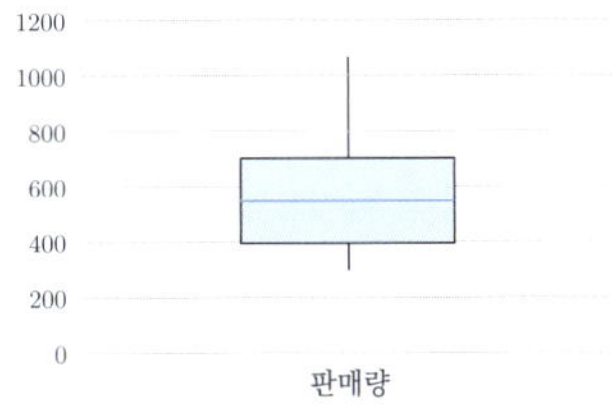

[그림 2-6] 2023년 자동차 판매량 (상자 수염 그림)

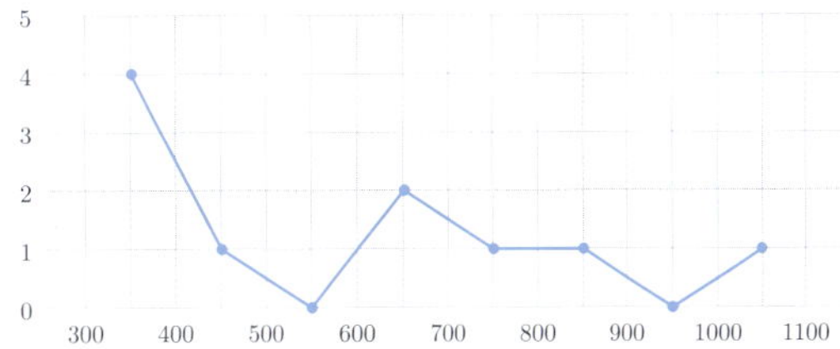

[그림 2-7] 2023년 자동차 판매량(꺾은선그래프)

나타내는 그래프로 발전시킬 수 있도록 자료의 양을 점으로 표현하고 그 점들을 선분으로 이은 꺾은선그래프(line graph) 등을 이용한다.

2023년 자동차 판매량을 나타낸 예시 에서 각 자동차 제조사에 대하여 연간 판매량을 자료로 본다면 이번에는 예시 에서 나타난 자료는 양적 자료가 된다. 그리고 이 양적 자료를 [그림 2-5], [그림 2-6], [그림 2-7]과 같이 요약할 수 있다.

2.2 자료의 수치화

2.2.1 위치의 측도(대푯값)

정의 2.1

• 산술평균(Arithmetic mean): 자료의 (무게)중심(重心)

표본의 관측값을 $x_1, x_2, \cdots, x_n$이라 하면 산술평균 $\overline{x}$는 다음과 같다.

$$\overline{x} = \sum_{i=1}^{n} \frac{x_i}{n} = \frac{x_1 + x_2 + \cdots + x_n}{n}$$

전체 자료 중 몇 개의 자료에 아주 크거나 아주 작은 값인 극단값이 포함될 경우, 산술평균은 대푯값으로 그 의미를 상실하게 된다. 예를 들어, 자료의 관측값이 1, 2, 2, 3, 3, 4, 5, 5, 7, 8일 때 이 자료의 평균값은 4이고, 관측값이 1, 2, 2, 3, 3, 4, 5, 5, 7, 100일 경우에는 극단값 100으로 인해 평균값은 13.2가 된다. 이때 평균값 4는 주어진 자료들을 대표하는 대푯값이라 할 수 있으나 평균값 13.2는 주어진 자료들을 대표하는 대푯값으로 보기에는 무리가 있다.

산술평균 이외에도 평균에는 가중평균(weighted mean), 기하평균(geometric mean), 조화평균(harmonic mean) 등이 있다. 먼저, 가중평균은 관찰값에 가중치(weight)를 반영한 평균이다. 예를 들어, 수학 필기시험과 수행평가 점수가 각각 90점, 100점일 때, 이 점수의 산술평균은 95점이 된다. 그러나 수학 시험성적 산출과정에서 필기시험과 수행평가의 반영비율을 각각 80%, 20%를 적용한다면 최종 수학성적은 95점이 아니라 비율 80%, 20%를 반영한 92점($\overline{x} = 90 \times 0.8 + 100 \times 0.2$)이 된다. 또 비율이나 성장률, 증가율 등에서의 대푯값으로는 산술평균이 아닌 기하평균이 사용된다. 예를 들어, A회사의 2023년 매출액이 2022년 매출액 m의 2배이고, 2024년 매출액이 2023년 매출액의 3배가 되었다면 매출액의 평균배율 g는 $m \cdot g \cdot g = 6m$이므로 $g = \sqrt{6} \fallingdotseq 2.45$이다. 이 평균배율 g를 기하평균이라 부른다. 이때, $g = \sqrt{6}$이고 $\log g = \log \sqrt{2 \times 3} = \dfrac{\log 2 + \log 3}{2}$이므로 기하평균의 로그값은 자료의 로그값의 산술평균으로 생각할 수도 있다. 마지막으로 조화평균은 산술평균과 기하평균이 대푯값으로 적절하지 못한 경우에 생각해 볼 수 있다. 예를 들어, 아래 그림과 같이 지점 A와 지점 B가 있고, 두 지점 A와 B사이의 거리는 S이다.

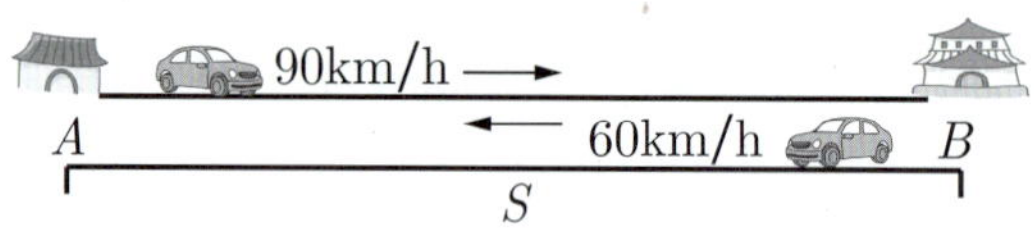

A지점에서 B지점으로 갈 때에는 $90km/h$의 속력으로 이동하고, B지점에서 A지점으로 돌아올 때에는 $60km/h$의 속력으로 이동하였다면, 지점 A와 지점 B사이를 왕복한 평균속력 v는 $v = \dfrac{2S}{\dfrac{S}{90} + \dfrac{S}{60}} = \dfrac{2}{\dfrac{1}{90} + \dfrac{1}{60}} = 72(km/h)$으로 90과 60의 조화평균이다.

정의 2.2

- 중앙값(중위수: median): 자료를 크기 순으로 늘어놓았을 때, 가운데에 해당하는 값

표본의 관측값이 크기순으로 $x_1, x_2, \cdots, x_n$이면 표본 중앙값은

$$\widetilde{x} = \begin{cases} x_{n+1/2}, & n\text{이 홀수일 때} \\ \dfrac{1}{2}\left(x_{n/2} + x_{n/2+1}\right), & n\text{이 짝수일 때} \end{cases}$$

이다.

예제 2.1

다음 〈보기〉와 같이 자료가 주어졌을 때 중앙값을 구하시오.

〈보기〉

(1) 1, 2, 3, 6, 9, 12, 17, 20, 23

(2) 1, 2, 3, 6, 9, 12, 17, 20, 23, 30

풀이

(1) $x_5 = 9$ (2) $\frac{1}{2} \times (x_5 + x_6) = \frac{1}{2} \times (9 + 12) = 10.5$ □

통계청이 매년 발표하는 기준 중위소득(소득의 중앙값)은 통계청 통계자료의 가구 경상소득(월급과 같이 정기적으로 발생하여 예측 가능한 소득) 중간값에 최근 가구소득 평균 증가율 등을 반영하여 산정하는데 최근 3개년(2021년~2023년)의 연도별 기준 중위소득은 아래 〈표 2-1〉과 같다(출처: https://www.mohw.go.kr).

〈표 2-1〉 2021년부터 2023년 연도별 기준 중위소득(단위: 원)

구분	1인	2인	3인	4인	5인	6인	7인
2021년	1,827,831	3,088,079	3,983,950	4,876,290	5,757,373	6,628,603	7,497,198
2022년	1,944,812	3,260,085	4,194,701	5,121,080	6,024,515	6,907,004	7,780,592
2023년	2,077,892	3,456,155	4,434,816	5,400,964	6,330,688	7,227,081	8,107,515

경제협력개발기구인 OECD는 중위소득의 50% 이상 150% 이하를 중산층, 50% 미만을 빈곤층, 150%를 넘어서는 계층을 상류층으로 구분하고 있다. 예를 들어, 2023년의 4인 가구를 기준으로 2,700,482원이 기준 중위소득의 50%이고, 8,101,446원이 기준 중위소득의 150%에 해당된다. 따라서 2023년에 4인 가구가 2,700,482원과 8,101,446원 사이의 소득이 발생하였다면 이 4인 가구를 중산층이라고 말할 수 있다.

이러한 중앙값은 산술평균과 달리 극단값의 영향을 덜 받는다. 예를 들어, 앞서 주어진 자료 1, 2, 2, 3, 3, 4, 5, 5, 7, 8의 평균값은 4이고, 1, 2, 2, 3, 3, 4, 5, 5, 7, 100의 평균값은 13.2이지만 두 자료의 중앙값은 3.5로 똑같다. 이처럼 중앙값은 극단값의 영향을 받지 않는 강건성이 있다. 이를 그림으로 나타내면 [그림 2-8]과 같다.

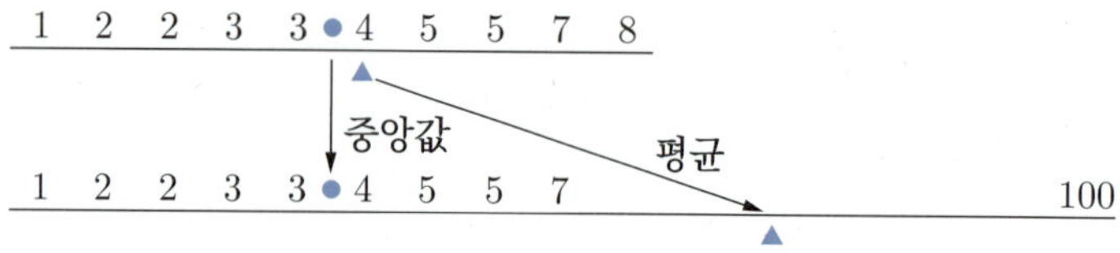

[그림 2-8] 평균과 중앙값

이외에 사용되는 위치 측도로는 자료를 크기순으로 나열한 후 자료의 양쪽에서 일정비율의 극단값을 제거하고 남은 나머지 자료들의 산술평균인 절사평균(trimmed mean)과 두 번 이상 나타난 자료 중에서 그 빈도수가 가장 큰 범주 또는 변량을 뜻하는 최빈값(mode) 등이 있다. 다음은 절사평균과 최빈값에 대한 예시이다.

예제 2.2

올림픽 A 종목에서는 심사위원 4명이 채점한 점수 중 최고점수와 최저점수를 뺀 2명의 심사위원 점수의 평균을 낸다. 다음은 어느 선수에 대한 올림픽 A 종목에서의 심사위원 4명의 채점 결과이다. 이 선수의 최종 점수를 구하시오.

10	8	9	10

풀이

$$\overline{x}_{tr} = \frac{9+10}{2} = 9.5$$

□

예제 2.3

다음 〈보기〉와 같이 자료가 주어졌을 때 최빈값을 구하시오.

〈보기〉

(1) 1, 2, 3, 4, 5, 6, 7, 8, 9, 10
(2) 1, 2, 3, 4, 4, 4, 5, 6, 7, 8
(3) 1, 2, 3, 3, 3, 4, 4, 4, 5, 6

풀이

(1) 최빈값 없음 (2) 4 (3) 3과 4

□

2.2.2 산포도(measure of dispersion): 자료가 얼마나 흩어져 있는가를 표시하는 척도

① 범위(range): 주어진 자료의 최댓값과 최솟값의 차이

범위 R $R = X_{\max} - X_{\min}$

예제 2.4

어느 회사에서 생산하는 LED 조명의 수명을 조사하기 위하여 이 회사의 LED 조명 100개를 표본으로 조사하여 수명을 측정한 결과 최저 1500시간, 최고 2000시간의 수치를 얻었다면 이 LED 조명 수명의 범위를 구하시오.

풀이

$R = 2000 - 1500 = 500$(시간) □

② 중간범위(mid-range)

자료의 양이 많을 경우 범위를 이용하여 산포도를 측정하기 어렵다. 이러한 한계를 보완하기 위해 범위보다 좁은 범위를 정하여 산포도로 활용하는 방법이 효과적이다. 이를 위해 먼저, n분위수를 생각해 볼 수 있다. n분위수는 순서대로 나열한 자료를 n등분하였을 때 각 경계치에 해당되는 변량을 말한다. 예를 들어 전체 자료를 100등분하였을 때 각 경계치에 해당되는 변량이 백분위수(percentile)이고, 10등분하였을 때에는 십분위수(decile), 4등분하였을 때에는 사분위수(quartile)가 된다. 다시 말해, 제25백분위수는 제1사분위수가 되며, 제50백분위수는 제2사분위수이자 중앙값이고, 제75백분위수는 제3사분위수가 된다. 이때 제1사분위수는 Q_1, 제2사분위수는 Q_2, 제3사분위수는 Q_3으로 표시한다.

한편, 순서대로 나열한 자료의 양극단에서 일정한 비율의 자료를 제외한 나머지 자료의 범위를 중간범위라 한다. 그리고 대표적으로 사용되는 중간범위는 사분편차(quartile deviation)이다. 사분편차 Q의 정의는 다음과 같다.

사분편차Q $Q = \dfrac{Q_3 - Q_1}{2}$

나만, 중간범위 역시 범위와 마찬가지로 일부 자료의 정보가 무시되어 상세한 산포관계를 설명하지 못한다는 단점을 가지고 있다.

예제 2.5

다음은 어느 농장에서 생산한 딸기의 당도(단위: brix)를 조사하여 순서대로 나열한 자료이다. 사분편차를 구하시오.

9.8 10.1 10.3 10.6 10.9 11.4 12.3 12.8 13.5

풀이

자료의 개수를 n이라 하면 $n = 9$이다. 사분편차를 구하기 위해 제1사분위수 Q_1과 제3사분위수 Q_3의 값을 찾아야 한다. 우선 자료가 9개이므로 Q_1은 $0.25 \times n = 2.25$이고 이는 적어도 3개의 관측값이 왼쪽에 놓여야 한다. 이 조건을 만족시키는 값은 10.3이다. 또 Q_3은 $0.75 \times n = 6.75$이므로 적어도 7개의 관측값이 왼쪽에 놓여야 한다. 이 조건을 만족시키는 값은 12.3이다. 따라서 사분편차 Q는 $Q = \dfrac{12.3 - 10.3}{2} = 1$이 된다.

Q_1과 Q_3을 계산하는 또 다른 방법이 있다. 순위의 값이 소수점으로 나타나므로 내분점의 비의 개념으로 가중치를 주어 계산하는 방법이 있다.

$Q_1 : 0.25 \times (n+1) = 2.5$번째 순위의 값 $\Rightarrow Q_1 = x_{(2)} \times \dfrac{1}{2} + x_{(3)} \times \dfrac{1}{2} = 10.2$

$Q_3 : 0.75 \times (n+1) = 7.5$번째 순위의 값 $\Rightarrow Q_3 = x_{(7)} \times \dfrac{1}{2} + x_{(8)} \times \dfrac{1}{2} = 12.55$

이 외에도 Q_1과 Q_3을 정의하는 방법은 다양하다. □

한편, 최댓값과 최솟값 그리고 제1사분위수, 제2사분위수, 제3사분위수를 이용하여 자료의 산포상태를 쉽게 표현할 수 있다. 바로 상자 수염 그림(box-and-whisker plot)으로, 이 상자 수염 그림은 아래처럼 두 개 이상의 집단의 자료를 비교할 때도 유용하다.

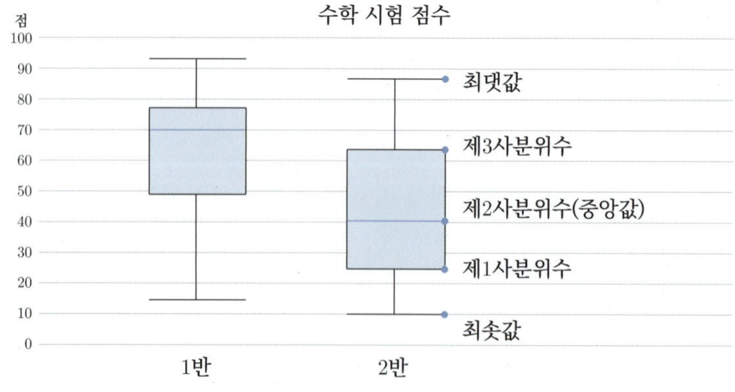

[그림 2-9] 상자 수염 그림

③ 평균편차(mean deviation)

범위나 사분편차보다 평균을 이용하여 산포상태를 좀 더 상세하게 나타내는 방법이 있다. 바로 편차(deviation)이다. 편차는 변량에서 평균을 뺀 값으로 기호로는 $x_i - \mu$(또는 $x_i - \overline{x}$)로 표시된다. 여기서 μ는 모평균, $\overline{x}$는 표본평균을 가리킨다. 이러한 편차는 평균으로부터 자료가 얼마만큼 떨어져 있는지 그 거리와 방향을 동시에 나타낸다. 다만, 편차의 평균은 아래와 같이 항상 0이므로 산포도로 사용하기 어렵다.(단, N은 자료의 개수이다.)

$$\sum_{i=1}^{N}(x_i - \mu) = \sum_{i=1}^{N} x_i - N\mu = \sum_{i=1}^{N} x_i - N\sum_{i=1}^{N}\frac{x_i}{N} = \sum_{i=1}^{N} x_i - \sum_{i=1}^{N} x_i = 0$$

그래서 편차의 절댓값의 평균을 산포도로 사용한다. 이를 평균편차 MD라 한다. 이를 식으로 표시하면 다음과 같다.

평균편차 MD $\quad MD = \dfrac{1}{N}\sum_{i=1}^{N}|x_i - \mu|$

이처럼 평균편차가 평균으로부터 떨어진 정도를 알려주지만 절댓값을 취함으로써 계산이 불편하다는 단점 때문에 그 이용도는 매우 낮다. 이러한 제약을 해결하기 위한 방법으로 편차의 제곱을 이용한 분산을 주로 사용한다.

정의 2.3

• 분산(variance): 각 자료의 값과 평균과의 거리인 편차들의 제곱의 평균

크기가 N인 모집단의 개체들 $x_1,\ x_2,\ \cdots,\ x_N$의 평균을 μ라 할 때 분산(또는 모분산) σ^2은 다음과 같다.

$$\sigma^2 = \frac{1}{N}\left[\sum_{i=1}^{N}(x_i - \mu)^2\right]$$

그리고 모집단으로부터 추출한 표본 $x_1,\ x_2,\ \cdots,\ x_n$의 표본평균을 $\overline{x} = \dfrac{1}{n}\sum_{i=1}^{n} x_i$로 쓸 때, 표본분산은 s^2은 다음과 같다.

$$s^2 = \frac{1}{n-1}\left[\sum_{i=1}^{n}(x_i - \overline{x})^2\right]$$

또, 분산의 양의 제곱근을 표준편차(standard deviation)라 한다. 분산과 마찬가지로

모집단과 표본으로 나누어 생각하여 모표준편차는 σ, 표본의 표본편차는 s로 표시한다. 한편, 표본분산은 모분산과 달리 편차의 제곱의 합을 $n-1$로 나눈 것으로 정의하는데 이것은 추정량으로서 표본분산 S^2의 기댓값이 σ^2이 되도록 하기 위한 즉, $\mathrm{E}(S^2)=\sigma^2$인 불편추정량(unbiased estimator)과 관련(정의 9.3 참조)되어 있다.

예제 2.6

다음은 어느 가족 4명의 키를 조사하여 기록한 자료이다. 이 가족 4명의 키의 평균과 표준편차를 구하시오.

$$180cm,\ 165cm,\ 150cm,\ 145cm$$

풀이

이 자료는 모집단 자료이므로 모평균 $\mu=\dfrac{1}{4}(180+165+150+145)=160(cm)$이다.
따라서 모분산

$$\begin{aligned}\sigma^2 &= \frac{1}{4}\left[(180-160)^2+(165-160)^2+(150-160)^2+(145-160)^2\right]\\ &= 187.5(cm^2)\end{aligned}$$

모표준편차 $\sigma=\sqrt{187.5cm^2} \fallingdotseq 13.7cm$이다. □

분산은 두 가지 한계가 있다. 하나는 분산은 편차를 제곱하여 계산하기 때문에 평균과의 차이가 큰 자료일수록 그 의미가 확대된다. 다른 하나는 분산의 단위를 자료의 단위로 그대로 사용할 수 없다. 예를 들어 키의 단위는 cm로 측정되었으나 분산의 단위는 cm^2으로 바뀌게 된다. 이와 같은 분산의 문제를 해결하기 위해 사용하는 산포도의 한 방법이 우리가 알고 있는 표준편차이다.

예제 2.7

다음은 한 개의 주사위를 여섯 번 던져서 나온 눈의 수이다. 평균과 평균편차 그리고 표준편차를 구하시오.

$$4\ \ 2\ \ 5\ \ 6\ \ 3\ \ 4$$

풀이

주사위를 던져서 나온 눈의 수 4, 2, 5, 6, 3, 4는, 1부터 6까지의 자연수를 각각 $\frac{1}{6}$의 확률로 취하는 확률분포를 따르는 모집단으로부터 추출한 표본으로 볼 수 있다.

따라서 평균 $\overline{x} = \frac{4+2+5+6+3+4}{6} = 4$이고 평균편차는

$$MD = \frac{1}{6}(|4-4|+|2-4|+|5-4|+|6-4|+|3-4|+|4-4|) = 1$$

이다. 표본분산은

$$s^2 = \frac{1}{5}\left[(4-4)^2+(2-4)^2+(5-4)^2+(6-4)^2+(3-4)^2+(4-4)^2\right] = 2$$

이고, 표본표준편차는 $s = \sqrt{2}$이다. □

통계는 많은 요소로 이루어진 자료를 다루게 된다. 이때 자료의 분포상태를 알 수 있도록 일목요연하게 정리해 표로 나타낸 것이 도수분포표(frequency distribution table)이다. 도수분포표에는 자료를 일정한 기준에 따라 나눈 구간이나 범주를 뜻하는 계급(class)과 각 계급에 속하는 자료의 빈도를 뜻하는 도수(frequency)로 표현한다. 또 이 도수분포표를 그래프로 나타낸 것이 히스토그램이다. 한편, 도수분포표를 작성하기 위해서는 계급의 수를 결정해야 하는데 이때 계급의 수를 결정하기 위한 일반적인 방법은 없으나 보통 자료의 최댓값과 최솟값의 차이인 범위를 고려하여 계급의 수를 정한다. 예를 들어 어느 반의 수학 성적의 최댓값이 100점이고 최솟값이 32점이라 하면 범위 $R = 100 - 32 = 68$(점)으로 성적이라는 자료의 특성과 수학 점수가 $0 \sim 100$점까지 평가되는 것을 고려하여 계급의 폭(계급의 최댓값과 최솟값의 차)을 10점으로 하여 계급의 수를 7개로 정할 수 있다. 계급의 수를 결정하는 또 다른 방법으로 다음과 같은 스튜아지스(H. A. Sturges) 방법을 이용할 수 있다.

계급의 수 k $k = 1 + \frac{\log_{10} N}{\log_{10} 2}$ (N은 자료의 총수)

예제 2.8

자료의 전체 개수가 100일 때, 스튜아지스의 방법을 이용하여 계급의 수를 구하시오.

풀이

자료의 개수가 $N = 100$이므로 스튜아지스의 방법을 이용하면

$k = 1 + \frac{\log_{10} 100}{\log_{10} 2} \fallingdotseq 7.64$가 된다. 따라서 계급의 수는 7개 또는 8개로 하면 적당하다. □

2장 Exercise

문제 2.1

자료 $x_{(1)}, x_{(2)}, \dots, x_{(20)}$ 의 중위수가 50이고 $x_{(i)} < x_{(i+1)}$ $(i = 1, 2, \cdots, 19)$를 만족한다. 또, 자료 $y_{(1)}, y_{(2)}, \dots, y_{(15)}$ 의 중위수가 58이고 $y_{(i)} < y_{(i+1)}$ $(i = 1, 2, \cdots, 14)$를 만족한다. 자료 $x_{(1)}, x_{(2)}, \dots, x_{(20)}, y_{(1)}, y_{(2)}, \dots, y_{(15)}$ 의 중위수가 58일 때 $x_{(10)}$의 최댓값을 구하시오.

문제 2.2

넓이가 $75cm^2$ 인 종이를 남김없이 적당히 잘라서 가로와 세로의 길이의 비가 1:3인 직사각형들로 나누었다. 이 직사각형들에 대하여 둘레의 길이의 평균이 $12cm$ 이고 표준편차가 $4cm$ 일 때, 이 직사각형들의 개수를 구하시오.

수학교사를 위한 통계수업

자유도(degree of freedom): df= $n-1$

예를 들어 4개의 숫자가 있다.

$$\boxed{6,\ 5,\ 4,\ 5}$$

4개의 관측치들의 자유도는 얼마인가? 각 관찰값들은 자유롭게 관측될 수 있어서 자유도는 4이다. 그러나 4개의 관찰치들의 평균을 계산해 본다면 5이다. 이 평균이 먼저 얻어지고 난 이후에 우연히 한 수를 잃어버렸다고 하자. 이때 잃어버린 수를 대신하여 자유롭게 아무 수나 관측되어 얻어질 수 있겠는가? 평균값이 5로 알려진 다음에는 정해진 수가 올 수밖에 없다. 결국 마지막 한 데이터에는 평균이 먼저 고정됨으로 인하여 임의의 값으로 관측될 수 있는 자유를 잃어버리게 되는 것이다(김응환 외, 2015). 표본분산에 대한 예를 들어보자(Lane, 2003). 모평균이 $\mu=6$인 모집단에서 하나의 표본 8을 추출하였다. 이 표본을 바탕으로 모분산을 추정하면 $(X-\mu)^2$인 $(8-6)^2=4$가 된다. 그리고 이 추정량은 단일 정보를 기반으로 하므로 1df이다. 또 다른 표본 5를 얻은 경우 분산의 두 번째 추정량은 $(5-6)^2=1$이다. 이 추정량 역시 1df이다. 따라서 두 추정량 4, 1은 두 개의 독립적인 정보 8, 5에 기초하므로 자유도 2를 갖는다. 반면, 모평균을 모르는 모집단에서 두 개의 표본 8, 5를 추출하였다. 이 상황에서 분산을 구하려면 먼저, 표본평균으로 모평균을 추정해야 한다. $\overline{X}=\dfrac{8+5}{2}=6.5$이고, 이를 이용하여 두 추정량 , $V_1=(8-6.5)^2=2.25$를 얻을 수 있다. 그렇다면 이 두 추정량은 독립적인가? 표본 8은 표본평균 $\overline{X}$에 영향을 끼친다. 또 V_2에도 영향을 끼친다. 만일 8이 아닌 10을 표본으로 추출하였다면 $\overline{X}=7.5$가 되고, $V_2=(5-7.5)^2=6.25$가 된다. 따라서 독립적이라 할 수 없다. 일반적으로 추정량의 자유도는 해당 추정량으로 이동하는 동안 추정된 매개변수의 수를 뺀 값이다. 즉, 두 표본으로 표본분산을 구하는 과정에서 하나의 매개변수인 모평균을 표본평균 $\overline{X}$로 추정해야 하므로, 분산의 추정량은 $2-1=1$인 자유도를 갖는다. 결국, n개의 관측치에서 분산 추정량의 자유도는 $n-1$이 된다.

제 3 장
확률

3.1 확률실험(probability experiment)

우리는 불확실한 상황 속에 살아가며 미래의 일에 대한 의사결정을 수시로 내리게 된다. 이때 최적의 의사결정을 할 수 있도록 주어진 정보를 최대한 이용하여 어떤 일에 대한 성공가능성의 비율을 생각해 보게 되는데 그것이 확률(probability) 개념이다. 다시 말해, 확률이란 불확실한 상황 하에서 어떤 현상이 일어날 가능성의 정도를 나타내 주는 비율이라 할 수 있다. 이러한 확률의 어원은 라틴어의 '시험해 보다', '증명하다', '승인하다' 라는 의미의 'probare' 와 '할 수 있다' 라는 의미의 'ilis' 를 합친 말이다. 확률과 관련된 연구는 최초의 확률 서적「Book on games of chance」를 집필한 이탈리아의 수학자 카르다노(H. Cardano, 1501～1576)에서 시작되어 파스칼(B. Pascal), 페르마(P. Fermat), 라플라스(P. S. Laplace), 드므아브르(De Mivre) 등의 여러 학자를 거쳐 발전되어 왔으며 19세기 포아송(S. D. Poisson) 등에 의해 학문적으로 체계화되었다. 현재는 베이즈 정리(Bayes theorem)를 바탕으로 하는 베이지안 통계학(Bayesian statistics)이 활발히 연구되고 있다.

확률이 앞서 언급한 바와 같이 어떤 현상의 불확실성의 척도나 우연의 발생 가능성을 수량화한 것이라면, 그 현상에 관한 자료를 관찰하거나 수집하는 과정을 확률실험이라 하고 이러한 실험이나 관찰을 시행(trial) 또는 실험(experiment)이라 한다. 또 출현 가능한 모든 현상을 근원사건(fundamental event) 또는 기본사건(elementary event)이라 한다. 예를 들어, 한 개의 주사위를 던져 나타나는 눈의 수를 조사하는 확률실험을 생각해 볼 수 있다. 이 실험을 하려면 먼저 주사위를 던지는 행위를 해야 하는데 이를 시행이라 한다. 그리고 이 시행에서 얻을 수 있는 모든 결과가 근원사건이며, 이 모든 결과를 원소로 하는 집합이 표본공간(sample space)이 된다.

정의 3.1

• 표본공간(sample space)

통계적 실험에서 '예상되는 가능한 모든 결과들의 집합' 으로 S로 표시한다.

표본공간의 원소를 표본점(sample point)이라 한다.

정의 3.2

• 사건(event): 표본공간의 부분집합

단순사건(simple event) : 표본점 하나로 이루어진 사건

복합사건(compound event) : 여러 개의 표본점으로 이루어진 사건

예제 3.1

한 개의 주사위를 던져 나타나는 눈의 수를 관찰할 때 표본공간 S와 홀수의 눈이 나타나는 사건 A를 구하시오.

풀이

주사위를 한번 던지는 경우 표본공간 S는 $S = \{1, 2, 3, 4, 5, 6\}$이고, 홀수의 눈이 나타나는 사건 A는 $A = \{1, 3, 5\}$이다. □

3.2 확률의 계산

정의 3.3

• 확률의 공리

표본공간 S에서 임의의 사건 A에 대하여 다음 세 조건을 만족할 때, $\mathrm{P}(A)$를 사건 A의 확률이라 한다.

(1) $0 \le \mathrm{P}(A) \le 1$

(2) $\mathrm{P}(S) = 1$

(3) 상호배반인 사건 $A_1,\ A_2,\ A_3, \dots$ 에 대하여

$\mathrm{P}(A_1 \cup A_2 \cup A_3 \cup \cdots) = \mathrm{P}(A_1) + \mathrm{P}(A_2) + \mathrm{P}(A_3) + \cdots$

즉, $\mathrm{P}\left(\bigcup_{i=1}^{\infty} A_i\right) = \sum_{i=1}^{\infty} \mathrm{P}\left(A_i\right)$

* $i \ne j$이면 $A_i \cap A_j = \phi$일 때, 사건 $A_1,\ A_2,\ A_3,\ \cdots$ 를 상호배반인 사건이라 한다.

정리 3.1

(1) $\mathrm{P}(\phi) = 0$

(2) $A \subset B$이면 $\mathrm{P}(A) \le \mathrm{P}(B)$

(3) $\mathrm{P}(A \cup B) = \mathrm{P}(A) + \mathrm{P}(B) - \mathrm{P}(A \cap B)$

(4) $\mathrm{P}(A^C) = 1 - \mathrm{P}(A)$

(5) [불의 부등식(Boole' s inequality)] $\mathrm{P}\left(\bigcup_{i=1}^{n} A_i\right) \le \sum_{i=1}^{n} \mathrm{P}(A_i)$

증명

(1) $1 = \mathrm{P}(S) = \mathrm{P}(S \cup \phi) = \mathrm{P}(S) + \mathrm{P}(\phi)$이므로 $\mathrm{P}(\phi) = 0$이다.

(2) 조건 $A \subset B$에 의해 $\mathrm{P}(B) = \mathrm{P}(A) + \mathrm{P}(B \cap A^C)$이다. 여기서 $\mathrm{P}(B \cap A^C) \ge 0$이므로 $\mathrm{P}(B) - \mathrm{P}(A) = \mathrm{P}(B \cap A^C) \ge 0$이다.

(3) $A \cup B = (A \cap B^C) \cup (A \cap B) \cup (B \cap A^C)$이고, $(A \cap B^C)$, $(A \cap B)$, $(B \cap A^C)$는 서로 배반사건이다. 그러므로 $\mathrm{P}(A \cup B) = \mathrm{P}(A \cap B^C) + P(A \cap B) + \mathrm{P}(B \cap A^C)$이다.

그런데 $A = (A \cap B) \cup (A \cap B^C)$, $B = (B \cap A) \cup (B \cap A^C)$이므로

$\mathrm{P}(A) = \mathrm{P}(A \cap B) + \mathrm{P}(A \cap B^C)$, $\mathrm{P}(B) = P(B \cap A) + \mathrm{P}(B \cap A^C)$이고, 따라서

$\mathrm{P}(A) + \mathrm{P}(B) = \mathrm{P}(A \cap B) + \mathrm{P}(A \cap B^C) + \mathrm{P}(B \cap A) + \mathrm{P}(B \cap A^C)$이다. 그러므로

$\mathrm{P}(A) + \mathrm{P}(B) - \mathrm{P}(A \cap B) = \mathrm{P}(A \cap B^C) + \mathrm{P}(B \cap A) + \mathrm{P}(B \cap A^C) = \mathrm{P}(A \cup B)$

(4) $A \cup A^C = S$이고 $A \cap A^C = \phi$이므로 $1 = \mathrm{P}(S) = \mathrm{P}(A \cup A^C) = \mathrm{P}(A) + \mathrm{P}(A^C)$

(5) 사건 E_i, $1 \le i \le n$을 다음과 같이 정의하자.

$$E_1 = A_1,\ \ E_i = A_i \cap \left(\bigcup_{j=1}^{i-1} A_j \right)^C = A_1^C \cap A_2^C \cap \cdots \cap A_{i-1}^C \cap A_i,\ 2 \le i \le n.$$

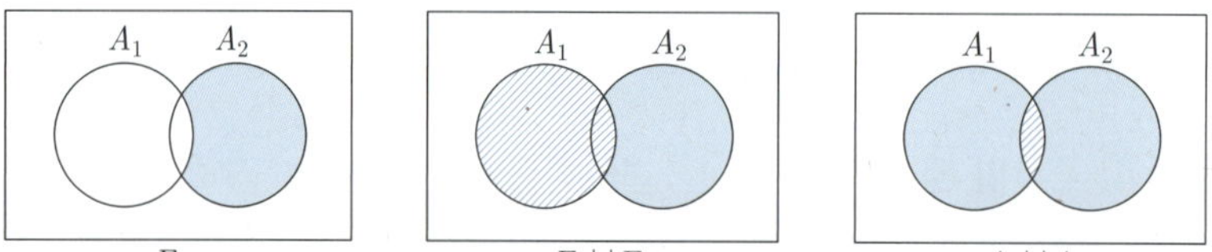

E_2 $\qquad$ $E_1 \cup E_2$ $\qquad$ $A_1 \cup A_2$

그러면 E_i, $i \ge 1$은 서로 배반이고 $\bigcup_{i=1}^{n} E_i = \bigcup_{i=1}^{n} A_i$이다.

또한 $E_i \subset A_i$이므로 $\mathrm{P}(E_i) \le \mathrm{P}(A_i)$이다.

따라서

$$\mathrm{P}(E_1 \cup E_2 \cup \cdots \cup E_n) = \mathrm{P}(E_1) + \mathrm{P}(E_2) + \cdots + \mathrm{P}(E_n)$$

이므로

$$\begin{aligned} \mathrm{P}\left(\bigcup_{i=1}^{n} A_i \right) &= \mathrm{P}\left(\bigcup_{i=1}^{n} E_i \right) \\ &= \mathrm{P}(E_1) + \mathrm{P}(E_2) + \cdots + \mathrm{P}(E_n) \\ &\le \mathrm{P}(A_1) + \mathrm{P}(A_2) + \cdots + \mathrm{P}(A_n) \end{aligned}$$

■

3.3 조건부 확률

정의 3.4

표본공간 S에서 사건 A가 일어났다는 조건하에서 사건 B가 일어날 확률을 조건부 확률 (conditional probability)이라 하고 $\mathrm{P}(B|A)$로 표시하며,

$$\mathrm{P}(B|A) = \frac{\mathrm{P}(A \cap B)}{\mathrm{P}(A)} \text{ (단, } \mathrm{P}(A) > 0)$$

으로 정의한다.

예제 3.2

다음은 어느 대학 졸업생 1000명의 대학원 진학여부를 성별로 조사하여 나타낸 표이다. 임의로 선택된 학생이 대학원에 진학한 학생일 때, 이 학생이 남학생일 확률을 구하시오.

성별 \ 대학원	진학	비진학	합계
남	240	260	500
여	360	140	500
합계	600	400	1000

풀이

대학원에 진학한 학생일 사건을 G, 남학생일 사건을 M이라 하자. 그러면 선택된 학생이 대학원에 진학한 학생일 때 이 학생이 남학생일 확률은 $\mathrm{P}(M|G) = \dfrac{\mathrm{P}(G \cap M)}{\mathrm{P}(G)}$이므로

$$\mathrm{P}(M|G) = \frac{\mathrm{P}(G \cap M)}{\mathrm{P}(G)} = \frac{240/1000}{600/1000} = 0.4$$

□

예제 3.3

어느 버스회사의 한 노선에서 버스가 정시에 출발할 사건을 D, 정시에 도착할 사건을 A라고 할 때

$\mathrm{P}(D)=0.96,\ \mathrm{P}(A)=0.92,\ \mathrm{P}(D\cap A)=0.90$

이라 하자. 다음 물음에 답하시오.

(1) 버스가 정시에 출발했을 때, 정시에 도착할 확률

(2) 버스가 정시에 도착했을 때, 정시에 출발했을 확률

(3) 버스가 정시에 출발하지 않았는데, 정시에 도착할 확률

(4) 버스가 정시에 도착하지 않았는데, 정시에 출발했을 확률

풀이

(1) $\mathrm{P}(A|D)=\dfrac{\mathrm{P}(D\cap A)}{\mathrm{P}(D)}=\dfrac{0.90}{0.96}=\dfrac{15}{16}$

(2) $\mathrm{P}(D|A)=\dfrac{\mathrm{P}(D\cap A)}{\mathrm{P}(A)}=\dfrac{0.90}{0.92}=\dfrac{45}{46}$

(3) $\mathrm{P}(A|D^C)=\dfrac{\mathrm{P}(A\cap D^C)}{\mathrm{P}(D^C)}=\dfrac{0.92-0.90}{0.04}=0.5$

(4) $\mathrm{P}(D|A^C)=\dfrac{\mathrm{P}(A^C\cap D)}{\mathrm{P}(A^C)}=\dfrac{0.96-0.90}{0.08}=0.75$

□

정리 3.2

• 승법정리

두 사건 A와 B가 동시에 발생할 수 있다면

$$\mathrm{P}(A\cap B)=\mathrm{P}(A)\mathrm{P}(B|A) \text{ 또는 } \mathrm{P}(A\cap B)=\mathrm{P}(B)\mathrm{P}(A|B)$$

이다.

증명

정의 3.4 에 의해 쉽게 증명된다. ■

정의 3.5

두 사건 A, B에 대하여, $\mathrm{P}(A|B) = \mathrm{P}(A)$ 또는 $\mathrm{P}(B|A) = \mathrm{P}(B)$를 만족할 때, 두 사건 A, B를 독립(independent)이라 한다. 독립사건이 아닌 사건을 종속(dependent)사건이라 한다.

정리 3.3

(1) 두 사건 A, B가 독립이면, $\mathrm{P}(A \cap B) = \mathrm{P}(A)\mathrm{P}(B)$가 성립한다.

(2) $\mathrm{P}(A) > 0$이고 $\mathrm{P}(B) > 0$이고 $\mathrm{P}(A \cap B) = \mathrm{P}(A)\mathrm{P}(B)$이면, 두 사건 A, B는 독립사건이다.

증명

(1) 두 사건 A, B가 독립이면 $\mathrm{P}(B|A) = \mathrm{P}(B)$이고, 조건부 확률의 정의는 $\mathrm{P}(B|A) = \dfrac{\mathrm{P}(A \cap B)}{\mathrm{P}(A)}$이므로 $\mathrm{P}(B) = \dfrac{\mathrm{P}(A \cap B)}{\mathrm{P}(A)}$이다. 즉, $\mathrm{P}(A \cap B) = \mathrm{P}(A)\mathrm{P}(B)$

(2) $\mathrm{P}(A \cap B) = \mathrm{P}(A)\mathrm{P}(B)$에서 $\mathrm{P}(B) = \dfrac{\mathrm{P}(A \cap B)}{\mathrm{P}(A)}$를 얻는다. 여기서 조건부 확률의 정의에 의하여 $\mathrm{P}(B|A) = \dfrac{\mathrm{P}(A \cap B)}{\mathrm{P}(A)}$이므로 $\mathrm{P}(B|A) = \mathrm{P}(B)$이다. ■

Note

두 사건 A, B의 독립을 다음과 같이 정의하기도 한다.
$\mathrm{P}(A \cap B) = \mathrm{P}(A)\mathrm{P}(B)$일 때, 두 사건 A, B를 독립사건이라 한다.

보충설명

여러 개의 사건 $A_1, A_2, \cdots, A_n$에 대하여 다음의 성질을 만족할 때, 사건 $A_1, A_2, \cdots, A_n$은 서로 독립(mutually independent)이라고 한다.
$\{A_1,\ A_2,\ \cdots,\ A_n\}$의 임의의 부분 모임 $\{A_{i_1},\ A_{i_2},\ \cdots,\ A_{i_k}\}$에 대하여 $(1 \le i_1 < i_2 < \cdots < i_k \le n)$

$$\mathrm{P}\left(A_{i_1} \cap A_{i_2} \cap \cdots \cap A_{i_k}\right) = \mathrm{P}\left(A_{i_1}\right)\mathrm{P}\left(A_{i_2}\right)\cdots\mathrm{P}\left(A_{i_k}\right)$$

예제 3.4

어느 전기시스템이 4개의 부품 A, B, C, D로 구성되어 있다. 부품 A, B, C와 A, B, D는 직렬로 연결되어 있고, C와 D는 병렬로 연결되어 있다. 부품 A와 B가 작동하고, C 또는 D가 작동하면 이 시스템은 작동한다. 이 시스템의 부품 A, B, C, D가 작동할 확률은 A와 B는 각각 0.9, C와 D는 각각 0.8이다. (단, 각 부품은 독립적으로 작동한다고 한다.)

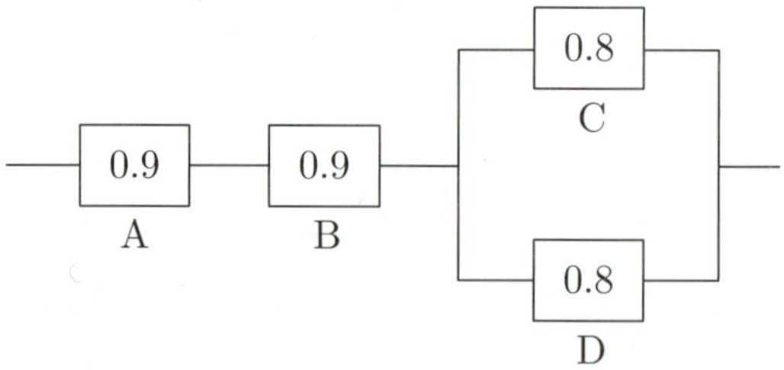

(1) 이 전기시스템이 작동할 확률을 구하시오.

(2) 이 전기시스템이 작동할 때, D가 작동하지 않고 있을 확률을 구하시오.

풀이

부품 A, B, C, D가 작동하는 사건을 각각 사건 A, B, C, D라 하고 시스템이 작동하는 사건을 O라 하자. 문제의 조건에 의하여 사건 A, B, C, D는 서로 독립이다.

(1)
$$\begin{aligned}\mathrm{P}(O) = \mathrm{P}(A\cap B\cap (C\cup D)) &= \mathrm{P}(A)\mathrm{P}(B)\mathrm{P}(C\cup D)\\ &= \mathrm{P}(A)\mathrm{P}(B)(1-\mathrm{P}(C^C\cap D^C))\\ &= \mathrm{P}(A)\mathrm{P}(B)(1-\mathrm{P}(C^C)\mathrm{P}(D^C))\\ &= (0.9)(0.9)(1-(1-0.8)(1-0.8)) = 0.7776\end{aligned}$$

(2)
$$\begin{aligned}\mathrm{P}(D^C|O) &= \frac{\mathrm{P}(\text{시스템은 작동, } D\text{는 작동 안함})}{\mathrm{P}(\text{시스템 작동})} = \frac{\mathrm{P}\left(O\cap D^C\right)}{\mathrm{P}(O)}\\ &= \frac{\mathrm{P}(A\cap B\cap C\cap D^C)}{\mathrm{P}(\text{시스템 작동})} = \frac{(0.9)(0.9)(0.8)(1-0.8)}{0.7776} \fallingdotseq 0.1667\end{aligned}$$

□

정리 3.4

$P(A_1 \cap A_2 \cap \cdots \cap A_{k-1}) > 0$인 사건 $A_1, A_2, \cdots, A_k$에 대하여
$P(A_1 \cap A_2 \cap \cdots \cap A_k) = P(A_1)P(A_2|A_1)P(A_3|A_1 \cap A_2)\cdots P(A_k|A_1 \cap A_2 \cap \cdots \cap A_{k-1})\cdots(*)$이다.

증명

$P(A_1) \geq P(A_1 \cap A_2) \geq \cdots \geq P(A_1 \cap A_2 \cap \cdots \cap A_{k-1}) > 0$이므로 식 $(*)$은 잘 정의된다.
한편, 식 $(*)$의 우변은

$$P(A_1)\frac{P(A_1 \cap A_2)}{P(A_1)}\frac{P(A_1 \cap A_2 \cap A_3)}{P(A_1 \cap A_2)}\cdots\frac{P(A_1 \cap A_2 \cap \cdots \cap A_k)}{P(A_1 \cap A_2 \cap \cdots \cap A_{k-1})} = P(A_1 \cap A_2 \cap \cdots \cap A_k)$$

■

3.4 전확률의 정리

정리 3.5

• 전확률의 정리(theorem of total probability)
사건 $B_1, B_2, \cdots, B_k$가 표본공간 S의 분할이면 임의의 사건 A에 대하여

$$P(A) = \sum_{i=1}^{k} P(B_i \cap A) = \sum_{i=1}^{k} P(B_i)P(A|B_i)$$

가 성립한다.

증명

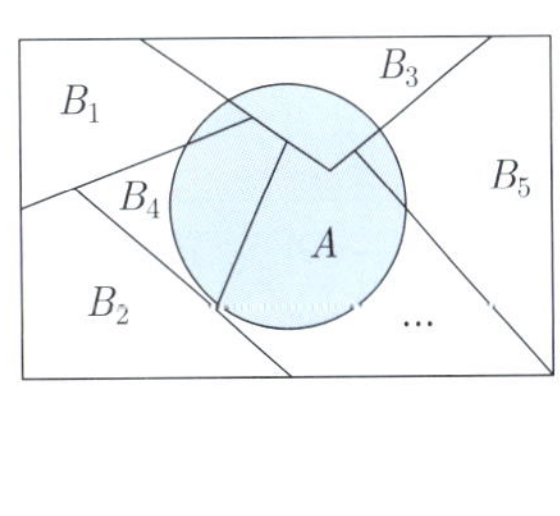

$B_1 \cup B_2 \cup \cdots \cup B_k = S$, $B_i \cap B_j = \phi(i \neq j)$이므로
$A = (B_1 \cap A) \cup (B_2 \cap A) \cup \cdots \cup (B_k \cap A)$이고,
$B_1 \cap A, B_2 \cap A, \cdots, B_k \cap A$는 상호배반이다.
그러므로

$$\begin{aligned} P(A) &= P((B_1 \cap A) \cup (B_2 \cap A) \cup \cdots \cup (B_k \cap A)) \\ &= P(B_1 \cap A) + P(B_2 \cap A) + \cdots + P(B_k \cap A) \\ &= P(B_1)P(A|B_1) + P(B_2)P(A|B_2) + \cdots + P(B_k)P(A|B_k) \end{aligned}$$

■

예제 3.5

3대의 기계 B_1, B_2, B_3이 각각 전체 생산량의 30%, 50%, 20%를 생산하는 어느 공장에서, 각 기계의 생산품의 불량률은 각각 2%, 1%, 2%이다. 완제품 중에서 임의로 하나의 제품을 선택하였을 때 불량품일 확률을 구하시오.

풀이

$A = \{불량품\}, B_1 = \{기계\ B_1 에서\ 제조\}, B_2 = \{기계\ B_2 에서\ 제조\},$
$B_3 = \{기계\ B_3 에서\ 제조\}$라 하자. 그러면

$$\begin{aligned} \mathrm{P}(A) &= \mathrm{P}(B_1)\mathrm{P}(A|B_1) + \mathrm{P}(B_2)\mathrm{P}(A|B_2) + \mathrm{P}(B_3)\mathrm{P}(A|B_3) \\ &= (0.3)(0.02) + (0.5)(0.01) + (0.2)(0.02) = 0.015 \end{aligned}$$

□

정리 3.6

• 베이즈 정리(Bayes theorem)

사건 $B_1, B_2, \cdots, B_k$가 표본공간 S의 분할일 때, $\mathrm{P}(A) \neq 0$인 사건 A에 대해

$$\mathrm{P}(B_j|A) = \frac{\mathrm{P}(B_j \cap A)}{\mathrm{P}(A)} = \frac{\mathrm{P}(B_j \cap A)}{\sum_{i=1}^{k} \mathrm{P}(B_i \cap A)} = \frac{\mathrm{P}(B_j)\mathrm{P}(A|B_j)}{\sum_{i=1}^{k} \mathrm{P}(B_i)\mathrm{P}(A|B_i)}$$

가 성립한다.

증명

증명 생략. ■

Note

$\mathrm{P}(B_i)$는 관측 전 이미 알고 있는 확률(사전확률, prior probability)
$\mathrm{P}(B_i|A)$는 A가 관측되었을 때 B_i가 일어날 확률(사후확률, posterior probability)
$\mathrm{P}(A|B_i)$는 해당 관측치 A가 나타날 확률(우도(尤度), likelihood)

예제 3.6

3대의 기계 B_1, B_2, B_3이 각각 전체 생산량의 30%, 50%, 20%를 생산하는 어느 공장에서, 각 기계의 생산품의 불량률은 각각 2%, 1%, 2%이다. 완제품 중에서 임의로 선택된 제품이 불량품일 때, 기계 B_3에서 제조되었을 확률을 구하시오.

풀이

$A = \{$불량품$\}$, $B_1 = \{$기계 B_1 에서 제조$\}$, $B_2 = \{$기계 B_2 에서 제조$\}$, $B_3 = \{$기계 B_3 에서 제조$\}$라 하자. 그러면 구하고자 하는 확률 $\mathrm{P}(B_3|A)$는

$$\begin{aligned}\mathrm{P}(B_3|A) &= \frac{\mathrm{P}(B_3 \cap A)}{\mathrm{P}(A)} = \frac{\mathrm{P}(B_3 \cap A)}{\sum_{i=1}^{3} \mathrm{P}(B_i \cap A)} = \frac{\mathrm{P}(B_3)\mathrm{P}(A|B_3)}{\sum_{i=1}^{3} \mathrm{P}(B_i)\mathrm{P}(A|B_i)} \\ &= \frac{\mathrm{P}(B_3)\mathrm{P}(A|B_3)}{\mathrm{P}(B_1)\mathrm{P}(A|B_1) + \mathrm{P}(B_2)\mathrm{P}(A|B_2) + \mathrm{P}(B_3)\mathrm{P}(A|B_3)} \\ &= \frac{(0.2)(0.02)}{(0.3)(0.02) + (0.5)(0.01) + (0.2)(0.02)} = \frac{4}{15}\end{aligned}$$

□

3장 Exercise

문제 3.1

표본공간 S의 두 사건 A, B에 대하여 다음을 증명하시오.

(1) 두 사건 A 또는 B가 공사건 일 때, 두 사건 A, B는 독립이다.

(2) $\mathrm{P}(A) > 0$, $P(B) > 0$, A와 B가 상호배반일 때, 두 사건 A, B는 독립사건이 아니다.

(3) 두 사건 A와 B가 독립사건이면 A^C와 B^C도 독립이다.

문제 3.2

[몬티홀 게임]

무대에는 3개의 문이 있고, 하나의 문 뒤에는 자동차, 나머지 문 뒤에는 염소가 있다. 게임 참가자는 문을 하나 선택해서 그 뒤에 자동차가 있으면 자동차를 상품으로 받는다. 그런데 참가자가 문을 하나 선택하면 게임 진행자는 남은 2개의 문 중에 염소가 있는 문 하나를 열어 보여주며 게임 참가자가 자신의 선택을 바꿀 기회를 한 번 더 준다. 이 게임에서 참가자가 자신이 처음 선택한 문을 고수하는 것이 좋을지 아니면 다른 문으로 선택을 바꾸는 것이 좋을지 판단하시오.

문제 3.3

어느 사과 농장에서는 사과를 출하할 때, 출하량의 70%는 상등급, 20%는 중등급, 10%는 하등급으로 분류한다. 그러면 상등급의 90%, 중등급의 80%, 하등급의 60%가 3일 이내에 판매된다고 한다. 3일 동안 판매되지 않은 사과 중에서 한 개를 선택하였을 때, 이 사과가 중등급으로 출하되었을 확률을 구하시오.

문제 3.4

어느 귤 농장은 세 개의 과수원 A, B, C에서 전체 귤의 20%, 30%, 50%를 각각 생산하고 있다. 과수원 A에서 불량품이 나올 확률은 과수원 B에서 불량품이 나올 확률의 $\frac{1}{2}$이고 과수원 C에서 불량품이 나올 확률의 2배이다. 이 농장에서 생산된 불량품이 과수원 C에서 생산되었을 확률을 구하시오.

문제 3.5

주머니 A에는 파란 공이 6개, 흰 공이 4개 들어있고, 주머니 B에는 파란 공과 흰 공을 합하여 10개가 들어있다. 주사위를 던져서 1 또는 2가 나오면 주머니 A에서 한 개의 공을 꺼내고, 나머지 숫자가 나오면 주머니 B에서 한 개의 공을 꺼내는 시행을 한다. 이 시행을 한 번 하여 파란 공이 나왔을 때, 그 공이 주머니 A에서 나왔을 확률이 $\frac{3}{10}$이다. 주머니 B에 들어있는 파란 공의 개수를 구하시오.

수학교사를 위한 통계수업

수학적 확률, 통계적 확률, 기하학적 확률, 주관적 확률

확률의 접근 방법은 객관적 접근과 주관적 접근으로 나눌 수 있다. 객관적 접근에는 논리적 접근인 수학적 확률(선험적 확률), 기하적 확률과 빈도적 접근인 통계적 확률(경험적 확률)이 있다. 그리고 주관적 접근에는 개인의 주관에 따라 정하는 주관적 확률이 있다.

수학적 확률(mathematical probability)

어떤 시행의 결과로 얻어지는 모든 경우가 동등한 발생가능성을 가지면서 그 경우의 수가 N이고, 이 중에서 n개의 원소를 가지는 사건 A가 있으면, 사건 A의 확률은

$$\mathrm{P}(A) = \frac{n}{N} = \frac{(\text{사건 } A \text{ 의 원소의 개수})}{(\text{표본공간 } S \text{의 원소의 개수})}$$

통계적 확률(statistic probability)

같은 조건하에서 동일 실험을 N번 반복했을 때 사건 A가 출현한 횟수를 $n(A)$라 하면 $\frac{n(A)}{N}$를 사건 A의 상대도수라 한다. 동일 시행을 같은 조건하에서 무한히 많이 반복했을 때 $\frac{n(A)}{N}$가 어떤 수 p로 수렴하면 이 p를 사건 A의 확률로 정의한다. 즉,

$$\lim_{N \to \infty} \frac{n(A)}{N} = p$$

기하학적 확률(geometrical probability)

연속표본공간 S(전체영역)의 부분영역의 크기가 같을 경우 그 발생 가능성이 동일할 때 한 사건을 A(부분영역)라 하자. 사건 A의 측도(길이, 넓이, 부피) $m(A)$를 표본공간 S의 측도 $m(S)$로 나눈 값을 사건 A가 일어날 기하학적 확률이라 한다. 즉,

$$\mathrm{P}(A) = \frac{m(A)}{m(S)} = \frac{\text{부분영역 } A \text{ 의 크기}}{\text{전체영역 } S \text{ 의 크기}}$$

주관적 확률(subjective probability)

직관력이나 개인의 신념 그리고 기타 간접적인 정보들을 사용하여 확률을 정하게 되는 것을 주관적 확률이라고 한다.

제 4 장
확률변수

4.1 확률변수, 확률(질량, 밀도)함수, 분포함수

정의 4.1

• 확률변수(random variable)
표본공간 내에 있는 각 원소에 하나의 실수값을 대응시키는 함수

예를 들어, 동전 두 개를 던지는 실험에서 표본공간은 $S = \{HH, HT, TH, TT\}$이다. 이때, 표본공간 S에서 실수공간 R로 가는 함수 $X : S \longrightarrow R$을 확률변수라 한다.

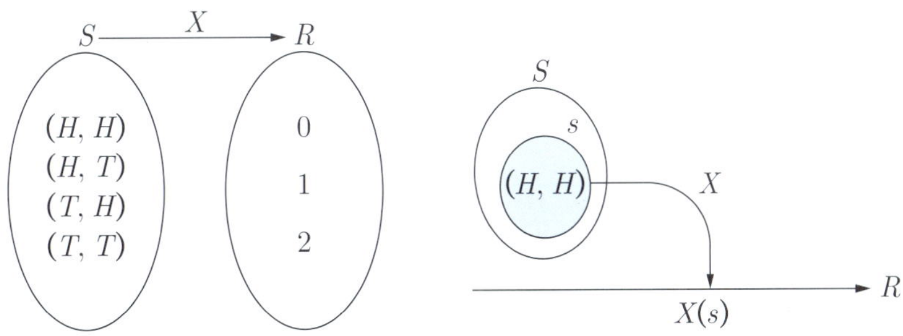

정의 4.2

• 확률분포(probability distribution)

확률변수 X가 취하는 값에 확률을 대응시킬 때의 대응관계

• 확률질량함수(probability mass function)

확률변수와 그 대응확률을 표시한 함수 $f(x)$

$\mathrm{P}(X = x_i) = f(x_i) = p_i$

동전 두 개를 던져 나타나는 앞면의 개수를 확률변수 X라 하면, 이 확률변수 X에 대응되는 확률분포는 다음과 같다.

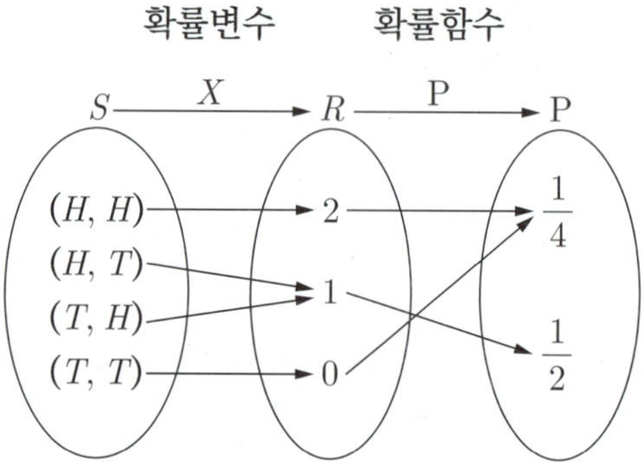

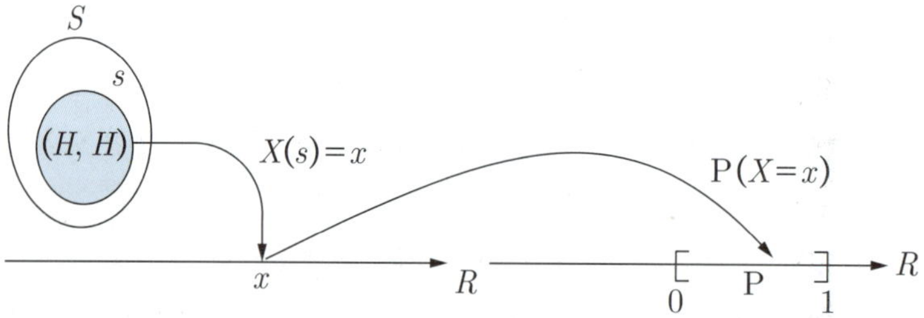

또, 확률변수 X의 확률분포표와 확률함수는 다음과 같다.

〈표 4-1〉 X의 확률분포표

$X = x$	0	1	2	합
$\mathrm{P}(X = x)$	$\frac{1}{4}$	$\frac{1}{2}$	$\frac{1}{4}$	1

$$f(x) = \begin{cases} \dfrac{|x-1|}{4}, & x = 0,\ 2 \\ \\ \dfrac{1}{2}, & x = 1 \end{cases}$$

정의 4.3

- **확률밀도함수**(probability density function)

연속확률변수 X에 대하여 다음 조건을 만족시키는 함수 $f(x)(-\infty < x < \infty)$를 X의 확률밀도함수라 한다.

(i) $f(x) \geq 0$

(ii) $\displaystyle\int_{-\infty}^{\infty} f(x)dx = 1$

(iii) $\mathrm{P}(a \leq X \leq b) = \displaystyle\int_a^b f(x)dx$

Note

명제 "$\mathrm{P}(A) = 0$일 때 $A = \phi$이다."는 거짓이다. 예를 들어, 연속확률변수 X가 어느 특정한 값 x를 취할 수 있다 하더라도 확률은 $\mathrm{P}(X = x) = 0$이지만 $A = \{X = x\} \neq \phi$이다. 그리고 이 사실에 의하여

$$\mathrm{P}(a < X < b) = \mathrm{P}(a \leq X < b) = \mathrm{P}(a < X \leq b) = \mathrm{P}(a \leq X \leq b)$$

가 성립한다.

정의 4.4

- **누적분포함수**(cumulative distribution function)

확률함수 $f(x)$를 가지는 이산형 확률변수 X의 누적분포함수 $F(x)$는

$$F(x) = \mathrm{P}(X \leq x) = \sum_{t \leq x} f(t),\ -\infty < x < \infty$$

로 주어진다.

예제 4.1

어느 대리점에서 판매된 자동차의 50%가 전기차라고 할 때, 이 대리점에서 다음에 판매될 3대의 자동차 가운데 전기차 수의 확률분포와 누적분포를 구하시오.

풀이

전기자동차와 그 외 자동차를 판매할 확률은 각각 0.5이므로, 표본공간의 표본점은 각각 같은 확률을 가지고 모두 $2^3 = 8$개이다.

x대의 전기자동차가 판매되면, $3 - x$는 전기차 이외의 자동차가 판매되는 것이고, 이때 경우의 수는 $\binom{3}{x}$이다.

그러므로 확률분포는 $f(x) = \dfrac{\binom{3}{x}}{8}$, $x = 0,\ 1,\ 2,\ 3$이다.

즉, $f(0) = \frac{1}{8}$, $f(1) = \frac{3}{8}$, $f(2) = \frac{3}{8}$, $f(3) = \frac{1}{8}$

이때 누적분포함수를 나타내면 다음과 같다.

$$F(x) = \begin{cases} 0, & x < 0 \\ \frac{1}{8}, & 0 \le x < 1 \\ \frac{1}{2}, & 1 \le x < 2 \\ \frac{7}{8}, & 2 \le x < 3 \\ 1, & x \ge 3 \end{cases}$$

X	확률	x	$F(x) = \mathrm{P}(X \le x)$
		$x < 0$	0
0	1/8	$0 \le x < 1$	1/8
1	3/8	$1 \le x < 2$	1/2
2	3/8	$2 \le x < 3$	7/8
3	1/8	$3 \le x$	1

□

한편, 누적분포함수가 주어지면 확률함수도 알 수 있다.

예시 $f(2) = F(2) - F(1) = \frac{7}{8} - \frac{1}{2} = \frac{3}{8}$

Note

주사위 한 개를 던져서 나오는 눈의 수를 확률변수 X라 하면 X의 누적분포함수는

$$F(x) = \begin{cases} 0, & x < 1 \\ \dfrac{[x]}{6}, & 1 \le x < 6 \\ 1, & x \ge 6 \end{cases}$$

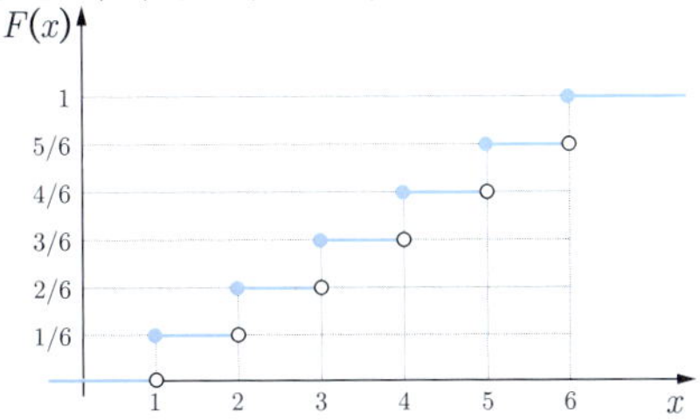

X가 이산확률변수이지만 누적분포함수에서 x는 모든 실수값을 취할 수 있다.

예제 4.2

연속확률변수 X의 확률밀도함수가 다음과 같이 주어져 있다.

$$f(x) = \begin{cases} \dfrac{ax^2}{3}, & -1 < x < 2 \\ 0, & \text{그 외의 } x \end{cases}$$

(1) a의 값을 구하시오.

(2) $\mathrm{P}(0 < X \le 1)$을 구하시오.

풀이

(1) $\displaystyle\int_{-1}^{2} f(x)dx = \int_{-1}^{2} \frac{ax^2}{3}dx = 1$ 이므로 $a = 1$

(2) $\displaystyle\mathrm{P}(0 < X \le 1) = \int_{0}^{1} \frac{x^2}{3}dx = \frac{1}{9}$

정의 4.5

• 누적분포함수

확률밀도함수가 $f(x)$인 연속확률변수 X의 누적분포함수 $F(x)$는 다음과 같다.

$$F(x) = \mathrm{P}(X \le x) = \int_{-\infty}^{x} f(t)dt, \ -\infty < x < \infty$$

예제 4.3

예제 4.2 의 확률밀도함수에 대하여 $F(x)$를 구하고, 그것을 이용하여 $\mathrm{P}(0 < X \leq 1)$을 구하시오.

풀이

$-1 < x < 2$에 대하여

$$F(x) = \mathrm{P}(X \leq x) = \int_{-\infty}^{x} f(t)dt = \int_{-1}^{x} \frac{t^2}{3}dt = \frac{x^3+1}{9}$$

따라서

$$F(x) = \begin{cases} 0, & x < -1 \\ \dfrac{x^3+1}{9}, & -1 \leq x < 2 \\ 1, & x \geq 2 \end{cases}$$

누적분포함수 $F(x)$를 이용하면, $\mathrm{P}(0 < X \leq 1) = F(1) - F(0) = \frac{2}{9} - \frac{1}{9} = \frac{1}{9}$ □

4.2 확률변수의 기댓값

정의 4.6

- 확률변수의 기댓값

X가 확률함수 $f(x)$를 가지는 확률변수라고 하면 확률변수 X의 평균 혹은 기댓값은

$$\mu = \mathrm{E}(X) = \sum_{x} xf(x)$$

예제 4.4

공정한 주사위를 던져서 나타나는 눈의 결과를 확률변수 X라 할 때, 그 기댓값을 구하시오.

풀이

$f(1) = f(2) = f(3) = f(4) = f(5) = f(6) = \frac{1}{6}$ 이므로

$$E(X) = \sum_{x=1}^{6} \left(x \times \frac{1}{6} \right) = 3.5$$ □

보충설명

이산확률변수 X가 확률질량함수

$$f(x) = \frac{1}{x(x+1)},\ x = 1,\ 2,\ 3,\ \cdots$$

일 때, $\sum_{x=1}^{\infty} \frac{1}{x(x+1)} = 1$이지만 기댓값은

$$E(X) = \sum_{x=1}^{\infty} x \left(\frac{1}{x(x+1)} \right) = \sum_{x=1}^{\infty} \frac{1}{(x+1)} = \infty$$

이므로 기댓값은 발산하여 존재하지 않는다. 기댓값이 모든 확률변수에서 존재하는 것은 아니다.

정의 4.7

- 표시변수(indicator variable)

확률변수 중에 가장 간단한 형태로 0, 1의 값만 가지는 변수로, 사건 A에 대하여 다음과 같이 정의된 이산확률변수 I_A를 사건 A의 표시변수라 한다.

$$I_A(x) = \begin{cases} 1,\ x \in A \\ 0,\ x \in A^C \end{cases}$$

정리 4.1

- 기댓값의 선형변환

X가 확률함수 $f(x)$를 가지는 이산확률변수이고 실수 a, b에 대해 $g(x) = ax+b$라 하면

$$\mathrm{E}(g(X)) = g(\mathrm{E}(X))$$

이다.

증명

$$\begin{aligned}\mathrm{E}(g(X)) = \mathrm{E}(aX+b) &= \sum_x (ax+b)f(x) \\ &= a\sum_x xf(x) + b\sum_x f(x) \\ &= a\mathrm{E}(X)+b \\ &= g(\mathrm{E}(X))\end{aligned}$$

■

정리 4.2

이산확률변수 X의 확률함수가 $f(x)$일 때, 확률변수 $Y = g(X)$의 평균, 기댓값은

$$\mu_{g(X)} = \mathrm{E}[g(X)] = \sum_x g(x)f(x)$$

연속확률변수 X의 확률밀도함수가 $f(x)$일 때, 확률변수 $Y = g(X)$의 평균, 기댓값은

$$\mu_{g(X)} = \mathrm{E}[g(X)] = \int_{-\infty}^{\infty} g(x)f(x)dx$$

증명

증명 생략. ■

예제 4.5

이산확률변수 X에 대하여 확률분포가

$f(0) = 0.2,\ f(1) = 0.3,\ f(2) = 0.1,\ f(3) = 0.3,\ f(4) = 0.1$

일 때, $\mathrm{E}(XI_{X>1})$을 구하시오

풀이

$E(XI_{X>1})$에서 $g(x) = xI_{x>1}$이라 하면 구하고자 하는 확률은 $E(g(X))$이다.
그러므로 $E(g(X)) = \sum g(x)f(x)$를 구하면 된다.

$$\begin{aligned} E(g(X)) &= \sum g(x)f(x) \\ &= g(0)f(0) + g(1)f(1) + g(2)f(2) + g(3)f(3) + g(4)f(4) \\ &= 0 \times 0.2 + 0 \times 0.3 + 2 \times 0.1 + 3 \times 0.3 + 4 \times 0.1 \\ &= 1.5 \end{aligned}$$

□

예제 4.6

다음 물음에 답하시오.

(1) X의 확률밀도함수가 $0 < x < 2$에서 $f(x) = \dfrac{x}{2}$일 때 X의 기댓값

(2) X의 확률밀도함수가 $0 < x < 1$에서 $f(x) = 1$일 때 e^X의 기댓값

풀이

(1) $\mu = E(X) = \displaystyle\int_0^2 xf(x)dx = \int_0^2 \frac{x^2}{2}dx = \frac{4}{3}$

(2) $\mu = E(e^X) = \displaystyle\int_0^1 e^x f(x)dx = \int_0^1 e^x dx = e - 1$

□

4.3 확률변수의 분산

정의 4.8

• 확률변수의 분산

확률변수 X가 확률함수(또는 확률밀도함수) $f(x)$, 평균 μ를 가질 때, X의 분산은 다음으로 정의한다.

$$V(X) = \sigma^2 = E[(X-\mu)^2] = \begin{cases} \sum_x (x-\mu)^2 f(x) \\ \int_{-\infty}^{\infty} (x-\mu)^2 f(x)dx \end{cases}$$

정리 4.3

확률변수 X의 분산은 다음과 같다.

$$\sigma^2 = \mathrm{E}(X^2) - \mu^2$$

증명

$$\begin{aligned}\sigma^2 &= \sum_x (x-\mu)^2 f(x) = \sum_x (x^2 - 2\mu x + \mu^2) f(x) \\ &= \sum_x x^2 f(x) - 2\mu \sum_x x f(x) + \mu^2 \sum_x f(x) \\ &= \mathrm{E}(X^2) - 2\mu^2 + \mu^2 \\ &= \mathrm{E}(X^2) - \mu^2\end{aligned}$$

■

예제 4.7

$\mathrm{E}(X) = 2$, $\mathrm{E}(X^2) = 5$일 때 분산 $\mathrm{V}(X)$를 구하시오.

풀이

$$\begin{aligned}\mathrm{V}(X) &= \mathrm{E}(X^2) - \{\mathrm{E}(X)\}^2 \\ &= 5 - 2^2 = 1\end{aligned}$$

□

예제 4.8

확률변수 X의 확률밀도함수가 $f(x) = 2x$, $0 < x < 1$일 때, 기댓값과 분산을 구하시오.

풀이

$\mathrm{E}(X) = \int_0^1 x \cdot 2x dx = \frac{2}{3}$, $\mathrm{E}(X^2) = \int_0^1 x^2 \cdot 2x dx = \frac{1}{2}$이므로

$$\mathrm{V}(X) = \mathrm{E}(X^2) - [\mathrm{E}(X)]^2 = \frac{1}{2} - \left(\frac{2}{3}\right)^2 = \frac{1}{18}$$

□

4장 Exercise

문제 4.1

확률변수 X가 음이 아닌 정수값을 가질 때 다음 식을 만족함을 보이시오.

$$\mathrm{E}(X) = \sum_{k=1}^{\infty} \mathrm{P}(X \geq k)$$

문제 4.2

연속확률변수 X의 확률밀도함수 $f(x)$가

$$f(x) = \frac{2}{3}x, \ (1 < x < 2)$$

이다. 확률변수 $Y = \dfrac{2}{X}$에 대하여 Y의 기댓값 $\mathrm{E}(Y)$의 값을 구하시오. **중등임용기출**

문제 4.3

n번째에 비로소 성공할 확률이 p_n인 어떤 시행에서 $p_n = \frac{1}{3}p_{n-1}$이 성립한다고 하자. 이 시행을 성공하기 위하여 최소한 3번 이상의 시행이 필요할 확률을 구하시오.

문제 4.4

연속확률변수 X의 누적분포함수는 다음과 같다.

$$F_X(x) = \begin{cases} 1 - \left(\dfrac{3}{x}\right)^2, & x > 3 \\ 0, & \text{그 외} \end{cases}$$

확률변수 $Y = X^2$의 확률밀도함수를 구하시오.

문제 4.5

서비스센터에서 어떤 부품을 교환해 주면서 그 부품에 대한 보증금을 다음과 같이 지급해 준다고 한다.

"교환 후 교환한 부품이 1년 안에 고장 나면 5만원, 2년은 3만원, 3년은 1만원을 지급하고 그 이후는 지급하지 않는다."

교환한 부품이 1년 이내에 고장 날 확률이 $\dfrac{1}{10}$이고, 이후 $k-1$년부터 k년 사이에 고장날 확률이 $\dfrac{k}{10}$이다($k = 2, 3, 4$). 이 부품을 교환한 후 받게 되는 보증금의 기댓값을 구하시오.

문제 4.6

서로 독립인 3개의 확률변수 $X_1,\ X_2,\ X_3$은 다음과 같은 공통의 확률밀도함수를 갖는다.

$$f(x) = \begin{cases} \dfrac{2}{x^3}, & x > 1 \\ 0, & \text{그 외} \end{cases}$$

$Y = \max(X_1,\ X_2,\ X_3)$이라 할 때, Y의 기댓값을 구하시오.

문제 4.7

연속확률변수 X의 확률밀도함수 $f_X(x)$가

$$f_X(x) = \begin{cases} 3x^2, & 0 < x \le 1 \\ 0, & \text{그 외} \end{cases}$$

일 때, 확률변수 $Y = -\dfrac{1}{X}$의 확률밀도함수 $f_Y(y)$를 구하시오.

확률변수 X가 음이 아닌 정수값을 가질 때 다음을 만족한다.

$$\mathrm{E}(X)=\sum_{k=1}^{\infty}\mathrm{P}(X\geq k)=\sum_{k=0}^{\infty}\mathrm{P}(X>k)$$

예를 들어, 흰 공이 1개 검은 공이 3개 들어 있는 주머니에서 복원추출로 한 번에 한 개씩 무작위로 공을 꺼내는 실험을 생각해 보자. 흰 공이 나올 때까지 시행한 횟수를 X라고 할 때, 기댓값 $\mathrm{E}(X)$를 다음과 같이 구할 수 있다.

먼저, 아래 이산확률분포표와 정의 4.6을 이용하여

X	1	2	$\cdots$	k	$\cdots$
$\mathrm{P}(X=x)$	$\frac{1}{4}$	$\left(\frac{3}{4}\right)\left(\frac{1}{4}\right)$	$\cdots$	$\left(\frac{3}{4}\right)^{k-1}\left(\frac{1}{4}\right)$	$\cdots$

$\mathrm{E}(X)=1\cdot\left(\frac{1}{4}\right)+2\cdot\left(\frac{3}{4}\right)\left(\frac{1}{4}\right)+\cdots+k\cdot\left(\frac{3}{4}\right)^{k-1}\left(\frac{1}{4}\right)+\cdots$

임을 알 수 있다.

한편, 자연수 k에 대하여 $X>k$인 사건은 처음 k번 동안 검은 공만 나왔다는 의미이므로 $\mathrm{P}(X>k)=\left(\frac{3}{4}\right)^{k}$, $k=1,\ 2,\ 3,\ \cdots$ 이고 $\mathrm{P}(X>0)=1$이다.

따라서

$$\mathrm{E}(X)=\sum_{k=0}^{\infty}\mathrm{P}(X>k)=\sum_{k=0}^{\infty}\left(\frac{3}{4}\right)^{k}=4$$

이다. 즉, 주머니에서 4번 정도 공을 꺼내면 흰 공이 나올 것으로 기대된다는 의미이다.

제 5 장
적률생성함수

5.1 적률생성함수

정의 5.1

- k차 원점적률(k-th moment about origin)과 k차 중심적률(k-th moment about mean)

이산확률변수 X의 k제곱의 기댓값

$$\mathrm{E}(X^k) = \sum_x x^k \cdot \mathrm{P}(X = x) \text{ (단, } k = 1,\ 2,\ 3,\ \cdots)$$

을 이산확률변수 X의 k차 원점적률이라 하고,

$$\mathrm{E}((X - \mu)^k) = \sum_x (x - \mu)^k \cdot \mathrm{P}(X = x) \text{ (단, } k = 1,\ 2,\ 3,\ \cdots)$$

을 이산확률변수 X의 k차 중심적률이라 한다.

보충설명

평균(mean), 분산(variance), 왜도(skewness), 첨도(kurtosis)
적률은 확률분포의 특성을 설명해 주는 역할을 하며, 평균, 분산, 왜도, 첨도는 각각 1차, 2차, 3차, 4차 적률에 해당된다. 왜도는 데이터의 분포가 어느 방향, 어느 정도의 기울기인가를 알려주며, 첨도는 분포 모양의 뾰족함, 분포 꼬리의 길고 짧은 모양을 가늠하는 척도가 된다. 표준정규분포는 평균, 왜도가 0이고 첨도는 3이다.

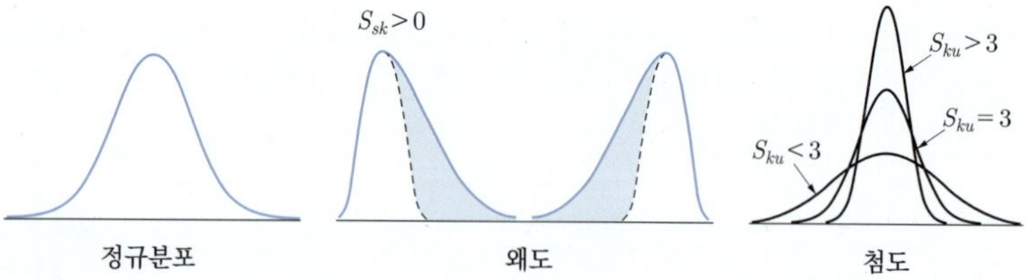

정의 5.2

• **적률생성함수(moment generating function)**

확률변수 X에 대하여 $t=0$의 근방에서 $M_X(t)=\mathrm{E}(e^{tX})<\infty$가 존재할 때 이것을 t의 함수로서 확률변수 X의 적률생성함수라 부르고 다음과 같이 정의한다.

$$M_X(t)=\mathrm{E}(e^{tX})=\begin{cases}\displaystyle\sum_x e^{tx}\mathrm{P}(X=x), & \text{이산확률변수일 때}\\ \displaystyle\int_{-\infty}^{\infty} e^{tx}f(x)dx, & \text{연속확률변수일 때}\end{cases}$$

보충설명

Taylor 급수와 Maclaurin 급수

f가 $x=a$를 포함하는 개구간 I에서 정의된 실수값 함수로서 모든 I에 대하여 n차 도함수 $f^{(n)}(x)$가 존재하고 연속이면 다음과 같이 멱급수로 전개할 수 있다. 예를 들어, 함수 $f(x)$를

$$f(x)=a_0+a_1(x-a)+a_2(x-a)^2+\cdots+a_n(x-a)^n+\cdots \qquad \cdots(*)$$

이라 하자. 그러면

$$f'(x)=a_1+2a_2(x-a)+3a_3(x-a)^2+\cdots+na_n(x-a)^{n-1}+\cdots$$
$$f''(x)=2a_2+3\cdot 2a_3(x-a)+4\cdot 3a_4(x-a)^2+\cdots+n(n-1)a_n(x-a)^{n-2}+\cdots$$
$$\vdots$$

위의 각 식 $f(x)$, $f'(x)$, $f''(x)$, $\cdots$ 에 $x=a$를 대입하면

$$f(a)=a_0$$
$$f'(a)=a_1$$
$$f''(a)=2a_2$$
$$\vdots$$

$f^{(n)}(a) = n!a_n$ 이다. 그러므로 $a_n = \dfrac{f^{(n)}(a)}{n!}$ $\left(a_0 = \dfrac{f(a)}{0!}\right)$

을 얻는다. 이것을 다시 식 $(*)$에 대입하면

$$f(x) = \frac{f(a)}{0!} + \frac{f'(a)}{1!}(x-a) + \frac{f''(a)}{2!}(x-a)^2 + \cdots + \frac{f^{(n)}(a)}{n!}(x-a)^n + \cdots \quad \cdots (**)$$

이 된다. 이를 Taylor 급수라 한다. 또 식 $(**)$에 $a = 0$을 대입하면

$$f(x) = \frac{f(0)}{0!} + \frac{f'(0)}{1!}x + \frac{f''(0)}{2!}x^2 + \cdots + \frac{f^{(n)}(0)}{n!}x^n + \cdots \quad \cdots (***)$$

이다. 이 식 $(***)$을 Maclaurin 급수라 한다. 다음 $f(x) = e^x$의 예를 들어보자.

$$e^x = a_0 + a_1x + a_2x^2 + \cdots + a_nx^n + \cdots$$

$$(e^x)' = e^x = 1a_1 + 2a_2x + \cdots + na_nx^{n-1} + \cdots$$

$$(e^x)'' = e^x = 2!a_2 + 3 \cdot 2a_3x + \cdots + n(n-1)a_nx^{n-2} + \cdots$$

$$(e^x)''' = e^x = 3!a_3 + 4 \cdot 3 \cdot 2a_4x + \cdots + n(n-1)(n-2)a_nx^{n-3} + \cdots$$

$$\vdots$$

$1 = a_0 = 1!a_1 = 2!a_2 = \cdots = n!a_n$ 이다. 그러므로 $a_n = \dfrac{1}{n!}$

즉, $e^x = a_0 + a_1x + a_2x^2 + \cdots + a_nx^n + \cdots$

$$= 1 + \frac{x}{1!} + \frac{x^2}{2!} + \frac{x^3}{3!} + \cdots$$

한편, $x = -1$을 식 $e^x = a_0 + a_1x + a_2x^2 + \cdots + a_nx^n + \cdots$ 에 대입하면

$$e^{-1} = \frac{1}{2!} - \frac{1}{3!} + \cdots + (-1)^n\frac{1}{n!} + \cdots$$

을 얻게 된다.

정리 5.1

이산확률변수 X에 대하여, 다음이 성립한다.

(1) $M_X'(0) = \mathrm{E}(X)$

(2) $M_X''(0) - \{M_X'(0)\}^2 = \mathrm{V}(X)$

증명

지수함수 e^{tX}를 매클로린 급수로 전개하면 $e^{tX} = 1 + \frac{tX}{1!} + \frac{(tX)^2}{2!} + \cdots$ 이다.

(1) 이산확률변수 X의 적률생성함수 $M_X(t) = \mathrm{E}(e^{tX})$의 함수 e^{tX}를 매클로린 급수로 전개하면

$$M_X(t) = \mathrm{E}(e^{tX}) = \mathrm{E}\left(1 + \frac{tX}{1!} + \frac{(tX)^2}{2!} + \cdots\right)$$

이다. 여기서 우변에 기댓값의 성질을 적용하면

$$M_X(t) = 1 + t\mathrm{E}(X) + \frac{t^2}{2!}\mathrm{E}(X^2) + \cdots$$

이다. 여기서 양변을 변수 t에 관하여 미분하면

$$M_X'(t) = \mathrm{E}(X) + t\mathrm{E}(X^2) + \frac{t^2}{2!}\mathrm{E}(X^3) + \cdots$$

이다. 따라서 양변에 $t = 0$을 대입하면

$$M_X'(0) = \mathrm{E}(X)$$

이다.

(2) 적률생성함수의 도함수 $M_X'(t)$를 변수 t에 관하여 미분하면

$$M_X''(t) = \mathrm{E}(X^2) + t\mathrm{E}(X^3) + \frac{t^2}{2!}\mathrm{E}(X^4) + \cdots$$

이다. 여기서 양변에 $t = 0$을 대입하면

$$M_X''(0) = \mathrm{E}(X^2)$$

이다. 따라서

$$M_X''(0) - \{M_X'(0)\}^2 = \mathrm{E}(X^2) - [\mathrm{E}(X)]^2 = \mathrm{V}(X)$$ ■

Note

$M_X'(0) = \mathrm{E}(X),\ M_X''(0) = \mathrm{E}(X^2),\ \cdots,\ M_X^{(n)}(0) = \mathrm{E}(X^n)$

정리 5.2

이항분포 $X \sim \mathrm{B}(n,\, p)$에 대하여, 다음이 성립한다.

$M_X(t) = (pe^t + q)^n$ (단, $q = 1 - p$)

증명

이항정리 $\sum_{k=0}^{n} {}_nC_k a^k b^{n-k} = (a+b)^n$ 을 이용하자.

이산확률변수의 적률생성함수의 정의에 의하여 확률변수 X 의 적률생성함수는

$$\begin{aligned}\mathrm{E}(e^{tX}) = \sum_x e^{tx} \cdot \mathrm{P}(X=x) &= \sum_{x=0}^{n} e^{tx} \cdot {}_nC_x p^x q^{n-x} \\ &= \sum_{x=0}^{n} {}_nC_x (pe^t)^x q^{n-x} = (pe^t+q)^n\end{aligned}$$

■

예제 5.1

이산형 확률변수 X 의 분포가 다음과 같다. 적률생성함수와 이를 이용하여 확률변수 X 의 평균과 분산을 구하시오.

x	0	1	2	3
$f(x)$	$\frac{1}{6}$	$\frac{1}{3}$	$\frac{1}{3}$	$\frac{1}{6}$

풀이

이산형 확률변수의 적률생성함수의 정의에 따라

$$M_X(t) = \mathrm{E}(e^{tX}) = \sum_x e^{tx} \cdot f(x) = \frac{1}{6}e^0 + \frac{1}{3}e^t + \frac{1}{3}e^{2t} + \frac{1}{6}e^{3t}$$

이고,

$$\mathrm{E}(X) = M_X'(0) = \frac{1}{3} + \frac{2}{3} + \frac{1}{2} = \frac{3}{2}$$

$$\mathrm{E}(X^2) = M_X''(0) = \frac{1}{3} + \frac{4}{3} + \frac{3}{2} = \frac{19}{6}$$

$$\mathrm{V}(X) = \mathrm{E}(X^2) - [\mathrm{E}(X)]^2 = M_X''(0) - [M_X'(0)]^2 = \frac{11}{12}$$

□

예제 5.2

확률변수 X의 확률밀도함수가

$$f(x) = \begin{cases} e^{-x}, & x \geq 0 \\ 0, & \text{그 외} \end{cases}$$

일 때, 적률생성함수를 이용하여 평균과 분산을 구하시오.

풀이

$$M_X(t) = \mathrm{E}(e^{tX}) = \int_0^\infty e^{tx} \cdot e^{-x} dx = \int_0^\infty e^{(t-1)x} dx$$
$$= \left[\frac{e^{(t-1)x}}{t-1}\right]_0^\infty = \frac{1}{1-t}, \quad t < 1$$

$$M_X'(t) = \frac{1}{(t-1)^2}, \quad M_X''(t) = \frac{-2}{(t-1)^3}$$

이므로

$$\mathrm{E}(X) = M_X'(0) = 1, \mathrm{E}(X^2) = M_X''(0) = 2$$
$$\mathrm{V}(X) = \mathrm{E}(X^2) - [\mathrm{E}(X)]^2 = M_X''(0) - [M_X'(0)]^2 = 1$$

□

보충설명

t의 범위는 적률생성함수를 정의한 적분이 적분가능한 범위($M_X(t)$가 존재)로, 최대범위를 적는다. 예를 들어, $t \geq 1$이면 $M_X(t)$의 값이 존재하지 않는다. $t = 1$ 또는 $t = 2$를 대입해 보면 쉽게 확인할 수 있다.

정리 5.3

확률변수 X의 적률생성함수가 $M_X(t)$일 때, $Y = aX + b$의 적률생성함수는

$$M_Y(t) = e^{bt} M_X(at)$$

이다.

증명

$$M_Y(t) = \mathrm{E}(e^{tY}) = \mathrm{E}\left[e^{t(aX+b)}\right] = \mathrm{E}\left[e^{bt}e^{(at)X}\right] = e^{bt}M_X(at)$$ ■

예제 5.3

정규분포 $X \sim \mathrm{N}(\mu,\ \sigma^2)$에 대하여, 다음이 성립함을 보이시오.

$$M_X(t) = e^{\mu t + \frac{1}{2}\sigma^2 t^2}$$

증명

연속확률변수의 적률생성함수의 정의에 의하여 확률변수 X의 적률생성함수는

$$\begin{aligned} M_X(t) = \mathrm{E}(e^{tX}) = \int_{-\infty}^{\infty} e^{tx}\cdot f(x)dx &= \int_{-\infty}^{\infty} e^{tx}\cdot \frac{1}{\sqrt{2\pi}\sigma}e^{-\frac{(x-\mu)^2}{2\sigma^2}}dx \\ &= \frac{e^{\mu t+\frac{1}{2}\sigma^2t^2}}{\sqrt{2\pi}\sigma}\int_{-\infty}^{\infty} e^{-\frac{[x-(\mu+\sigma^2 t)]^2}{2\sigma^2}}dx \\ &= e^{\mu t+\frac{1}{2}\sigma^2t^2}\int_{-\infty}^{\infty}\frac{1}{\sqrt{2\pi}\sigma}e^{-\frac{[x-(\mu+\sigma^2 t)]^2}{2\sigma^2}}dx \\ &= e^{\mu t+\frac{1}{2}\sigma^2t^2} \end{aligned}$$

또는, 우변에 $\dfrac{x-(\mu+\sigma^2 t)}{\sigma} = y$의 치환적분법을 적용하면 $dy = \dfrac{1}{\sigma}dx$이므로

$$M_X(t) = \frac{e^{\mu t+\frac{1}{2}\sigma^2t^2}}{\sqrt{2\pi}\sigma}\int_{-\infty}^{\infty} e^{-\frac{y^2}{2}}\sigma dy$$

이다.

$$M_X(t) = e^{\mu t+\frac{1}{2}\sigma^2t^2}\int_{-\infty}^{\infty}\frac{1}{\sqrt{2\pi}}e^{-\frac{z^2}{2}}dz$$

이고, 우변의 적분은 표준정규분포의 확률밀도함수이므로 $\displaystyle\int_{-\infty}^{\infty}\frac{1}{\sqrt{2\pi}}e^{-\frac{z^2}{2}}dz = 1$이다.

따라서 구하는 적률생성함수는

$$M_X(t) = e^{\mu t+\frac{1}{2}\sigma^2t^2}$$

이다. 그리고 여기서 표준정규분포의 적률생성함수는 $\mu = 0,\ \sigma^2 = 1$을 대입하면

$$M_X(t) = e^{\frac{1}{2}t^2}$$

이다. 참고로,

$$
\begin{aligned}
tx - \frac{(x-\mu)^2}{2\sigma^2} &= \frac{2tx\sigma^2}{2\sigma^2} - \frac{(x-\mu)^2 - 2(x-\mu)\sigma^2 t + (\sigma^2 t)^2 + 2(x-\mu)\sigma^2 t - (\sigma^2 t)^2}{2\sigma^2} \\
&= \frac{2tx\sigma^2}{2\sigma^2} - \frac{(x-\mu-\sigma^2 t)^2}{2\sigma^2} - \frac{2(x-\mu)\sigma^2 t - (\sigma^2 t)^2}{2\sigma^2} \\
&= \frac{2tx\sigma^2}{2\sigma^2} - \frac{2(x-\mu)\sigma^2 t - (\sigma^2 t)^2}{2\sigma^2} - \frac{(x-\mu-\sigma^2 t)^2}{2\sigma^2} \\
&= \frac{2\mu\sigma^2 t + (\sigma^2 t)^2}{2\sigma^2} - \frac{(x-\mu-\sigma^2 t)^2}{2\sigma^2} \\
&= \mu t + \frac{1}{2}\sigma^2 t^2 - \frac{(x-\mu-\sigma^2 t)^2}{2\sigma^2}
\end{aligned}
$$

■

5장 Exercise

문제 5.1

이산형 확률변수 X의 적률생성함수는 다음과 같다.

$$M_X(t) = \mathrm{E}(e^{tX}) = \frac{2}{5} + \frac{1}{5}e^{-t} + \frac{2}{5}e^{t} \text{ (단, } t\text{는 실수)}$$

이때, 확률변수 $Y = X^2$의 평균과 분산을 구하시오. **중등임용기출**

문제 5.2

확률변수 X의 적률생성함수(moment generating function)는

$$M_X(t) = \frac{1}{(1-2t)^4} \left(t < \frac{1}{2}\right) \text{ 이다.}$$

확률변수 X의 분산을 풀이 과정과 함께 쓰시오. **중등임용기출**

문제 5.3

서로 독립인 3개의 확률변수 X, Y, Z의 적률생성함수 $M_X(t)$, $M_Y(t)$, $M_Z(t)$는 각각 다음과 같다.

$$M_X(t) = (1-3t)^{-2},\ M_Y(t) = (1-3t)^{-3},\ M_Z(t) = (1-3t)^{-4},\ \left(t < \frac{1}{3}\right)$$

$S = X + Y + Z$ 라 할 때, S^3의 기댓값을 구하시오.

문제 5.4

서로 독립인 3개의 확률변수 X, Y, Z는 다음과 같은 공통의 확률질량함수를 갖는다.

$$p(0)=\frac{1}{4},\ p(1)=\frac{3}{4},\ p(x)=0,\ (x\neq 0,\ x\neq 1)$$

$S=XYZ$ 라 할 때, S의 적률생성함수를 구하시오.

적률과 평균, 분산, 왜도 그리고 첨도

적률은 함수의 모양을 표현하는 하나의 척도로 통계에서는 확률분포의 특성을 설명해주는 역할을 한다. 확률변수 X의 평균을 μ, 표준편차를 σ라 할 때, $Z = \dfrac{X-\mu}{\sigma}$의 세제곱의 기댓값(3차 표준화적률) $\mathrm{E}\left(Z^3\right)$을 X의 비대칭도(왜도)라 하고, 네제곱의 기댓값(4차 표준화적률) $\mathrm{E}\left(Z^4\right)$을 뾰족한 정도(첨도)라 한다.
또, 확률밀도함수가 $f(x)$일 때, 연속확률변수 X의 k제곱의 기댓값

$$\mu_k' = \mathrm{E}(X^k) = \int_{-\infty}^{\infty} x^k \cdot f(x)dx \quad (\text{단, } k = 1,\ 2,\ 3,\ \cdots)$$

을 연속확률변수 X의 k차 원점적률이라 하고,

$$\mu_k = \mathrm{E}((X-\mu)^k) = \int_{-\infty}^{\infty} (x-\mu)^k f(x)dx \quad (\text{단, } k = 1,\ 2,\ 3,\ \cdots)$$

을 연속확률변수 X의 k차 중심적률이라 하며,

$$\widetilde{\mu_k} = \mathrm{E}\left[\left(\frac{X-\mu}{\sigma}\right)^k\right] = \int_{-\infty}^{\infty} \left(\frac{X-\mu}{\sigma}\right)^k f(x)dx \quad (\text{단, } k = 1,\ 2,\ 3,\ \cdots)$$

을 연속확률변수 X의 k차 표준화적률이라 한다.
한편,

$$\mu_1 = \mathrm{E}(X-\mu) = \mathrm{E}(X) - \mu = 0$$

$$\mu_1' = \mathrm{E}(X)$$

$$\mu_2 = \mathrm{E}((X-\mu)^2) = \mathrm{V}(X)$$

이고,

$$\widetilde{\mu_1} = \frac{\mu_1}{\sigma} = 0$$

$$\widetilde{\mu_2} = \frac{\mu_2}{\sigma^2} = \frac{\sigma^2}{\sigma^2} = 1$$

$$\widetilde{\mu_3} = \mathrm{E}\left(Z^3\right) = \mathrm{E}\left[\left(\frac{X-\mu}{\sigma}\right)^3\right] = \frac{\mathrm{E}\left[(X-\mu)^3\right]}{\sigma^3} = \frac{\mathrm{E}\left[(X-\mu)^3\right]}{(\sqrt{\mathrm{V}(X)})^3} = \frac{\mu_3}{(\mu_2)^{3/2}}$$

$$\widetilde{\mu_4} = \mathrm{E}\left(Z^4\right) = \frac{\mu_4}{\left(\mu_2\right)^2}$$

이를 정리하면 다음과 같다.

$\mathrm{E}(X) = \mu_1'$ (1차 원점적률)

$\mathrm{V}(X) = \mu_2$ (2차 중심적률)

$\mathrm{E}\left(Z^3\right) = \widetilde{\mu_3}$ (3차 표준화적률)

$\mathrm{E}\left(Z^4\right) = \widetilde{\mu_4}$ (4차 표준화적률)

제 6 장
결합확률함수

6.1 결합확률질량함수

우리 일상생활에서는 단일 확률변수에 확률이 대응되는 확률분포만 있는 것이 아니고 두 개 이상의 확률변수의 쌍에 확률이 대응되는 확률분포도 있다. 예를 들어, 바지의 치수는 다리 길이와 허리둘레에 의해, 기후는 기압과 바람에 의해 그리고 상품 매출액은 상품의 질과 가격에 의해 결정된다고 할 수 있다. 이와 같은 형태의 경우 표본공간에서 표본점이 이차원 이상인 공간상의 점으로 표시된다.

정의 6.1

- 결합확률질량함수(joint probability mass function)

이산확률변수 X, Y에 대하여 $X = x_i$이고 $Y = y_j$일 확률을 $\mathrm{P}(X = x_i,\ Y = y_j) = f(x_i,\ y_j)$ (A가 평면상의 임의의 영역일 때, $\mathrm{P}((X,\ Y) \in A) = \sum_{(x,\ y) \in A} f(x,\ y)$)라 하고

(i) $f(x_i,\ y_j) \geq 0$

(ii) $\sum_{x_i} \sum_{y_j} f(x_i,\ y_j) = 1$

을 만족할 때 이러한 대응관계를 X, Y의 결합확률분포(joint distribution)라 하고 함수 $f(x_i,\ y_j)$를 결합확률질량함수라 한다.

다음 그림은 이산확률변수 X, Y의 결합확률질량함수의 예를 나타낸 것이다.

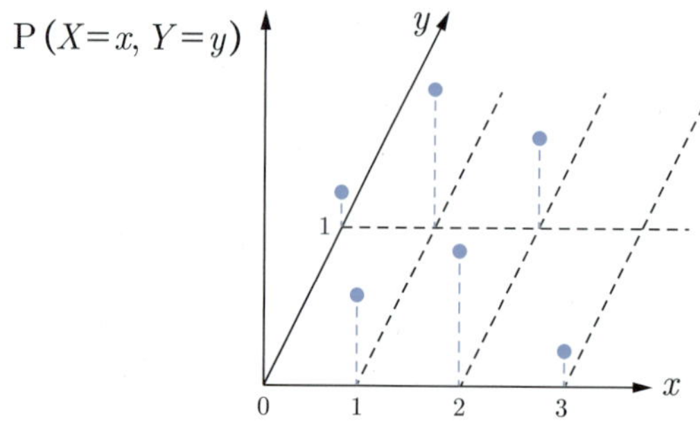

정의 6.2

• 주변확률분포(marginal probability mass function)

이산확률변수 X, Y의 결합확률질량함수 $f(x,\ y)$에 대하여

$$f_X(x) = g(x) = \sum_y f(x,\ y),\ f_Y(y) = h(y) = \sum_x f(x,\ y)$$

를 각각 확률변수 X와 Y의 주변확률질량함수라고 한다.

이산확률변수 X, Y의 결합확률함수 $f(x_i,\ y_j)$를 다음과 같이 표로 정리하기도 하는데 이를 결합확률분포표라고 한다.

〈표 6-1〉 X, Y의 결합확률분포표

X \ Y	y_1	y_2	$\cdots$	y_n	$f(x_i,\cdot)$	$g(x)$
x_1	$f(x_1,y_1)$	$f(x_1,y_2)$		$f(x_1,y_n)$	$f(x_1,\cdot)$	$g(x_1)$
x_2	$f(x_2,y_1)$	$f(x_2,y_2)$		$f(x_2,y_n)$	$f(x_2,\cdot)$	$g(x_2)$
$\vdots$						
x_m	$f(x_m,y_1)$	$f(x_m,y_2)$		$f(x_m,y_n)$	$f(x_m,\cdot)$	$g(x_m)$
$f(\cdot,y_j)$	$f(\cdot,y_1)$	$f(\cdot,y_2)$		$f(\cdot,y_n)$	1	
$h(y)$	$h(y_1)$	$h(y_2)$		$h(y_n)$		

예제 6.1

다음에 주어진 결합확률분포표로부터 각 물음에 답하시오.

x \ y	0	1	2	$g(x)$
-1	0.10	0.15	0.10	a
0	0.15	0.20	0.05	b
1	0.05	0.10	0.10	c
$h(y)$	α	β	γ	1

(1) X 의 주변확률질량함수

(2) $\mathrm{P}(X = Y)$, $\mathrm{P}(Y \le 2)$, $\mathrm{P}(X - Y = 1)$

풀이

(1) $g(x) = \sum_{y} f(x,\ y)$, $h(y) = \sum_{x} f(x,\ y)$ 이므로

$g(-1) = a = 0.35$, $g(0) = b = 0.4$, $g(1) = c = 0.25$

(2) $\mathrm{P}(X = Y) = f(0,\ 0) + f(1,\ 1) = 0.25$, $\mathrm{P}(Y \le 2) = h(0) + h(1) + h(2) = \alpha + \beta + \gamma = 1$

$\mathrm{P}(X - Y = 1) = f(1,\ 0) = 0.05$ □

정의 6.3

• 결합확률밀도함수(joint probability density function)

다음 조건이 만족될 때 함수 $f(x,\ y)$를 연속확률변수 X와 Y의 결합확률밀도함수라 한다.

(i) 모든 $(x,\ y)$에 대하여 $f(x,\ y) \ge 0$

(ii) $\int_{-\infty}^{\infty} \int_{-\infty}^{\infty} f(x,\ y)dxdy = 1$

(iii) A가 평면상의 임의의 영역일 때, $\mathrm{P}[(X,\ Y) \in A] = \int\int_{A} f(x,\ y)dxdy$

이러한 대응관계를 X, Y 의 결합확률분포라고 한다.

다음 그림은 연속확률변수 X, Y 의 결합확률밀도함수의 예를 나타낸 것이다.

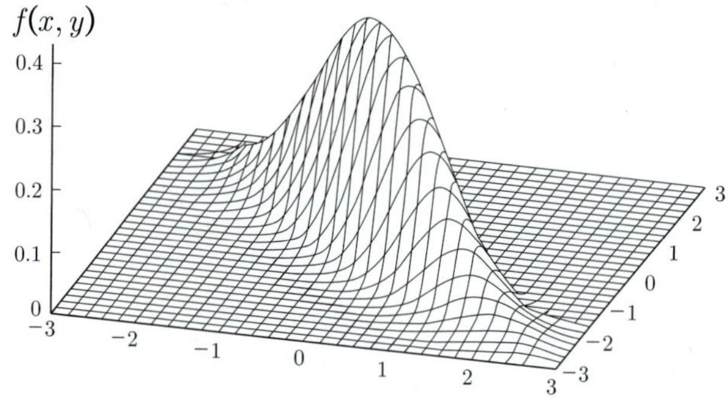

정의 6.4

• 주변확률밀도함수(marginal probability density function)

연속확률변수 X, Y 의 결합확률밀도함수 $f(x,\ y)$에 대하여

$$f_X(x) = g(x) = \int_{-\infty}^{\infty} f(x,\ y)dy,\ f_Y(y) = h(y) = \int_{-\infty}^{\infty} f(x,\ y)dx$$

를 각각 확률변수 X와 Y의 주변확률밀도함수라고 한다.

예시 $$\int_{-\infty}^{\infty} g(x)dx = \int_{-\infty}^{\infty}\int_{-\infty}^{\infty} f(x,\ y)dydx = 1$$

$$\mathrm{P}(a < X < b) = \mathrm{P}(a < X < b,\ -\infty < y < \infty)$$

$$= \int_a^b \int_{-\infty}^{\infty} f(x,\ y)dydx = \int_a^b g(x)dx$$

예제 6.2

확률변수 X, Y 의 결합확률밀도함수는 다음과 같다.

$$f(x,\ y) = \begin{cases} \frac{2}{3}x + \frac{4}{3}y, & 0 \le x,\ y \le 1 \\ 0, & \text{그 외의 경우} \end{cases}$$

X, Y 의 주변확률밀도함수 $g(x)$, $h(y)$를 구하시오.

풀이

$$g(x)=\int_{-\infty}^{\infty} f(x,\ y)dy=\int_0^1 \left(\frac{2}{3}x+\frac{4}{3}y\right)dy=\frac{2}{3}x+\frac{2}{3},\ \text{그 이외의 영역에서는 } g(x)=0$$

$$h(y)=\int_{-\infty}^{\infty} f(x,\ y)dx=\int_0^1 \left(\frac{2}{3}x+\frac{4}{3}y\right)dx=\frac{1}{3}+\frac{4}{3}y,\ \text{그 이외의 영역에서는 } h(y)=0$$

□

예제 6.3

확률변수 X, Y의 결합확률밀도함수는 다음과 같다.

$$f(x,\ y)=\begin{cases} 10xy^2, & 0<x<y<1 \\ 0, & \text{그 외의 경우} \end{cases}$$

주변확률밀도함수 $g(x)$, $h(y)$를 구하시오.

풀이

$$g(x)=\int_{-\infty}^{\infty} f(x,\ y)dy=\int_x^1 10xy^2dy=\frac{10}{3}x(1-x^3),\ 0<x<1$$

$$h(y)=\int_{-\infty}^{\infty} f(x,\ y)dx=\int_0^y 10xy^2dx=5y^4,\ 0<y<1$$

□

예제 6.4

확률변수 X, Y의 결합확률밀도함수는 다음과 같다.

$$f(x,\ y)=\begin{cases} cxy^2, & 0\le x\le y\le 1 \\ 0, & \text{그 외의 경우} \end{cases}$$

상수 c의 값과 $\mathrm{P}(Y\ge 2X)$를 구하시오.

풀이

$1=\int_0^1\int_0^y cxy^2dxdy=\frac{c}{10}$ 에서 $c=10$이다.

또, $P(Y \ge 2X) = \int_0^1 \int_0^{y/2} 10xy^2 dx dy = \frac{1}{4}$ □

예제 6.5

원점을 중심으로 하고 반지름이 1인 원의 내부의 점을 임의로 선택한 점의 좌표를 (X, Y)라 할 때 다음 물음에 답하시오.

(1) $(X,\ Y)$의 결합확률밀도함수

(2) X와 Y의 주변확률밀도함수

(3) 원점에서 $(X,\ Y)$까지의 거리를 D라 할 때, D의 확률밀도함수

풀이

(1) $(X,\ Y)$의 확률분포가 $x^2 + y^2 < 1$에서 균일하게 분포하므로

$$f(x,\ y) = \frac{1}{\pi},\ x^2 + y^2 < 1$$

(2) $g(x) = f_X(x) = \int_{-\sqrt{1-x^2}}^{\sqrt{1-x^2}} \frac{1}{\pi} dy = \frac{2\sqrt{1-x^2}}{\pi},\ -1 < x < 1$

$$h(y) = f_Y(y) = \int_{-\sqrt{1-y^2}}^{\sqrt{1-y^2}} \frac{1}{\pi} dx = \frac{2\sqrt{1-y^2}}{\pi},\ -1 < y < 1$$

(3) 원점에서 $(X,\ Y)$까지의 거리는 $D = \sqrt{X^2 + Y^2}$이므로 D의 누적분포함수를 구하면

$$\begin{aligned} F_D(d) &= P(D \le d) \\ &= P(\sqrt{X^2 + Y^2} \le d) \\ &= P(X^2 + Y^2 \le d^2) \\ &= \frac{\pi d^2}{\pi} \\ &= d^2 \end{aligned}$$

따라서 이를 미분하면 D의 확률밀도함수 $f_D(d) = 2d,\ 0 < d < 1$ □

보충설명

연속확률변수 X의 누적분포함수 $F(x)$는 다음 식

$$F(x) = \mathrm{P}(X \leq x) = \int_{-\infty}^{x} f(t)dt, \ -\infty < x < \infty$$

와 같이 정의(정의4.5)하였으므로 미적분학의 정리에 의하여 확률밀도함수 $f(x)$는 $F'(x)$ 이다. 즉, 누적분포함수와 확률밀도함수와의 관계식을 일반화하면 다음과 같다.

$$F'(x) = f(x)$$

6.2 조건부 확률분포

정의 6.5

- 조건부 분포(conditional distribution)

확률변수(이산, 연속) X와 Y에 대해

(i) $X = x$가 주어질 때 Y의 조건부 분포는 다음과 같이 주어진다.

$$f(y|x) = \frac{f(x,\ y)}{g(x)},$$ $g(x)$는 X의 주변확률함수이고 $g(x) > 0$이다.

(ii) $Y = y$가 주어질 때 X의 조건부 분포는 다음과 같이 주어진다.

$$f(x|y) = \frac{f(x,\ y)}{h(y)},$$ $h(y)$는 Y의 주변확률함수이고 $h(y) > 0$이다.

여기서 $f(y|x)$ 또는 $f(x|y)$를 조건부질량함수(이산) 또는 조건부밀도함수(연속)라고 한다.

따라서 $\mathrm{P}(a < X < b|Y = y)$는 다음 식과 같다.

$$\mathrm{P}(a < X < b|Y = y) = \begin{cases} \displaystyle\sum_{a<x<b} f(x|y) & \text{이산확률변수} \\ \displaystyle\int_a^b f(x|y)dx & \text{연속확률변수} \end{cases}$$

예제 6.6

다음 결합확률분포표에서 $Y = 1$일 때의 X의 조건부 확률분포를 구하고, 이를 이용하여 $\mathrm{P}(X < 1|Y = 1)$을 계산하시오.

x \ y	0	1	2	$g(x)$
-1	0.10	0.15	0.10	0.35
0	0.15	0.20	0.05	0.4
1	0.05	0.10	0.10	0.25
$h(y)$	0.3	0.45	0.25	1

풀이

$Y=y$가 주어질 때 X의 조건부 분포는

$$f(x|y)=\frac{f(x,\ y)}{h(y)} \quad (h(y)>0)$$

이다. 그리고 $h(1)=0.45$이고, $f(x|1)=\dfrac{f(x,\ 1)}{h(1)}$이므로 $Y=1$일 때의 X의 조건부 확률분포표는 다음과 같다.

x	-1	0	1	계
$f(x\|1)$	$\frac{0.15}{0.45}=\frac{3}{9}$	$\frac{0.20}{0.45}=\frac{4}{9}$	$\frac{0.10}{0.45}=\frac{2}{9}$	1

한편,

$$\begin{aligned}\mathrm{P}(X<1|Y=1)&=\mathrm{P}(X=-1|Y=1)+\mathrm{P}(X=0|Y=1)\\&=\frac{3}{9}+\frac{4}{9}\\&=\frac{7}{9}\end{aligned}$$

□

예제 6.7

확률변수 X, Y의 결합확률분포가 다음과 같을 때 조건부밀도함수 $f(x|y)$를 구하시오.

$$f(x,\ y)=2,\ x+y\le 1,\ x\ge 0,\ y\ge 0$$

풀이

x의 범위가 $0 \le x \le 1-y$이고, y의 주변밀도함수와 조건부밀도함수는 다음과 같다.

$$h(y) = \int_{-\infty}^{\infty} f(x,\ y)dx = \int_{0}^{1-y} 2dx = 2(1-y),\ 0 \le y \le 1$$

그러므로 $[0,\ 1]$ 사이에 있는 임의의 y에 대하여

$$f(x|y) = \frac{f(x,\ y)}{h(y)} = \frac{2}{2(1-y)} = \frac{1}{1-y},\ 0 \le x \le 1-y$$

□

6.3 확률변수들의 독립

정의 6.6

• 독립(independent)과 종속(dependent)

확률변수(이산, 연속) X와 Y가 결합확률함수 $f(x,\ y)$, 주변확률함수 $g(x)$, $h(y)$를 가진다고 할 때,

(1) 모든 $(x,\ y)$에 대해 $f(x,\ y) = g(x)h(y)$가 성립하면 확률변수 X와 Y는 서로 독립

(2) 어떤 $(x,\ y)$에 대해 $f(x,\ y) \neq g(x)h(y)$가 성립하면 확률변수 X와 Y는 서로 종속

이라고 한다.

예제 6.8

다음에 주어진 확률분포로부터 확률변수 X와 Y의 독립여부를 판단하시오.

x \ y	0	1	2	$g(x)$
-1	0.10	0.15	0.10	0.35
0	0.15	0.20	0.05	0.4
1	0.05	0.10	0.10	0.25
$h(y)$	0.3	0.45	0.25	1

풀이

모든 x, y에 대하여 $f(x, y) = g(x)h(y)$ 여부를 확인하면 된다.

$f(0, 0) \neq g(0)h(0)$이므로 독립이 아니다. □

정리 6.1

$f(x|y)$가 y에 종속되어 있지 않으면 $f(x|y) = g(x)$이고, $f(x, y) = g(x)h(y)$이다.

증명

$Y = y$가 주어질 때 X의 조건부 분포는 $f(x|y) = \dfrac{f(x, y)}{h(y)}$ $(h(y) > 0)$이므로 $f(x, y) = f(x|y)h(y)$이다. 그리고 여기서는 확률변수 X와 Y가 연속확률변수라 가정하자.

$$\begin{aligned} g(x) &= \int_{-\infty}^{\infty} f(x, y)dy \\ &= \int_{-\infty}^{\infty} f(x|y)h(y)dy \\ &= f(x|y)\int_{-\infty}^{\infty} h(y)dy \ (\text{조건 `}f(x|y)\text{가 } y\text{에 종속되어 있지 않으면' 에 의해}) \\ &= f(x|y)\int_{-\infty}^{\infty}\int_{-\infty}^{\infty} f(x, y)dxdy \\ &= f(x|y) \end{aligned}$$

그러므로 $f(x, y) = g(x)h(y)$가 된다. ■

6.4 독립확률변수들의 합의 분포

정리 6.2

• 합성곱(convolution)

독립인 확률변수 X와 Y의 확률밀도함수가 각각 $f_X(x)$, $f_Y(y)$라고 할 때, $U = X + Y$의 확률밀도함수는 다음과 같다.

$$f_U(u) = \int_{-\infty}^{\infty} f_X(x)f_Y(u-x)dx = \int_{-\infty}^{\infty} f_X(u-y)f_Y(y)dy = f_X * f_Y$$

증명

확률변수 X와 Y의 확률밀도함수가 각각 $f_X(x)$, $f_Y(y)$라고 할 때, U의 누적분포함수는

$$\begin{aligned} F_U(u) &= \mathrm{P}(U \le u) \\ &= \mathrm{P}(X+Y \le u) \\ &= \int\int_{x+y\le u} f_X(x) f_Y(y)\,dxdy \\ &= \int_{-\infty}^{\infty} f_X(x) \int_{-\infty}^{u-x} f_Y(y)\,dydx \\ &= \int_{-\infty}^{\infty} f_X(x) F_Y(u-x)\,dx \end{aligned}$$

양변을 u로 미분하면

$$\begin{aligned} f_U(u) &= \frac{d}{du}\int_{-\infty}^{\infty} f_X(x) F_Y(u-x)\,dx \\ &= \int_{-\infty}^{\infty} f_X(x) f_Y(u-x)\,dx \end{aligned}$$

■

예제 6.9

연속확률변수 X와 Y가 서로 독립이고, 확률밀도함수가 각각 $f_X(x) = 1(0 < x < 1)$, $f_Y(y) = 1(0 < y < 1)$이다. 확률변수 $U = X + Y$의 누적분포함수 $F_U(u) = \mathrm{P}(U \le u)$와 U의 확률밀도함수를 구하시오.

풀이

확률변수 U의 누적분포함수 $F_U(u)$는

$$F_U(u) = \mathrm{P}(U \le u) = \mathrm{P}(X + Y \le u)$$

이고, u의 값 $0 < u \le 1$ 또는 $1 < u < 2$에 따라 [그림 A]와 [그림 C]의 어두운 부분의 면적과 같다.

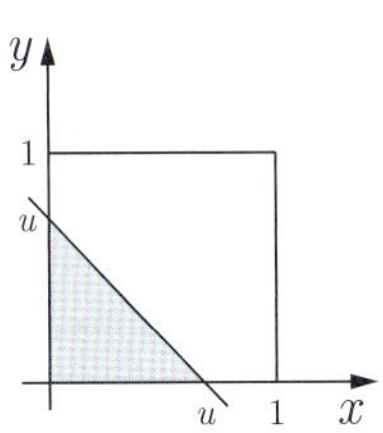

[그림 A]

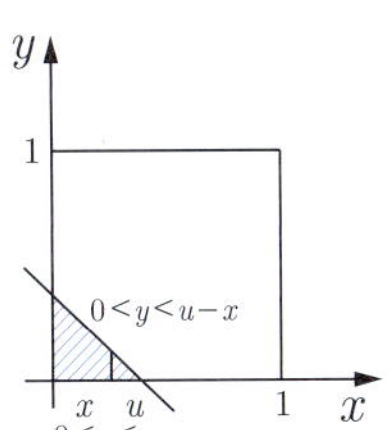

[그림 B]

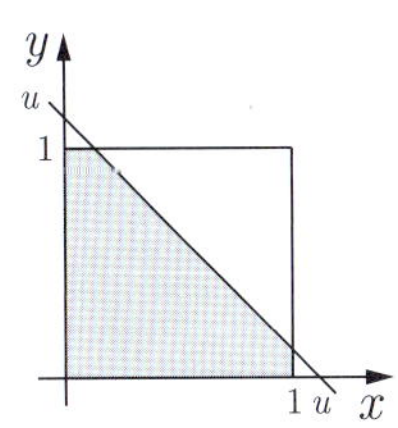

[그림 C]

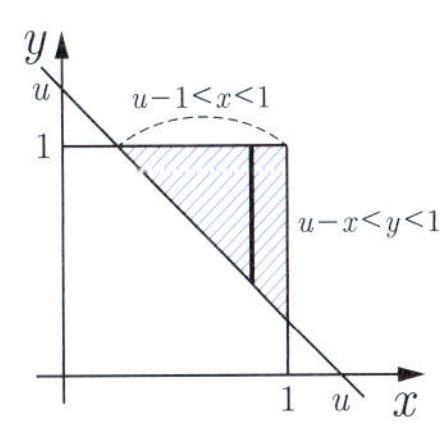

[그림 D]

따라서 [그림 B]와 [그림 D]에서 x와 y의 적분구간을 찾아 적분하면

$$F_U(u) = \begin{cases} \displaystyle\int_0^u \int_0^{u-x} dydx = \frac{1}{2}u^2, & 0 < u \le 1 \\ 1 - \displaystyle\int_{u-1}^1 \int_{u-x}^1 dydx = 1 - \frac{1}{2}(2-u)^2, & 1 < u < 2 \end{cases}$$

이고, 이를 미분하면 다음과 같이 U 의 확률밀도함수

$$f_U(u) = \begin{cases} u, & 0 < u \le 1 \\ 2-u, & 1 < u < 2 \end{cases}$$

를 얻을 수 있다. □

보충설명

합성곱을 이용하여 확률밀도함수를 구할 수 있다.

$$f_U(u) = \int_{-\infty}^{\infty} f_X(x) f_Y(u-x) dx$$

여기서 적분은 x가 $0 < x < 1$, $0 < u - x < 1$를 동시에 만족하는 구간, 즉

$$\max(0,\ u-1) < x < \min(1,\ u) \ (\because 0 < u - x < 1 \text{에서 } u - 1 < x < u)$$

에서 적분해야 한다. 따라서 이를 u의 값에 따라 적분구간을 $0 < x < u$, $u - 1 < x < 1$로 나누어 적분하면 다음과 같이 U의 확률밀도함수를 구할 수 있다.

$$f_U(u) = \begin{cases} \displaystyle\int_0^u dx = u, & 0 < u \le 1 \\ \displaystyle\int_{u-1}^1 dx = 2 - u, & 1 < u < 2 \end{cases}$$

예제 6.10

연속확률변수 X, Y가 서로 독립이고, 확률밀도함수(probability density function)가 각각 $f_X(x) = e^{-x} (x > 0)$, $f_Y(y) = e^{-y} (y > 0)$이다. 확률변수 $Z = X + Y$의 확률밀도함수 $g(z)$를 구하시오.

풀이

① 다음과 같이 합성곱 이용하여 구할 수 있다.

$$\begin{aligned} g(z) &= \int_0^z f_X(z-y) f_Y(y) dy \\ &= \int_0^z e^{-(z-y)} \cdot e^{-y} dy \\ &= \int_0^z e^{-z} dy \\ &= e^{-z} \int_0^z dy \\ &= ze^{-z} \end{aligned}$$

② 다음과 같이 누적분포함수를 이용하여 구할 수 있다.

$G(z) = \mathrm{P}(X+Y \le z)$, $z > 0$이라 하면,

$$\begin{aligned} G(z) &= \int_0^z \int_0^{z-y} \left(e^{-x}\right)\left(e^{-y}\right) dx dy \\ &= \int_0^z e^{-y} \int_0^{z-y} e^{-x} dx dy \\ &= \int_0^z e^{-y} \left[-e^{-x}\right]_0^{z-y} dy \\ &= \int_0^z e^{-y} \left(-e^{-z+y} + 1\right) dy \\ &= -e^{-z} \int_0^z dy + \int_0^z e^{-y} dy \\ &= -e^{-z}(z+1) + 1 \end{aligned}$$

$\therefore g(z) = G'(z) = ze^{-z}$ □

예제 6.11

연속확률변수 X의 확률밀도함수(probability density function) $f_X(x)$는

$$f_X(x) = \frac{2}{9}x - \frac{2}{9}(1 < x < 4)$$

이다. X와 같은 분포를 따르고 서로 독립인 2개의 연속확률변수 X_1, X_2에 대하여 $Y = \min\{X_1, X_2\}$일 때, 확률 $\mathrm{P}\left(Y < \frac{5}{2}\right)$를 구하시오. (단, $\min\{a, b\}$는 a와 b중 크지 않은 수이다.) **중등임용기출**

풀이

$Y = \min\{X_1,\ X_2\}$ 이므로 확률변수 X_1, X_2 중 하나의 변수, 즉 $X_1 < \frac{5}{2}$ 또는 $X_2 < \frac{5}{2}$ 를 만족하면 된다. 따라서 그림의 빗금친 영역에 해당되는 확률(면적)을 구하면 된다.

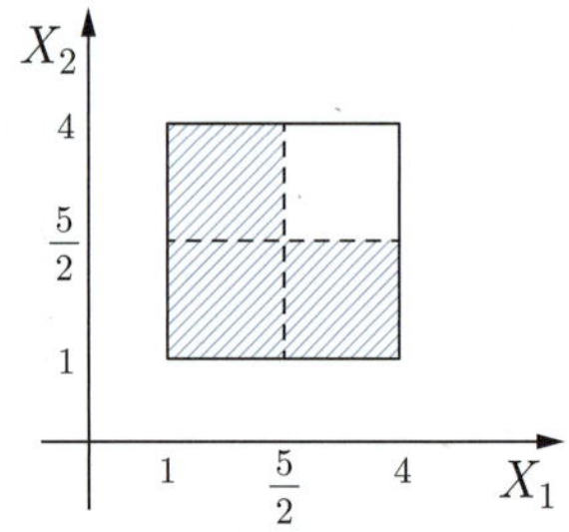

$$\begin{aligned}
P\left(Y < \frac{5}{2}\right) &= 1 - P\left(Y \geq \frac{5}{2}\right) \\
&= 1 - P\left(X_1 \geq \frac{5}{2},\ X_2 \geq \frac{5}{2}\right) \\
&= 1 - P\left(X_1 \geq \frac{5}{2}\right)^2 \ (\because X_1,\ X_2\text{는 서로 독립}) \\
&= 1 - \left(\frac{3}{4}\right)^2 = \frac{7}{16}
\end{aligned}$$

참고로, $P\left(X \geq \frac{5}{2}\right) = \int_{\frac{5}{2}}^{4} f(x)dx = \int_{\frac{5}{2}}^{4}\left(\frac{2}{9}x - \frac{2}{9}\right)dx = \frac{3}{4}$ 이다. □

6.5 결합확률분포에서의 기댓값

정리 6.3

X와 Y를 결합확률분포 $f(x,\ y)$를 가지는 확률변수라고 하자. 확률변수 $g(X,\ Y)$의 평균 혹은 기댓값은 X와 Y가

이산형인 경우 $\mu_{g(X,Y)} = E[g(X,\ Y)] = \sum_x \sum_y g(x,\ y)f(x,\ y)$

연속형인 경우 $\mu_{g(X,Y)} = E[g(X,\ Y)] = \int_{-\infty}^{\infty}\int_{-\infty}^{\infty} g(x,\ y)f(x,\ y)dxdy$

증명

증명 생략. ■

예제 6.12

확률변수 X와 Y가 이산형일 때 $\mathrm{E}(X+Y)=\mathrm{E}(X)+\mathrm{E}(Y)$임을 증명하시오.

풀이

$$\begin{aligned}\mathrm{E}(X+Y)=\sum_x\sum_y(x+y)f(x,\,y) &= \sum_x\sum_y xf(x,\,y)+\sum_x\sum_y yf(x,\,y)\\ &= \sum_x x\sum_y f(x,\,y)+\sum_y y\sum_x f(x,\,y)\\ &= \sum_x xg(x)+\sum_y yh(y)\\ &= \mathrm{E}(X)+\mathrm{E}(Y)\end{aligned}$$

□

정의 6.7

• 공분산(covariance)

확률변수 X와 Y가 결합확률분포 $f(x,\,y)$를 가지는 확률변수라고 할 때, X와 Y의 공분산은

$$\begin{aligned}Cov(X,\,Y)=\sigma_{XY} &= \mathrm{E}[(X-\mu_X)(Y-\mu_Y)]\\ &= \begin{cases}\displaystyle\sum_x\sum_y(x-\mu_X)(y-\mu_Y)f(x,\,y), & \text{이산형인 경우}\\ \displaystyle\int_{-\infty}^{\infty}\int_{-\infty}^{\infty}(x-\mu_X)(y-\mu_Y)f(x,\,y)dxdy, & \text{연속형인 경우}\end{cases}\end{aligned}$$

정리 6.4

확률변수 X와 Y의 평균이 μ_X와 μ_Y이면 X와 Y의 공분산(covariance)은

$$Cov(X,\,Y)=\sigma_{XY}=\mathrm{E}(XY)-\mu_X\mu_Y$$

증명

이산확률변수의 경우,

$$\begin{aligned}\sigma_{XY} &= \sum_x \sum_y (x-\mu_X)(y-\mu_Y)f(x,\,y)\\ &= \sum_x \sum_y (xy-\mu_X y-\mu_Y x+\mu_X\mu_Y)f(x,\,y)\\ &= \sum_x \sum_y xyf(x,\,y)-\mu_X\sum_x \sum_y yf(x,\,y)-\mu_Y\sum_x \sum_y xf(x,\,y)\\ &\quad +\mu_X\mu_Y \textstyle\sum_x \sum_y f(x,\,y)\\ &\quad \left(\mu_X=\displaystyle\sum_x \sum_y xf(x,\,y),\ \mu_Y=\sum_x \sum_y yf(x,\,y),\ \sum_x \sum_y f(x,\,y)=1\right)\\ &= \mathrm{E}(XY)-\mu_X\mu_Y\end{aligned}$$

연속확률변수인 경우 : 적분기호로 바꿈 ■

예제 6.13

다음에 주어진 X, Y 의 결합분포로부터 X와 Y 의 공분산(covariance)을 구하시오.

x \ y	-1	0	1	$g(x)$
-1	0.2	0.1	0.2	0.5
0	0.2	0.0	0.2	0.4
1	0.0	0.1	0.0	0.1
$h(y)$	0.4	0.2	0.4	1

풀이

$$\begin{aligned}\mathrm{E}(XY) &= \sum_{x=-1}^{1}\sum_{y=-1}^{1} xyf(x,\,y)\\ &= (-1)(-1)\cdot f(-1,\,-1)+(-1)(0)\cdot f(-1,\,0)+(-1)(1)\cdot f(-1,\,1)\\ &\quad +\cdots+(1)(-1)\cdot f(1,\,-1)+(1)(0)\cdot f(1,\,0)+(1)(1)\cdot f(1,\,1)\\ &= f(-1,\,-1)-f(-1,\,1)-f(1,\,-1)+f(1,\,1)\\ &= 0.2-0.2-0+0=0\end{aligned}$$

$$\mu_X = \sum_{x=-1}^{1} xg(x) = (-1)(0.5) + (0)(0.4) + (1)(0.1) = -0.4$$

$$\mu_Y = \sum_{y=-1}^{1} yh(y) = (-1)(0.4) + (0)(0.2) + (1)(0.4) = 0$$

이다. 따라서 공분산

$Cov(X,\ Y)$는 $Cov(X,\ Y) = \sigma_{XY} = \mathrm{E}(XY) - \mu_X\mu_Y = 0 - (-0.4)(0) = 0$ □

정리 6.5

확률변수 X와 Y가 서로 독립이면 $\mathrm{E}(XY) = \mathrm{E}(X)\mathrm{E}(Y)$

증명

X와 Y의 결합확률분포를 $f(x,\ y)$, X의 주변확률밀도함수를 $g(x)$, Y의 주변확률밀도함수를 $h(y)$라고 하면, X와 Y는 독립이므로 $f(x,\ y) = g(x)h(y)$이다. 그러므로

$$\begin{aligned}
\mathrm{E}(XY) &= \int_{-\infty}^{\infty}\int_{-\infty}^{\infty} xyf(x,\ y)dxdy \\
&= \int_{-\infty}^{\infty}\int_{-\infty}^{\infty} xyg(x)h(y)dxdy \\
&= \int_{-\infty}^{\infty} xg(x)dx \int_{-\infty}^{\infty} yh(y)dy \\
&= \mathrm{E}(X)\mathrm{E}(Y)
\end{aligned}$$

이산확률변수인 경우 : $\sum$ 기호로 바꿈 ■

정리 6.6

확률변수 X와 Y가 서로 독립이면 $\sigma_{XY} = 0$이다.

증명

$$\begin{aligned} Cov(X,\ Y) = \sigma_{XY} &= \mathrm{E}(XY) - \mu_X\mu_Y \\ &= \mathrm{E}(XY) - \mathrm{E}(X)\mathrm{E}(Y) \\ &= \mathrm{E}(X)\mathrm{E}(Y) - \mathrm{E}(X)\mathrm{E}(Y) = 0 \\ &\quad (\because X\text{와 } Y\text{가 서로 독립이면 } \mathrm{E}(XY) = \mathrm{E}(X)\mathrm{E}(Y)) \end{aligned}$$

■

보충설명

공분산 $\sigma_{XY} = 0$이라고 해서 확률변수 X와 Y가 서로 독립은 아니다. 예를 들어, 예제 6.13 에서 X, Y의 공분산은 $\sigma_{XY} = 0$이나 $f(0,\ 0) \neq g(0)h(0)$이므로 독립이 아니다.

정의 6.8

• 상관계수(correlation coefficient)

확률변수 X, Y의 공분산이 σ_{XY}이고, 표준편차가 각각 σ_X, σ_Y 라고 한다. X와 Y의 상관계수는 다음과 같이 정의된다.

$$\rho_{XY} = \frac{\sigma_{XY}}{\sigma_X\sigma_Y} = \frac{Cov(X,\ Y)}{\sqrt{\mathrm{V}(X)}\sqrt{\mathrm{V}(Y)}}$$

절대부등식 $(|x| - |y|)^2 \geq 0,\ |xy| \leq \frac{1}{2}(x^2 + y^2)$을 이용하여 상관계수 ρ_{XY}의 값이 $-1 \leq \rho_{XY} \leq 1$임을 확인할 수 있다.

먼저, X, Y의 평균과 분산을 각각 μ_X, μ_Y, σ_X^2, σ_Y^2이라 하면

$$\left|\frac{(X-\mu_X)(Y-\mu_Y)}{\sigma_X\sigma_Y}\right| \leq \frac{1}{2}\left(\frac{(X-\mu_X)^2}{\sigma_X^2} + \frac{(Y-\mu_Y)^2}{\sigma_Y^2}\right)$$

이고,

$$-\frac{1}{2}\left(\frac{(X-\mu_X)^2}{\sigma_X^2} + \frac{(Y-\mu_Y)^2}{\sigma_Y^2}\right) \leq \frac{(X-\mu_x)(Y-\mu_Y)}{\sigma_X\sigma_Y} \leq \frac{1}{2}\left(\frac{(X-\mu_x)^2}{\sigma_X^2} + \frac{(Y-\mu_Y)^2}{\sigma_Y^2}\right)$$

세 변에 기댓값을 취하면

$$-1 \leq \rho_{XY} \leq 1$$

이다.

참고로, $\mathrm{E}\left(\frac{(X-\mu_X)^2}{\sigma_X^2}\right) = \frac{\mathrm{V}(X)}{\sigma_X^2} = 1$

보충설명

* 공분산은 확률변수 X, Y 사이의 관련성을 나타내지만 그 값은 두 변수 X, Y의 측정 단위에 따라 달라지는 문제점을 안고 있다. 이 문제점을 보완하기 위해 사용되는 것이 상관계수이다.
* 공분산은 변화 방향(어떻게 결합되어 있는지)을, 상관계수는 변화의 방향과 변화 정도(얼마나 결합되어 있는지)를 나타낸다.

예제 6.14

다음은 세 명의 학생 A, B, C가 얻은 영어와 수학의 수행평가 점수에 대한 자료이다. 세 명의 학생 중 임의로 선택한 한 명의 학생의 영어와 수학 수행평가 점수의 공분산을 구하시오. 그리고 이 각각의 점수를 100점 만점으로 환산하여 영어와 수학 수행평가 점수의 공분산을 구하시오. [만점: 10점]

학생 \ 과목	영어	수학
A	10	9
B	8	9
C	6	6

풀이

세 명의 학생 중 임의로 선택한 한 명의 학생의 영어 과목과 수학 과목의 성적을 각각 확률변수 X와 Y라 하면 $\mathrm{E}(X)=8$, $\mathrm{E}(Y)=8$이고, $(X,\ Y)$의 확률분포는 다음과 같은 표로 정리할 수 있다.

(X,Y)	확률	$(X-\mathrm{E}(X))(Y-\mathrm{E}(Y))$
$(10,9)$	$1/3$	$(10-8)(9-8)=2$
$(8,9)$	$1/3$	$(8-8)(9-8)=0$
$(6,6)$	$1/3$	$(6-8)(6-8)=4$

따라서 $Cov(X, Y) = \frac{1}{3}(2) + \frac{1}{3}(0) + \frac{1}{3}(4) = 2$

이다. 같은 방법으로 점수를 100점 만점으로 환산하면 $\mathrm{E}(10X) = 80$, $\mathrm{E}(10Y) = 80$이고, $(10X, 10Y)$의 분포로부터 공분산을 구하기 위해 표를 만들면 다음과 같다.

$(10X, 10Y)$	확률	$(10X - \mathrm{E}(10X))(10Y - \mathrm{E}(10Y))$
$(100, 90)$	$1/3$	$(100-80)(90-80) = 200$
$(80, 90)$	$1/3$	$(80-80)(90-80) = 0$
$(60, 60)$	$1/3$	$(60-80)(60-80) = 400$

$Cov(10X, 10Y) = \frac{1}{3}(200) + \frac{1}{3}(0) + \frac{1}{3}(400) = 200$

이다. 이처럼 공분산은 측정단위에 따라 달라진다. □

보충설명

예제 6.14 의 영어와 수학 수행평가 점수의 상관계수를 구하면 10점 만점과 100점 만점 모두 $\rho_{XY} = \frac{\sigma_{XY}}{\sigma_X \sigma_Y} \fallingdotseq 0.866$으로 상관계수가 같다. 그리고 이 상관계수를 통해 영어와 수학 점수 간에 선형관계의 정도가 높다는 것을 알 수 있다.

정리 6.7

확률변수 X와 Y가 결합분포 $f(x, y)$를 가지면

$$\sigma^2_{aX+bY+c} = a^2\sigma^2_X + b^2\sigma^2_Y + 2ab\sigma_{XY}$$

또는 $\mathrm{V}(aX + bY) = a^2\mathrm{V}(X) + b^2\mathrm{V}(Y) + 2abCov(X, Y)$

증명

$\mu_{aX+bY} = \mathrm{E}(aX + bY) = a\mathrm{E}(X) + b\mathrm{E}(Y) = a\mu_X + b\mu_Y$ 이므로

$$\begin{aligned}\sigma^2_{aX+bY+c} &= \mathrm{E}[\{(aX+bY+c)-\mu_{aX+bY+c}\}^2] \\ &= \mathrm{E}[\{aX+bY-a\mu_X-b\mu_Y\}^2] \\ &= \mathrm{E}[a^2(X-\mu_X)^2+b^2(Y-\mu_Y)^2+2ab(X-\mu_X)(Y-\mu_Y)] \\ &= a^2\mathrm{E}[(X-\mu_X)^2]+b^2\mathrm{E}[(Y-\mu_Y)^2]+2ab\mathrm{E}[(X-\mu_X)(Y-\mu_Y)] \\ &= a^2\sigma_X^2+b^2\sigma_Y^2+2ab\sigma_{XY}\end{aligned}$$

* 확률변수 X와 Y가 독립이면 $\sigma_{XY}=0$이므로 $\mathrm{V}(aX+bY)=a^2\mathrm{V}(X)+b^2\mathrm{V}(Y)$ ■

6.6 조건부 기댓값과 조건부 분산

정의 6.9

- 조건부 기댓값

확률변수 X, Y가 있고, $Y=y$가 주어졌을 때 X의 조건부 분포에서의 기댓값은

$$\mu_{g(X)|Y=y}=\mathrm{E}[g(X)|Y=y]=\sum_x g(x)f(x|y)=\sum_x g(x)\frac{f(x,\,y)}{h(y)}\ (\text{이산})$$
$$=\int_{-\infty}^{\infty}g(x)f(x|y)dx=\int_{-\infty}^{\infty}g(x)\frac{f(x,\,y)}{h(y)}dx\ (\text{연속})$$

- 조건부분포에서의 분산

$\mathrm{V}(X|Y=y)=\mathrm{E}(X^2|Y=y)-[\mathrm{E}(X|Y=y)]^2$

예제 6.15

다음에 주어진 확률분포로부터 $\mathrm{E}(X|Y=1)$, $\mathrm{V}(X|Y=1)$을 구하시오.

x \ y	-1	0	1	$g(x)$
-1	0.2	0.1	0.2	0.5
0	0.2	0.0	0.2	0.4
1	0.0	0.1	0.0	0.1
$h(y)$	0.4	0.2	0.4	1

풀이

$$\begin{aligned}
\mathrm{E}[X|Y=1] = \sum_x xf(x|1) &= \sum_x x \cdot \frac{f(x,\ 1)}{h(1)} \\
&= \frac{(-1)f(-1,\ 1)+(0)f(0,\ 1)+(1)f(1,\ 1)}{h(1)} \\
&= \frac{(-1)(0.2)+(0)(0.2)+(1)(0.0)}{0.4} \\
&= -\frac{1}{2}
\end{aligned}$$

이고,

$$\mathrm{E}(X^2|Y=1) = \frac{(-1)^2(0.2)+(0)^2(0.2)+(1)^2(0.0)}{0.4} = \frac{1}{2}$$

이므로

$$\mathrm{V}(X|Y=1) = \frac{1}{2} - \left(-\frac{1}{2}\right)^2 = \frac{1}{4}$$

□

6장 Exercise

문제 6.1

확률변수 X, Y가 서로 독립이면 다음이 성립함을 보이시오.

$$\mathrm{V}(X+Y) = \mathrm{V}(X) + \mathrm{V}(Y)$$

문제 6.2

확률변수 X, Y의 결합확률분포가 다음과 같다. Y가 주어졌을 때의 X의 조건부분산 $\mathrm{V}(X|Y=y)$를 구하시오.

$$f(x,\ y) = 2,\ 0 < x < y \le 1$$

문제 6.3

두 연속확률변수 X와 Y의 결합확률밀도함수(joint probability density function) $f(x, y)$를

$$f(x,\ y) = \begin{cases} \dfrac{1}{5}xy(1-x+y), & 0 \le x \le 1, 1 \le y \le 3 \\ 0, & \text{그 이외의 경우} \end{cases}$$

라 하자. Y의 주변확률밀도함수(marginal probability density function) $f_Y(y)$를 구하고, 이를 이용하여 $Y=2$가 주어졌다는 가정하에 X의 조건부확률밀도함수(conditional probability density function) $f_{X|Y}(x|2)$와 X의 조건부기댓값(conditional expectation) $\mathrm{E}[X|Y=2]$를 구하시오. **중등임용기출**

문제 6.4

두 연속확률변수 X, Y가 서로 독립이고, 확률밀도함수(probability density function)를 각각 $f_X(x) = 2x\ (0 < x < 1)$, $f_Y(y) = 1\ (0 < y < 1)$이라고 하자.
$M = \left[\dfrac{X}{Y}\right]$라 할 때, 확률 $\mathrm{P}(M = 2)$를 구하시오. (단, $[a]$는 a보다 크지 않은 최대정수이다.) **중등임용기출**

문제 6.5

두 연속확률변수 X, Y가 서로 독립이고, 확률밀도함수(probability density function)가 각각

$$f_X(x) = \frac{1}{2}e^{-\frac{x}{2}}\ (x > 0),$$

$$f_Y(y) = e^{-y}\ (y > 0)$$

이다. 확률변수 $Z = X + 2Y$의 확률밀도함수 $g(z)$를 구하시오. **중등임용기출**

문제 6.6

두 이산확률변수 X와 Y의 결합확률분포가 다음과 같다. **중등임용기출**

X \ Y	0	1	2	3
0	$\frac{1}{15}$	$\frac{2}{15}$	0	$\frac{1}{5}$
1	0	$\frac{1}{5}$	$\frac{2}{15}$	$\frac{1}{15}$
2	$\frac{1}{15}$	$\frac{1}{15}$	$\frac{1}{15}$	0

조건 $Y = 1$일 때, 확률변수 X의 조건부 기댓값 $\mathrm{E}(X|Y = 1)$의 값을 구하시오.

문제 6.7

두 개의 부품 ㉮와 ㉯로 구성된 시스템이 있다. 이 시스템의 수명은 작동을 시작한 후 두 부품 중 하나가 고장날 때까지 걸리는 시간이다. 부품 ㉮가 고장 날 때까지 걸린 시간 X와 부품 ㉯가 고장 날 때까지 걸린 시간 Y는 서로 독립이고, 두 확률변수 X, Y의 확률밀도함수는 각각 $f_X(x) = \frac{1}{5}e^{-\frac{x}{5}}\ (x > 0)$, $f_Y(y) = \frac{1}{10}e^{-\frac{y}{10}}\ (y > 0)$이다.

이 시스템의 수명 Z에 대하여 확률 $\mathrm{P}(Z > 10)$을 구하시오. **중등임용기출**

문제 6.8

확률변수 X가 구간 $(0, 3)$에서 균등분포를 따른다. 확률변수 Y를 $Y = 2\ln\left(\frac{3}{3-X}\right)$이라 할 때, Y의 누적분포함수 $F_Y(y) = \mathrm{P}(Y \le y)$를 풀이과정과 함께 쓰시오. 또한 Y의 확률밀도함수와 $\mathrm{P}(|Y-2| > 2)$의 값을 각각 구하시오. **중등임용기출**

문제 6.9

두 확률변수 X와 Y의 결합확률질량함수(joint probability mass function)가 다음과 같다.

X \ Y	1	2	3	4
0	p	$\frac{1}{24}$	$\frac{1}{12}$	$\frac{1}{8}$
1	0	$\frac{1}{12}$	$\frac{1}{8}$	$\frac{1}{24}$
2	$\frac{1}{12}$	$\frac{1}{8}$	$\frac{1}{12}$	q

X의 기댓값이 $\mathrm{E}(X) = \dfrac{11}{12}$일 때, $p \times \dfrac{1}{q}$의 값과 조건부확률 $\mathrm{P}(X+Y \le 4 | Y-X=2)$의 값을 순서대로 쓰시오. **중등임용기출**

문제 6.10

두 확률변수 X와 Y의 결합확률밀도함수(joint probability density function) $f(x,\ y)$를

$$f(x,\ y) = \begin{cases} 2, & 0 < x < 2-y < 1 \\ 0, & \text{그 이외의 경우} \end{cases}$$

라 하고 확률변수 Z를 $Z = Y - X$라 하자. Z의 누적분포함수(cumulative distribution function) $G(z)$를 풀이 과정과 함께 쓰시오. 또한 $g(z)$를 Z의 확률밀도함수(probability density function)라 할 때, $\mathrm{P}\left(g(Z) > \dfrac{1}{2}\right)$의 값을 풀이 과정과 함께 쓰시오.

중등임용기출

문제 6.11

X와 Y의 결합확률밀도함수 $f(x,\ y)$가 다음과 같을 때, 아래의 물음에 답하시오.

$$f(x,\ y) = \begin{cases} \dfrac{1}{30}(x+y^2), & 1 \le x \le 3, 0 \le y \le 3 \\ 0, & \text{그 외} \end{cases}$$

(1) $\mathrm{E}[X|Y=2]$의 값을 구하시오.

(2) $\mathrm{E}[X^2+2X|Y=2]$의 값을 구하시오.

문제 6.12

X 와 Y 의 결합확률밀도함수 $f(x,\ y)$가 다음과 같을 때, 아래의 물음에 답하시오.

$$f(x,\ y) = \begin{cases} \dfrac{1}{54}x^2y, & 0 \le x \le 3,\ 2 \le y \le 4 \\ 0, & \text{그 외} \end{cases}$$

(1) $\mathrm{P}(1 < X \le 2 | Y = 3)$의 값을 구하시오.

(2) $\mathrm{P}(0 \le X \le 2 | 2 \le Y \le 3)$의 값을 구하시오.

문제 6.13

X 와 Y 의 결합확률밀도함수 $f(x,\ y)$가 다음과 같을 때, 아래의 물음에 답하시오.

$$f(x,\ y) = \begin{cases} cx^2y, & 0 \le x \le 3,\ 2 \le y \le 4 \\ 0, & \text{그 외} \end{cases}$$

(1) 상수 c 의 값을 구하시오.

(2) $\mathrm{P}(0 < X \le 2,\ 0 < Y \le 3)$의 값을 구하시오.

(3) $\mathrm{P}(1 \le X \le 6,\ 1 \le Y \le 6)$의 값을 구하시오.

(4) X 와 Y 의 주변확률밀도함수 $f_X(x),\ f_Y(y)$를 구하시오.

(5) 결합분포함수 $F(x,\ y)$를 구하시오.

문제 6.14

X 와 Y 의 결합확률밀도함수 $f(x,\ y)$가 다음과 같을 때, 아래의 물음에 답하시오.

$$f(x,\ y) = \begin{cases} c(x + y^2), & 1 \le x \le 3,\ 0 \le y \le 3 \\ 0, & \text{그 외} \end{cases}$$

(1) 상수 c 의 값을 구하시오.

(2) $P(0 < X \le 2,\ 0 < Y \le 4)$의 값을 구하시오.

(3) X와 Y의 주변확률밀도함수 $f_X(x)$, $f_Y(y)$를 구하시오.

(4) 결합분포함수 $F(x, y)$를 구하시오.

Note

독립

$f(x, y) = g(x)h(y)$

결합분포

$f(x, y)$

i) $f(x, y) > 0$

ii) $\iint f(x, y)\,dx\,dy = 1$

iii) $P(a \le X \le b,\ c \le Y \le d)$

$= \int_c^d \int_a^b f(x, y)\,dx\,dy$

주변분포

$g(x)$, $h(y)$

조건부분포

$f(x|y) = \dfrac{f(x, y)}{h(y)}$

합의 분포

$f_U(u) = \int_{-\infty}^{\infty} f_X(x) f_Y(u-x)\,dx$

$E[g(X, Y)] = \sum_x \sum_y g(x, y) f(x, y)$

i) $g(X, Y) = X + Y$

ii) $g(X, Y) = XY$

$E(XY) = E(X)E(Y)$, X, Y 독립

• **조건부 기댓값**

$E[g(X) | Y = y] = \sum_x g(x) f(x|y)$

$= \sum_x g(x) \dfrac{f(x, y)}{h(y)}$

• **조건부분포에서의 분산**

$V(X | Y = y)$

$= E(X^2 | Y = y) - [E(X | Y = y)]^2$

$V(aX + bY + c)$

$= \begin{cases} a^2V(X) + b^2V(Y) + 2ab\,Cov(X, Y) \\ a^2V(X) + b^2V(Y),\ \text{독립} \end{cases}$

$\rho_{XY} = \dfrac{\sigma_{XY}}{\sigma_X \sigma_Y}$

상관관계와 인과관계

다음은 어느 반 학생 20명의 키와 몸무게에 대한 자료와 상관관계를 그래프로 나타낸 것이다.

번호	키	몸무게
1	148.5	39.8
2	149.3	41.8
3	150.2	40.8
4	150.8	43.5
5	151.6	45.7
6	152.3	49.0
7	152.9	44.8
8	154.3	46.4
9	155.0	47.8
10	155.8	48.2
11	156.4	49.0
12	157.1	47.3
13	158.2	46.2
14	159.3	50.1
15	159.9	50.8
16	160.2	55.4
17	101.2	49.8
18	162.8	49.6
19	163.5	52.7
20	165.4	52.3
	상관계수	0.858564

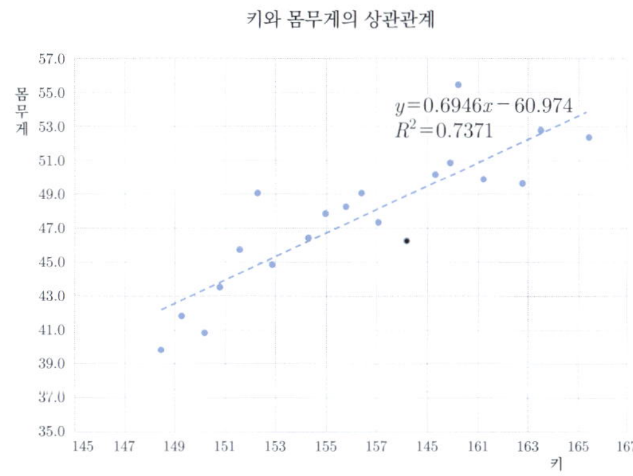

위의 자료와 그래프를 통해 키가 크면 체중도 증가한다는 사실을 받아들일 수 있는가? 먼저 학생의 키와 몸무게의 상관계수를 살펴보면 상관계수가 0.858564로 선형관계의 정도가 매우 높다는 것을 알 수 있다. 즉, 키와 몸무게 간의 관련성은 매우 강하다고 말할 수 있다. 그렇다면, 체중이 증가하는 이유가 키가 커지기 때문일까? 아니면 키가 크는 원인이 체중이 증가해서일까? 이 물음에 쉽게 답하기 어렵다.

다른 예를 들어보자. 국가암정보센터(www.cancer.go.kr)에 따르면 담배에는 7000종 가량의 유해물질이 포함되어 있고 이 가운데 60여 종 이상이 발암물질로 알려져 있어 흡연자가 비흡연자에 비해 폐암에 걸릴 위험이 15~80배까지 증가한다고 한다. 그래서 흡연이 폐암의 가장 중요한 발병 요인이라고 한다. 이와 같은 상황, 즉 X가 Y의 원인이라는 말을 Spiegelhalter(2019)는 'X가 일어날 때마다 Y도 일어난다.' 또는 'X가 일어나면 Y가 일어날 수밖에 없다.' 는 것이 아니라 '우리가 억지로 X가 일어나게 만들면 Y가 더 자주 일어나는 경향이 있다' 다시 말해, 결코 X가 Y의 원인이라고 말할 수 없으며, X는 Y의 발생비율을 높인다고 말할 수 있을 뿐이라며 인과관계의 통계적 개념을 설명하였다. 정리하면, 실제로는 흡연자 가운데 대부분이 폐암에 걸리지 않으며 비흡연자 중에서도 폐암에 걸리는 경우가 있다. 다만, 흡연이 비흡연보다 폐암에 걸릴 가능성이 더 커진다고 말할 수 있을 뿐이라는 것이다. 결국, 처음 물음에 대한 답변은 '키가 커짐에 따라 체중이 증가하는 경향이 있다.' 또는 '체중이 증가하는 것은 키와 관계가 있다.' 라고 말할 수 있을 뿐이다.

제 7 장

이산확률분포

(이항분포, 음이항분포, 기하분포, 초기하분포, 포아송분포)

7.1 베르누이분포와 이항분포

정의 7.1

상호배반적인 2개의 사건을 '성공', '실패' 로 나누고, X를 성공이면 1, 실패이면 0이 값을 갖는 확률변수라 하자. $\mathrm{P}(X=1)=p$, $\mathrm{P}(X=0)=q$ $(p+q=1)$인 X를 베르누이 분포를 따른다고 한다. 기호로는,

$$X \sim \mathrm{Bernoulli}(p)$$

이고, X의 확률분포는 다음과 같다.

$$f(x)=\begin{cases} p^x q^{1-x}, & x=0,\ 1 \\ 0, & \text{그 외의 } x \end{cases}$$

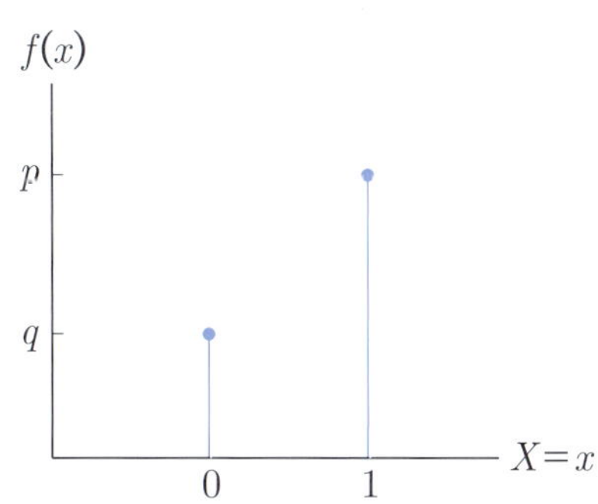

정리 7.1

확률변수 X가 베르누이 분포를 가질 때 평균과 분산은

$$\mu = \mathrm{E}(X) = p,\ \sigma^2 = \mathrm{V}(X) = pq$$

증명

$$\mu = \mathrm{E}(X) = \sum_{x=0}^{1} xf(x) = 0 \cdot q + 1 \cdot p = p,\ \mathrm{E}(X^2) = \sum_{x=0}^{1} x^2 f(x) = 0 \cdot q + 1 \cdot p = p$$

$$\sigma^2 = \mathrm{E}(X^2) - \{\mathrm{E}(X)\}^2 = p - p^2 = p(1-p) = pq$$

■

정의 7.2

n번의 독립적인 베르누이 시행에서의 성공횟수 X를 이항확률변수(binomial random variable)라 하고, 이 이산형 확률변수의 확률분포를 이항분포라고 한다. 기호로는,

$$X \sim \mathrm{B}(n,\ p)$$

성공확률이 p, 실패확률이 $q = 1-p$인 베르누이 시행을 n회 독립시행할 때의 성공횟수를 나타내는 이항확률변수 X의 확률질량함수는

$$b(x; n,\ p) = \binom{n}{x} p^x q^{n-x},\ x = 0,\ 1,\ 2,\ \cdots,\ n$$

Note

* 이항전개

$$(q+p)^n = \binom{n}{0}q^n + \binom{n}{1}pq^{n-1} + \binom{n}{2}p^2q^{n-2} + \cdots + \binom{n}{n}p^n$$
$$= \sum_{x=0}^{n} \binom{n}{x} p^x q^{n-x} = 1\ (\because q+p=1)$$

$n=20,\ p=0.1$

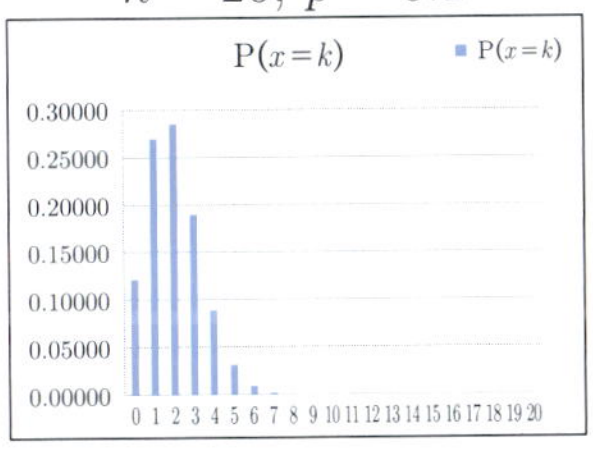

$n=20,\ p=0.5$

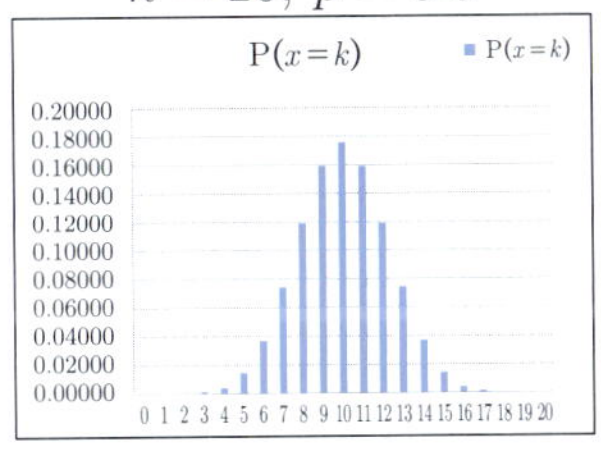

$n=20,\ p=0.8$

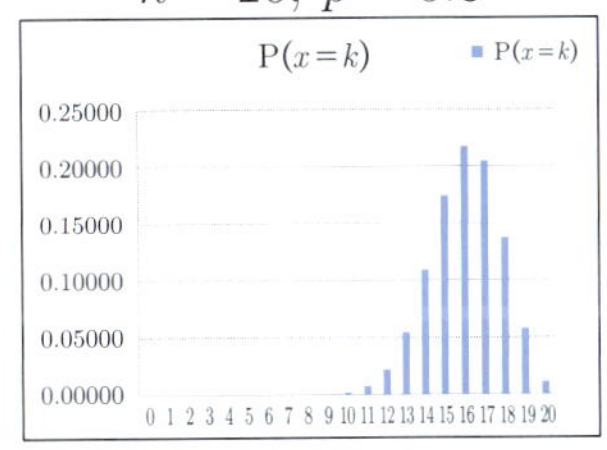

정리 7.2

이항분포 $\mathrm{B}(n,\ p)$의 평균과 분산은

$$\mu=\mathrm{E}(X)=np,\ \sigma^2=\mathrm{V}(X)=npq$$

증명

각각 독립적인 j번째 시행에서의 결과를 베르누이 확률변수 Y_j로 표시하면 각각의 평균은 $\mathrm{E}(Y_j)=0\cdot q+1\cdot p=p$이다. $X=Y_1+Y_2+\cdots+Y_n$이므로

$$\mu=\mathrm{E}(X)=\mathrm{E}(Y_1)+\mathrm{E}(Y_2)+\cdots+\mathrm{E}(Y_n)=\underbrace{p+p+\cdots+p}_{n}=np$$

각각의 분산은

$$\sigma_{Y_j}^2=\mathrm{E}[(Y_j-p)^2]=\mathrm{E}(Y_j^2)-p^2=1^2\cdot p+0^2\cdot q-p^2=p(1-p)=pq,$$

$$\sigma_X^2=\sigma_{Y_1}^2+\sigma_{Y_2}^2+\cdots+\sigma_{Y_n}^2=\underbrace{pq+pq+\cdots+pq}_{n}=npq$$

■

예제 7.1

어느 놀이동산의 입장권 예약취소율은 10%로 알려져 있다. 지금 20명의 예약자가 있을 때 다음 물음에 답하시오.

(1) 예약을 취소할 사람의 수가 3명 이상일 확률

(2) 예약을 취소할 사람의 수의 평균과 분산

풀이

예약을 취소할 사람의 수를 X라 하면

$$b(x;20,\ 0.1)=\binom{20}{x}(0.1)^x(0.9)^{20-x},\ x=0,\ 1,\ 2,\ \cdots,\ 20$$

이고 X의 분포는 이항분포 $X\sim \mathrm{B}(20,\ 0.1)$이다.

(1) 구하고자 하는 확률은 $X\geq 3$일 확률이므로

$$\begin{aligned}\mathrm{P}(X\geq 3)&=1-\mathrm{P}(X\leq 2)\\&=1-[\mathrm{P}(X=0)+\mathrm{P}(X=1)+\mathrm{P}(X=2)]\\&=1-\left(\binom{20}{0}(0.1)^0(0.9)^{20}+\binom{20}{1}(0.1)^1(0.9)^{19}+\binom{20}{2}(0.1)^2(0.9)^{18}\right)\\&=0.3231\end{aligned}$$

(2) $\mathrm{E}(X)=np=20\times 0.1=2$

$\mathrm{V}(X)=npq=np(1-p)=20\times 0.1\times 0.9=1.8$

시행횟수	20
성공확률	0.1

X	$\mathrm{P}(X=x)$
0	0.121576655
1	0.270170344
2	0.285179807
3	0.190119871
4	0.089778828
5	0.031921361
6	0.008867045
7	0.001970454
8	0.000355776
9	5.27076E-05
10	6.44204E-06
11	6.50711E-07
12	5.4226E-08
13	3.70776E-09
14	2.05987E-10
15	9.15496E-12
16	3.1788E-13
17	8.3106E-15
18	1.539E-16
19	1.8E-18
20	1E-20

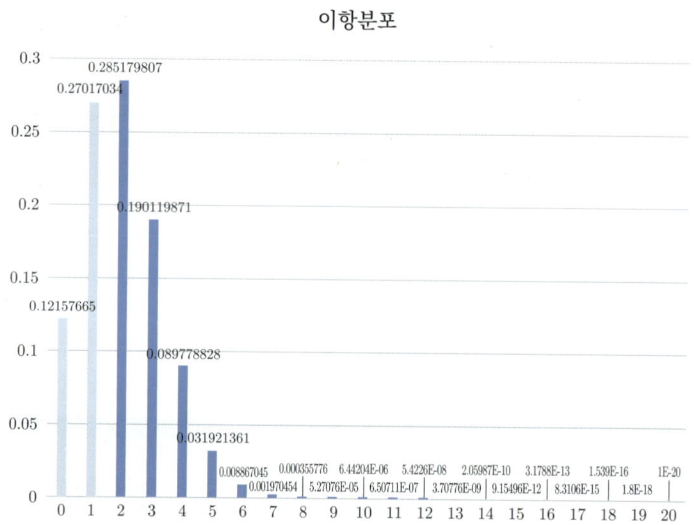

7.2 음이항분포와 기하분포

정리 7.3

• 음이항분포(negative binomial distribution) : $NB(r,\ p)$

독립적인 반복시행에서 성공확률이 p, 실패확률이 q라면, r번째 성공이 일어날 때까지의 시행횟수인 확률변수 X의 확률질량함수는

$$b^*(x; r,\ p) = \binom{x-1}{r-1} p^r q^{x-r},\ x = r,\ r+1,\ r+2,\ \cdots$$

으로 주어진다.

증명

증명 생략. ■

보충설명

* 베르누이과정 : 베르누이 실행을 고정된 수를 반복하여 성공횟수를 셈
  • 이항분포: n번의 실행 중 x번 성공할 확률
* 음이항실험(negative binomial experiment) : 베르누이 실행을 고정된 성공횟수가 나올 때까지 실행횟수를 셈
  • 음이항분포 : r번째 성공이 x번째에서 일어날 확률, $b^*(x; r,\ p)$
  • 음이항 확률변수(negative binomial random variable) : r번째 성공이 일어날 때까지의 시행횟수

예제 7.2

KBO 한국시리즈 결승선은 두 팀에 대해 7전 4신승제로 벌이진다. 결승전에 오른 A, B 두 팀에 대해 한 경기에서 A팀이 B팀을 이길 확률이 0.6이라고 하자. 다음 물음에 답하시오.

(1) A팀이 5번째 경기에서 우승할 확률

(2) A팀이 우승할 확률

풀이

(1) $b^*(5; 4,\ 0.6) = \binom{4}{3} 0.6^4 (1-0.6)^{5-4} = 0.20736$

(2) $\mathrm{P}(A\text{팀이 우승}) = b^*(4; 4,\ 0.6) + b^*(5; 4,\ 0.6) + b^*(6; 4,\ 0.6) + b^*(7; 4,\ 0.6)$

$= 0.1296 + 0.20736 + 0.20736 + 0.165888 = 0.710208$

시행횟수	X
성공횟수	4
성공확률	0.6

X	$\mathrm{P}(X=x)$
4	0.1296
5	0.20736
6	0.20736
7	0.165888

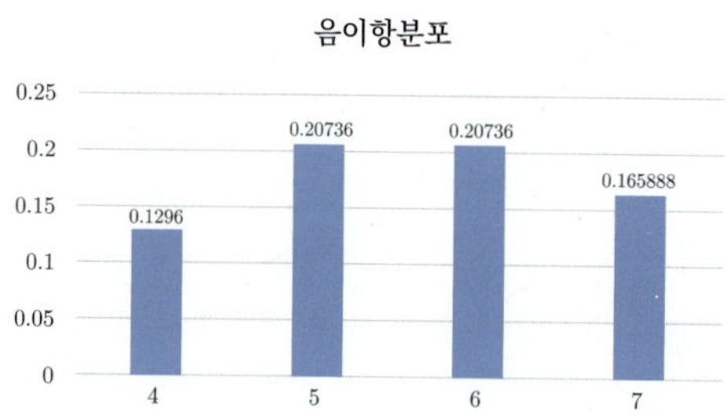

□

정리 7.4

음이항분포 $\mathrm{NB}(r,\ p)$의 평균과 분산은
$\mathrm{E}(X) = \dfrac{r}{p},\ \mathrm{V}(X) = \dfrac{rq}{p^2}$

증명

먼저, 적률생성함수를 이용하면

$$\begin{aligned} M_X(t) = \mathrm{E}(e^{tX}) &= \sum_{x=r}^{\infty} e^{tx} \cdot \binom{x-1}{r-1} p^r (1-p)^{x-r} \\ &= (pe^t)^r \sum_{x=r}^{\infty} \binom{x-1}{r-1} \left[(1-p)e^t\right]^{x-r} \\ &= (pe^t)^r \sum_{x=r}^{\infty} \binom{x-1}{x-r} \left[(1-p)e^t\right]^{x-r} \end{aligned}$$

한편, $\sum_{x=r}^{\infty} \binom{x-1}{x-r} \left[(1-p)e^t\right]^{x-r}$ 에서, $x-r=n$으로 놓으면

$$\sum_{x=r}^{\infty}\binom{x-1}{x-r}\left[(1-p)e^t\right]^{x-r}=\sum_{n=0}^{\infty}\binom{r+n-1}{n}\left[(1-p)e^t\right]^{n}=\left[1-(1-p)e^t\right]^{-r}$$

이 된다. 그러므로

$$\mathrm{E}(e^{tX})=\frac{(pe^t)^r}{[1-(1-p)e^t]^r},\ (1-p)e^t<1$$

따라서

$$\begin{aligned}M_X'(t)&=r\left(pe^t\right)^{r-1}\left(pe^t\right)\left[1-(1-p)e^t\right]^{-r}+\left(pe^t\right)^r(-r)\left[1-(1-p)e^t\right]^{-r-1}\left[-(1-p)e^t\right]\\&=r\left(pe^t\right)^r\left[1-(1-p)e^t\right]^{-r-1}\end{aligned}$$

이고

$$\begin{aligned}M_X''(t)&=r^2\left(pe^t\right)^{r-1}\left(pe^t\right)\left[1-(1-p)e^t\right]^{-r-1}+r\left(pe^t\right)^r(-r-1)\left[1-(1-p)e^t\right]^{-r-2}\\&\quad\left[-(1-p)e^t\right]\end{aligned}$$

이다. 따라서

$$\begin{aligned}M_X'(0)&=rp^rp^{-r-1}=\frac{r}{p}\\M_X''(0)&=r^2p^rp^{-r-1}+r(r+1)p^rp^{-r-2}(1-p)\\&=rp^{-2}[rp+(1-p)(r+1)]=\frac{r(r+1-p)}{p^2}\end{aligned}$$

그러므로 평균과 분산은 다음과 같다.

$$\begin{aligned}\mathrm{E}(X)&=M_X'(0)=\frac{r}{p}\\\mathrm{V}(X)&=\mathrm{E}(X^2)-[\mathrm{E}(X)]^2=M_X''(0)-[M_X'(0)]^2\\&=\frac{r(r+1-p)}{p^2}-\left(\frac{r}{p}\right)^2=\frac{r(1-p)}{p^2}\end{aligned}$$

다음과 같이 정리 7.6 을 이용하여 증명할 수도 있다.

각각 독립적인 j 번째 시행에서의 결과를 베르누이 확률변수 Y_j 로 표시하면 각각의 평균은

$$\mathrm{E}(Y_j)=\frac{1}{p}$$

이다. $X=Y_1+Y_2+\cdots+Y_r$ 이므로

$$\mu=\mathrm{E}(X)=\mathrm{E}(Y_1)+\mathrm{E}(Y_2)+\cdots+\mathrm{E}(Y_r)=\underbrace{\frac{1}{p}+\frac{1}{p}+\cdots+\frac{1}{p}}_{r}=\frac{r}{p}$$

각각의 분산은

$$\sigma^2_{Y_j} = \frac{q}{p^2}$$

$$\sigma^2_X = \sigma^2_{Y_1} + \sigma^2_{Y_2} + \cdots + \sigma^2_{Y_r} = \underbrace{\frac{q}{p^2} + \frac{q}{p^2} + \cdots + \frac{q}{p^2}}_{r} = \frac{rq}{p^2}$$

■

정리 7.5

• 기하분포(geometric distribution) : Geo(p)

독립적인 반복시행에서 성공확률이 p, 실패확률이 q라면, 첫 번째 성공이 일어날 때까지의 시행횟수인 확률변수 X의 확률질량함수는

$$g(x;p) = pq^{x-1},\ x = 1,\ 2,\ 3,\ \cdots$$

으로 주어진다.

증명

증명 생략. ■

예제 7.3

어느 고객센터에 전화를 걸어 한 번의 시도에서 상담사와 전화 연결이 되는 가능성은 $p = 0.05$라고 할 때, 세 번째 시도에서 상담사와 전화가 연결되는 확률을 구하시오.

풀이

$$g(3;0.05) = (0.05)(0.95)^2 = 0.045125$$

시행횟수	X
성공횟수	1
성공확률	0.05

X	$\mathrm{P}(X=x)$
1	0.05
2	0.0475
3	0.045125
4	0.04286875
5	0.040725313
6	0.038689047
7	0.036754595
8	0.034916865
9	0.033171022
10	0.03151247
11	0.029936847

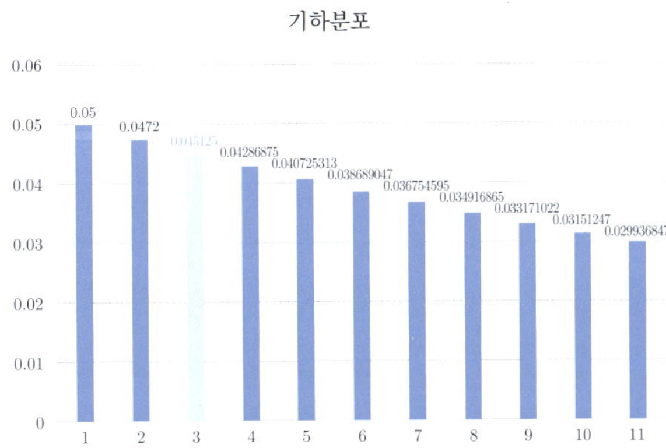

정리 7.6

기하분포 Geo(p)의 평균과 분산은

$$\mathrm{E}(X)=\frac{1}{p},\ \mathrm{V}(X)=\frac{q}{p^2}$$

증명

먼저, 적률생성함수를 이용하면

$$M_X(t)=\mathrm{E}(e^{tX})=\sum_{x=1}^{\infty}e^{tx}\cdot pq^{x-1}=pq^{-1}\sum_{x=1}^{\infty}\left(qe^t\right)^x=\frac{pe^t}{1-qe^t}$$

적률생성함수 $M_X(t)$를 미분하면

$$M_X'(t)=\frac{pe^t}{(1-qe^t)^2},\ M_X''(t)=\frac{pe^t(1+qe^t)}{(1-qe^t)^3}$$

그러므로 평균과 분산은 다음과 같다.

$$\mathrm{E}(X)=M_X'(0)=\frac{p}{(1-q)^2}=\frac{1}{p}$$

$$\mathrm{V}(X)=\mathrm{E}(X^2)-[\mathrm{E}(X)]^2=M_X''(0)-[M_X'(0)]^2=\frac{(1+q)}{p^2}-\left(\frac{1}{p}\right)^2=\frac{q}{p^2}$$

다음과 같이 분산의 정의를 이용하여 증명할 수도 있다.

$$\begin{aligned}\mathrm{E}(X) &= \sum_{x=1}^{\infty} xpq^{x-1} = p\sum_{x=1}^{\infty} xq^{x-1} = p\sum_{x=0}^{\infty} xq^{x-1} = p\frac{d}{dq}\left(\sum_{x=0}^{\infty} q^x\right)\\ &= p\frac{d}{dq}\left(\frac{1}{1-q}\right) = \frac{p}{(1-q)^2} = \frac{p}{p^2} = \frac{1}{p}\end{aligned}$$

$$\begin{aligned}\mathrm{E}(X(X-1)) &= \sum_{x=1}^{\infty} x(x-1)pq^{x-1} = pq\sum_{x=0}^{\infty} x(x-1)q^{x-2}\\ &= pq\frac{d^2}{dq^2}\left(\sum_{x=0}^{\infty} q^x\right) = pq\frac{d^2}{dq^2}\left(\frac{1}{1-q}\right)\\ &= pq\frac{2}{(1-q)^3} = \frac{2pq}{p^3} = \frac{2q}{p^2}\end{aligned}$$

$$\begin{aligned}\sigma^2 &= \mathrm{E}(X^2) - \mu^2 = \mathrm{E}(X(X-1)) + \mathrm{E}(X) - (\mathrm{E}(X))^2\\ &= \frac{2q}{p^2} + \frac{1}{p} - \frac{1}{p^2} = \frac{q}{p^2}\end{aligned}$$

■

Note

$$\frac{1}{1-q} = \sum_{x=0}^{\infty} q^x$$

$$\frac{1}{(1-q)^2} = \sum_{x=0}^{\infty} xq^{x-1}$$

$$\frac{2}{(1-q)^3} = \sum_{x=0}^{\infty} x(x-1)q^{x-2}$$

$$\frac{2q}{(1-q)^3} = \sum_{x=0}^{\infty} x(x-1)q^{x-1}$$

Note

기하분포의 누적분포함수는 다음과 같다.

$$\mathrm{P}(X > x) = \sum_{i=x+1}^{\infty} (1-p)^{i-1}p = \frac{(1-p)^x p}{1-(1-p)} = (1-p)^x$$

정의 7.3

- 초기하분포 : $\mathrm{HG}(N,\ m,\ n)$

m개의 성공과 $N-m$개의 실패로 구성된 크기 N인 유한모집단에서 크기 n인 확률표본을 비복원으로 추출할 때, 성공의 개수를 나타내는 초기하확률변수 X의 확률분포는

$$h(x; N,\ m,\ n) = \frac{\binom{m}{x}\binom{N-m}{n-x}}{\binom{N}{n}},\quad \max\{0,\ n-(N-m)\} \le x \le \min\{n,\ m\}$$

예제 7.4

m개의 흰 공과 $N-m$개의 검은 공이 들어있는 항아리에서 n개의 공을 추출할 때 선택된 흰 공의 수를 X라 하자. 공을 추출하는 방법이 다음과 같을 때 X의 확률분포를 구하시오.

(1) 복원추출

(2) 비복원추출

풀이

(1) 베르누이시행을 따르고 매 시행에서 흰 공을 선택할 확률이 $\frac{m}{N}$이므로

$X \sim \mathrm{B}(n,\ \frac{m}{N})$을 따른다.

(2) X가 가지는 모든 x에 대하여 $\mathrm{P}(X=x)$를 구하면 된다.

$0 \le x \le n,\ x \le m$: (흰공), $n-x \le N-m$: (검은공)

이므로 $\max\{0,\ n-(N-m)\} \le x \le \min\{n,\ m\}$

$$h(x; N, m, n) = \mathrm{P}(X=x) = \frac{\binom{m}{x}\binom{N-m}{n-x}}{\binom{N}{n}} \underset{(\text{if } N \to \infty)}{\approx} {}_n\mathrm{C}_x \left(\frac{m}{N}\right)^x \left(\frac{N-m}{N}\right)^{n-x}$$

□

보충설명

$m=6,\ N-m=4$에서 $n=5$인 확률표본을 취할 때의 확률분포

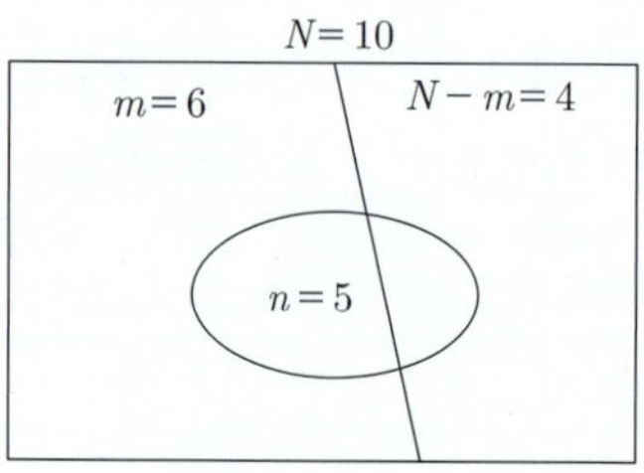

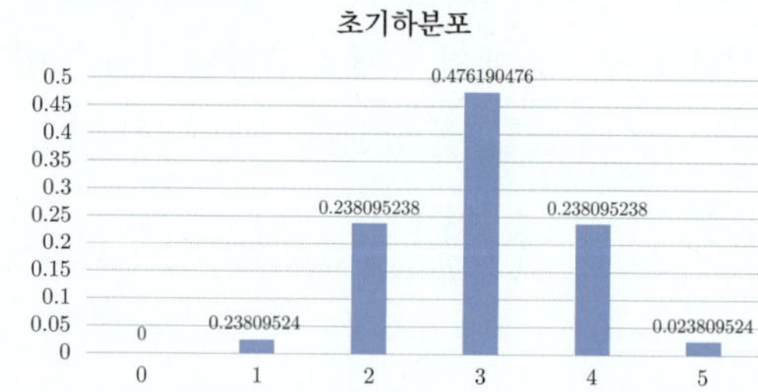

보충설명

초기하분포와 이항분포

N이 커지면 비복원추출과 복원추출의 차이가 적어짐

비복원추출에서 $\dfrac{m}{N}=p$를 고정하고, 모집단의 크기 N의 값을 무한히 크게 하면 초기하분포에 의한 확률은 이항분포 $\mathrm{B}(n,\ p)$에 근접한다. 즉, $N,\ m,\ N-m$이 비교적 크고 이들에 비해 n이 작은 경우 구하는 확률 $\mathrm{P}(X=x)$는 거의 복원추출인 경우의 확률에 근사한다. 이항분포 $\mathrm{P}(X=x)=\dbinom{n}{x}p^x q^{n-x}$ (단, $p=\dfrac{m}{N}$)이고, 초기하분포

$h(x;N,\ m,\ n)$

$$=\mathrm{P}(X=x)=\frac{{}_m\mathrm{C}_x\cdot{}_{N-m}\mathrm{C}_{n-x}}{{}_N\mathrm{C}_n}$$

$$=\frac{\left[\dfrac{m\cdots(m-x+1)}{x!}\times\dfrac{(N-m)\cdots(N-m-n+x+1)}{(n-x)!}\right]}{\dfrac{N\cdots(N-n+1)}{n!}}$$

$$=\frac{n!}{x!(n-x)!}\cdot\frac{\left[m^x\left(1-\dfrac{1}{m}\right)\cdots\left(1-\dfrac{x-1}{m}\right)\right]\cdot\left[(N-m)^{n-x}\cdots\left(1-\dfrac{n-x-1}{N-m}\right)\right]}{N^n\left(1-\dfrac{1}{N}\right)\cdots\left(1-\dfrac{n-1}{N}\right)}$$

여기서, $N,\ m,\ N-m$이 충분히 크므로 $\dfrac{1}{N},\ \dfrac{n-1}{N},\ \dfrac{1}{m},\ \dfrac{x-1}{m}$은 0에 가까워진다. 즉,

$$P(X=x) = \frac{n!}{x!(n-x)!} \cdot \frac{m^x (N-m)^{n-x}}{N^n}$$

$$= {}_n\mathrm{C}_x \left(\frac{m}{N}\right)^x \left(\frac{N-m}{N}\right)^{n-x}$$

$$= {}_n\mathrm{C}_x \, p^x (1-p)^{n-x}, \ \ p = \frac{m}{N}$$

정리 7.7

초기하분포 HG$(N,\ m,\ n)$**의 평균과 분산은**

$$\mathrm{E}(X) = n\frac{m}{N},\ \mathrm{V}(X) = n\frac{m}{N}\left(1-\frac{m}{N}\right)\frac{N-n}{N-1}$$

증명

$$\mathrm{E}(X) = \sum_{x=0}^{n} x f(x) = \sum_{x=1}^{n} m \frac{\binom{m-1}{x-1}\binom{N-m}{n \quad x}}{\binom{N}{n}} = \sum_{x=1}^{n} m \frac{\binom{m-1}{x-1}\binom{N-m}{n-x}}{\frac{N}{n}\binom{N-1}{n-1}}$$

$$= n\frac{m}{N}\sum_{x=1}^{n} \frac{\binom{m-1}{x-1}\binom{N-m}{n-x}}{\binom{N-1}{n-1}} = n\frac{m}{N}$$

$$\begin{aligned}
\mathrm{E}[X(X-1)] &= \sum_{x=0}^{n} x(x-1)f(x) = \sum_{x=2}^{n} m(m-1)\frac{\binom{m-2}{x-2}\binom{N-m}{n-x}}{\binom{N}{n}} \\
&= \sum_{x=2}^{n} m(m-1)\frac{\binom{m-2}{x-2}\binom{N-m}{n-x}}{\frac{N(N-1)}{n(n-1)}\binom{N-2}{n-2}} \\
&= \sum_{x=2}^{n} \frac{m(m-1)\cdot n(n-1)}{N(N-1)}\frac{\binom{m-2}{x-2}\binom{N-m}{n-x}}{\binom{N-2}{n-2}} \\
&= \frac{m(m-1)\cdot n(n-1)}{N(N-1)}\sum_{x=2}^{n} \frac{\binom{m-2}{x-2}\binom{N-m}{n-x}}{\binom{N-2}{n-2}} \\
&= \frac{m(m-1)\cdot n(n-1)}{N(N-1)} \\
&= n\frac{m}{N}\cdot(n-1)\frac{m-1}{N-1}
\end{aligned}$$

$$\begin{aligned}
\mathrm{V}(X) &= \mathrm{E}(X^2) - (\mathrm{E}(X))^2 \\
&= \mathrm{E}[X(X-1)] + \mathrm{E}(X) - (\mathrm{E}(X))^2 \\
&= n\frac{m}{N}\cdot(n-1)\frac{m-1}{N-1} + n\frac{m}{N} - \left(n\frac{m}{N}\right)^2 \\
&= n\frac{m}{N}\left[(n-1)\frac{m-1}{N-1} + 1 - n\frac{m}{N}\right] \\
&= n\frac{m}{N}\frac{(N-m)(N-n)}{N(N-1)} \\
&= n\frac{m}{N}\left(1-\frac{m}{N}\right)\frac{N-n}{N-1}
\end{aligned}$$

■

보충설명

전체 제품 중에서 표본을 뽑아 불량품 조사

전체 N개의 제품 중에서 m개가 불량품, 표본 n개를 뽑았을 때 x개가 불량품일 확률

$$
\begin{aligned}
\mathrm{P}(X=x|X+Y=n) &= \frac{\mathrm{P}(X+Y=n,\ X=x)}{\mathrm{P}(X+Y=n)} \\
&= \frac{\mathrm{P}(X=x)\mathrm{P}(X+Y=n|X=x)}{\mathrm{P}(X+Y=n)} \quad \text{(베이즈 정리)} \\
&= \frac{\binom{m}{x}\binom{N-m}{n-x}}{\binom{N}{n}}
\end{aligned}
$$

독립이고 성공확률이 동일한 두 이항확률변수 X, Y의 합이 주어진 조건하에서 X의 조건부분포가 초기하분포이다. ($X \sim \mathrm{B}(m,\ p)$, $Y \sim \mathrm{B}(N-m,\ p)$)

정의 7.4

- **포아송 분포(Poisson distribution)**

단위구간(시간 또는 공간) 내에 어떤 사건이 평균 λ회 발생한다고 할 때, 그 단위구간 내에서 발생되는 사건의 발생 횟수에 대한 확률분포를 포아송(프랑스 수학자) 분포라 한다. 이때 발생횟수를 확률변수 X라 하면 확률분포는 $X \sim \mathrm{Poi}(\lambda)$로 표현한다.

확률변수 X의 확률분포 :

$$p(x;\lambda) = \frac{e^{-\lambda}\lambda^x}{x!},\ x = 0,\ 1,\ 2,\ \cdots$$

X는 평균이 λ인 포아송분포를 따른다고 하고, 여기서 $e = 2.71828\cdots$이다.

$$1 = e^{-\lambda}e^{\lambda} = e^{-\lambda}\left(\sum_{x=0}^{\infty}\frac{\lambda^x}{x!}\right) = \sum_{x=0}^{\infty}e^{-\lambda}\frac{\lambda^x}{x!} = \sum_x p(x;\lambda)$$

보충설명

포아송분포를 활용할 때 다음 세 가지의 전제가 가정되어야 한다.

- 비집락성: 극히 짧은 시간(공간)에서 둘 이상의 사건이 일어날 확률은 무시할 수 있다.
- 비례성: 단위시간(공간)에서의 평균 발생횟수는 일정하며, 시간(공간)에 따라 변하지 않는다.
- 독립성: 한 단위시간(공간)에서 발생하는 횟수는 서로 겹치지 않는 다른 단위시간 (공간)에서 발생하는 횟수와 독립 - 건망성(no memory) 특징

예제 7.5

어느 도서 한 페이지의 오타의 수가 포아송분포를 따르는데, 페이지당 평균 0.2개의 오타가 있다. 이 도서에서 임의로 한 페이지를 선택했을 때 그 페이지에 오타가 1개 이상 있을 확률을 구하시오.

풀이

선택된 페이지의 오타의 수를 확률변수 X라 하면

$$X \sim \mathrm{Poi}(0.2)$$

이므로

$$\begin{aligned}\mathrm{P}(X \geq 1) &= 1 - \mathrm{P}(X = 0) \\ &= 1 - \frac{e^{-0.2}(0.2)^0}{0!} \\ &= 1 - e^{-0.2} \\ &= 0.1813\end{aligned}$$

사건발생횟수	X
평균발생횟수	0.2

X	$\mathrm{P}(X=x)$
0	0.8187308
1	0.1637462
2	0.0163746
3	0.0010916
4	5.458E-05
5	2.183E-06
6	7.278E-08
7	2.079E-09
8	5.198E-11
9	1.155E-12
10	2.31E-14

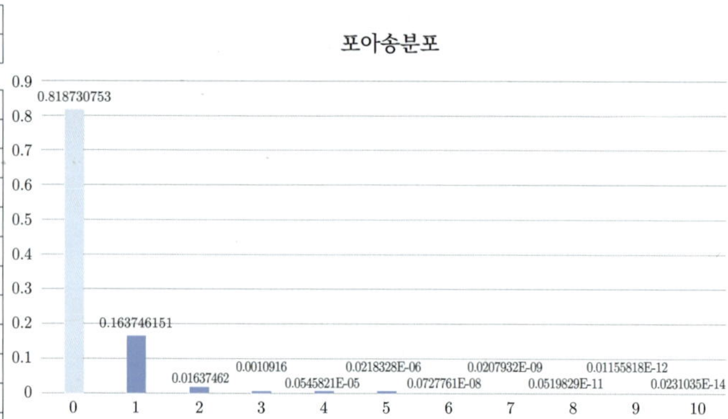

□

정리 7.8

포아송 분포 $\mathrm{Poi}(\lambda)$의 평균과 분산은 λ이다.

증명

$$M_X(t) = \mathrm{E}(e^{tX}) = \sum_{x=0}^{\infty} e^{tx} \cdot \frac{e^{-\lambda}\lambda^x}{x!} = \sum_{x=0}^{\infty} e^{-\lambda} \cdot \frac{(\lambda e^t)^x}{x!} = \sum_{x=0}^{\infty} e^{-\lambda} e^{\lambda e^t} \frac{e^{-\lambda e^t}(\lambda e^t)^x}{x!}$$
$$= e^{-\lambda} e^{\lambda e^t} \sum_{x=0}^{\infty} \frac{e^{-\lambda e^t}(\lambda e^t)^x}{x!} = e^{-\lambda} e^{\lambda e^t} = e^{\lambda(e^t - 1)}$$

따라서, 평균과 분산은

$$\mathrm{E}(X) = M_X'(0) = \left[\lambda e^t e^{\lambda(e^t-1)}\right]_{t=0} = \lambda$$

$$\mathrm{V}(X) = M_X''(0) - [M_X'(0)]^2 = \left[\lambda e^t e^{\lambda(e^t-1)} + \lambda^2 e^{2t} e^{\lambda(e^t-1)}\right]_{t=0} - \left(\left[\lambda e^t e^{\lambda(e^t-1)}\right]_{t=0}\right)^2$$
$$= \lambda + \lambda^2 - \lambda^2 = \lambda$$

다음과 같이 분산의 정의를 이용하여 증명할 수도 있다.

$$\mu = \mathrm{E}(X) = \sum_{x=0}^{\infty} x \cdot \frac{e^{-\lambda}\lambda^x}{x!} = \sum_{x=1}^{\infty} x \cdot \frac{e^{-\lambda}\lambda^x}{x!} = \lambda \sum_{x=1}^{\infty} \frac{e^{-\lambda}\lambda^{x-1}}{(x-1)!}$$
$$= \lambda \sum_{y=0}^{\infty} \frac{e^{-\lambda}\lambda^y}{y!} = \lambda \sum_{y=0}^{\infty} p(y;\lambda) = \lambda$$

$$\mathrm{E}[X(X-1)] = \sum_{x=0}^{\infty} x(x-1)\frac{e^{-\lambda}\lambda^x}{x!} = \sum_{x=2}^{\infty} x(x-1)\frac{e^{-\lambda}\lambda^x}{x!}$$
$$= \lambda^2 \sum_{x=2}^{\infty} \frac{e^{-\lambda}\lambda^{x-2}}{(x-2)!}$$
$$= \lambda^2 \sum_{y=0}^{\infty} \frac{e^{-\lambda}\lambda^y}{y!} = \lambda^2 \sum_{y=0}^{\infty} p(y;\lambda) = \lambda^2$$

$$\sigma^2 = \mathrm{E}(X^2) - \mu^2 = \mathrm{E}[X(X-1)] + \mathrm{E}(X) - (\mathrm{E}(X))^2$$
$$= \lambda^2 + \lambda - \lambda^2 = \lambda$$

■

정리 7.9

X를 $\mathrm{B}(n,\ p)$를 따르는 확률변수라 하자. $n \to \infty$, $p \to 0$이고, $np = \mu$가 상수이면

$$b(x; n,\ p) \to p(x; \mu)$$

증명

$p = \dfrac{\mu}{n}\ (\because np = \mu)$ 이므로

$$\begin{aligned} b(x; n,\ p) &= \binom{n}{x} p^x q^{n-x} = \frac{n!}{x!(n-x)!} p^x (1-p)^{n-x} \\ &= \frac{n(n-1)\cdots(n-x+1)}{x!} p^x (1-p)^{n-x} \\ &= \frac{n(n-1)\cdots(n-x+1)}{x!} \left(\frac{\mu}{n}\right)^x \left(1-\frac{\mu}{n}\right)^{n-x} \\ &= 1\left(1-\frac{1}{n}\right)\cdots\left(1-\frac{x-1}{n}\right)\frac{\mu^x}{x!}\left(1-\frac{\mu}{n}\right)^n \left(1-\frac{\mu}{n}\right)^{-x} \end{aligned}$$

$n \to \infty$ 이면 ($x,\ \mu$는 상수)

$$\lim_{n\to\infty} 1\left(1-\frac{1}{n}\right)\cdots\left(1-\frac{x-1}{n}\right) = 1,\ \lim_{n\to\infty}\left(1-\frac{\mu}{n}\right)^{-x} = 1$$

$$\lim_{n\to\infty}\left(1-\frac{\mu}{n}\right)^n = \lim_{n\to\infty}\left(1+\frac{-\mu}{n}\right)^n = e^{-\mu}$$

그러므로 $b(x; n,\ p) \longrightarrow 1 \cdot \dfrac{\mu^x}{x!} e^{-\mu} \cdot 1 = \dfrac{e^{-\mu}\mu^x}{x!} = p(x; \mu)$ ■

Note

$e = \displaystyle\lim_{n\to\infty}\left(1+\frac{1}{n}\right)^n$ 이므로 $\displaystyle\lim_{n\to\infty}\left(1+\frac{x}{n}\right)^n = \lim_{n\to\infty}\left(\left(1+\frac{1}{n/x}\right)^{\frac{n}{x}}\right)^x = e^x$

보충설명

이항분포는 시행횟수, 포아송분포는 단위구간(시간 또는 공간)을 전제로 한다는 것에 차이가 있으나 이항분포와 포아송분포는 모두 성공횟수(발생횟수)에 대한 확률분포이다. 따라서 일정한 조건(정리 7.9)에서는 두 확률분포가 유사하게 나타난다.

7장 Exercise

문제 7.1

다음 함수

$$f(x) = \binom{x-1}{r-1} p^r q^{x-r},\ x = r,\ r+1,\ r+2,\ \cdots$$

가 확률질량함수임을 보이시오.

문제 7.2

다음 함수

$$f(x) = pq^{x-1},\ x = 1,\ 2,\ 3,\ \cdots$$

가 확률질량함수임을 보이시오.

문제 7.3

어떤 질병을 치료하기 위해서 사용되는 의약품이 부작용을 일으킬 확률은 p라고 한다. 이 의약품을 이용하여 해당 질병의 환자 n명을 치료할 때 많아야 1명의 환자에게 부작용이 일어날 확률을 다음 각 경우에 구하고, 이를 포아송분포 근사를 이용한 확률과 비교하시오.

(1) $n = 10,\ p = 0.1$

(2) $n = 100,\ p = 0.01$

문제 7.4

어느 커피숍에는 2분에 한 명의 비율로 손님이 들어오는데, 포아송 프로세스의 세 가정을 만족한다고 한다. 다음 물음에 답하시오.

(1) 어느 날 09 : 00에서 09 : 05 사이에 손님이 한 명도 들어오지 않을 확률

(2) 어느 날 09 : 00에서 09 : 05 사이에 손님이 한 명도 들어오지 않았다고 할 때 09 : 05과 09 : 10 사이에 적어도 3명이 들어올 확률

문제 7.5

어느 아이스크림 가게에 오는 손님의 수는 비가 오는 날에는 시간당 평균적으로 3명의 손님이, 비가 오지 않는 날에는 시간당 평균적으로 5명의 손님이 오는 포아송 프로세스를 따른다. 이 아이스크림 가게가 있는 지역에서는 20%의 비율로 비가 내리는 날이 있다고 가정할 때 다음 물음에 답하시오.

(1) 어느 날 9시부터 11시 사이에 5명의 손님이 왔다고 할 때 그날 비가 왔을 확률

(2) 어느 날 9시부터 11시 사이에 5명의 손님이 왔다고 할 때 그날 11시에서 13시 사이에 5명의 손님이 올 확률

문제 7.6

포아송분포(Poisson distribution) Poisson(5)로부터의 **확률표본**(random sample) $X_1, X_2, \cdots, X_n$에 대하여 $\overline{X}$를 $\overline{X} = \frac{1}{n}\sum_{i=1}^{n} X_i$라 하자. $\mathrm{E}\left(\sum_{i=1}^{n}(X_i - \overline{X})^2\right) = 140$일 때, n의 값을 구하시오. **중등임용기출**

문제 7.7

어떤 시험에서 5지선다형 문제가 열 개 출제되었다. 열 개의 문제에 대하여 모두 임의로 답을 적을 때, 세 개 이상이 정답이 될 확률을 구하시오.

문제 7.8

검은 공 4개, 파란 공 3개, 흰 공 5개가 들어있는 주머니에서 공을 한 개 꺼내어 보고 다시 넣는 시행을 한다고 하자. 검은 공이 6번 나올 때까지의 시행 횟수 X의 확률질량함수를 구하시오.

문제 7.9

주사위 한 개를 2 또는 5의 눈이 나올 때까지 계속 던지는 시행을 한다.

(1) 네 번째 시행에서 2 또는 5의 눈이 나올 확률을 구하시오.

(2) 두 번 이내에 2 또는 5의 눈이 나올 확률을 구하시오.

문제 7.10

어느 회사의 서비스센터에 하루 동안 걸려오는 전화의 건수는 모수가 $\lambda = 9$인 포아송분포를 따른다고 할 때, 물음에 답하시오.

(1) 어느 날 하루에 걸려온 전화 건수가 7통이 될 확률을 구하시오.

(2) 어느 날 하루에 걸려온 전화 건수가 3통 이상이 될 확률을 구하시오.

문제 7.11

서로 독립인 두 이산확률변수 X, Y에 대하여, X는 모수 λ_1인 포아송분포를 따르고 Y는 모수 λ_2인 포아송분포를 따른다. $Z = X + Y$일 때, Z의 적률생성함수를 구하시오.

문제 7.12

확률변수 X가 모수 4의 포아송분포를 따른다고 하자.

(1) $\mathrm{E}[X^3]$의 값을 구하시오.

(2) $Y = 2X + 3$의 적률생성함수를 구하시오.

확률과 통계, 그리고 확률분포

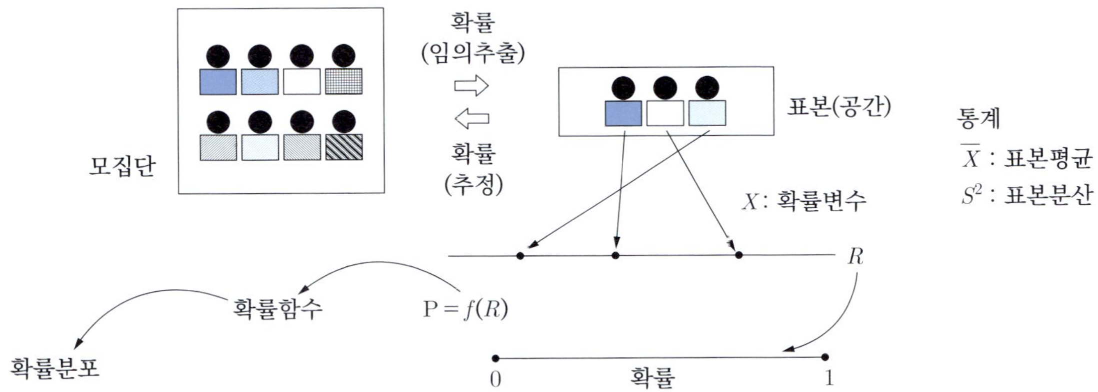

이산확률분포					
베르누이분포	이항분포	음이항분포	기하분포	초기하분포	포아송분포

연속확률분포			
균등분포	정규분포	감마분포	지수분포

제 8 장

연속확률분포

(균등분포, 정규분포, 감마분포, 지수분포)

8.1 균등분포

정의 8.1

• 균등분포(uniform distribution)

임의의 실수구간 $[a,\ b]$에서 나타날 가능성이 동일한 확률변수 X를 균등확률변수라 하고, 이 확률변수 X의 확률밀도함수는 다음과 같다.

$$f(x) = \begin{cases} \dfrac{1}{b-a}, & a \le x \le b \\ 0, & \text{그 외의 } x \end{cases}$$

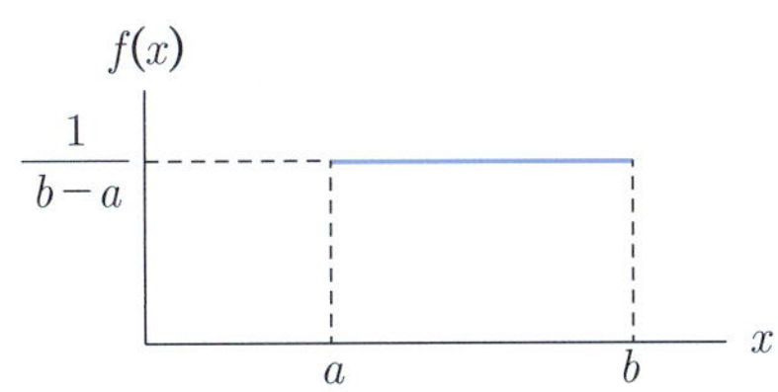

이때 확률변수 X는 균등분포를 따른다고 하고, 기호로는 $X \sim U(a,\ b)$로 표현한다.

Note

$X \sim U(a,\, b)$ 의 누적분포함수

$$F(x) = \begin{cases} \dfrac{1}{b-a}(x-a), & a \le x \le b \\ 1, & b < x \\ 0, & x < a \end{cases}$$

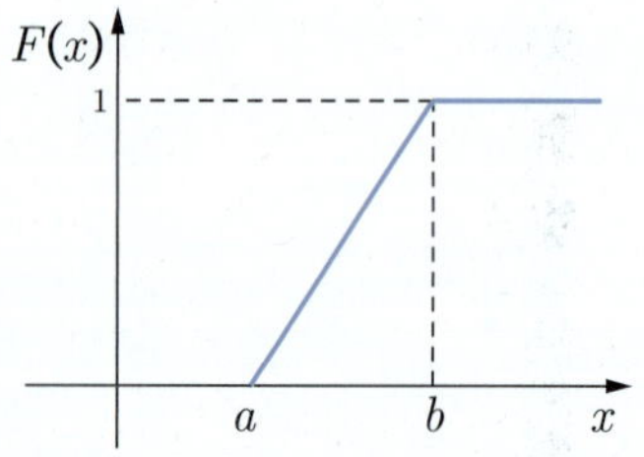

정리 8.1

균등분포 $X \sim U(a,\, b)$ 의 평균과 분산은 다음과 같다.

$$\mu = \frac{a+b}{2},\ \sigma^2 = \frac{(b-a)^2}{12}$$

증명

$$\mu = \mathrm{E}(X) = \int_a^b x f(x) dx = \int_a^b \frac{x}{b-a} dx = \frac{b^2 - a^2}{2(b-a)} = \frac{b+a}{2}$$

$$\mathrm{E}(X^2) = \int_a^b x^2 f(x) dx = \int_a^b \frac{x^2}{b-a} dx = \frac{b^3 - a^3}{3(b-a)} = \frac{b^2 + ba + a^2}{3}$$

$$\sigma^2 = \mathrm{E}(X^2) - \mu^2 = \frac{b^2 + ab + a^2}{3} - \frac{(b+a)^2}{4} = \frac{(b-a)^2}{12}$$ ■

예제 8.1

어느 정류장에 버스가 20분 간격으로 도착한다. 어떤 사람이 정류장에 도착하여 버스를 기다리는 시간은 균등분포를 따른다고 한다. 다음 물음에 답하시오.

(1) 승객이 버스를 5분 이내로 기다릴 확률

(2) 승객이 버스를 10분 이상 기다릴 확률

(3) 버스를 기다릴 시간의 평균과 분산

풀이

버스를 기다리는 시간을 X라 하면 확률변수 X의 확률밀도함수는 다음과 같다.

$$f(x) = \begin{cases} \frac{1}{20}, & 0 \le x \le 20 \\ 0, & \text{그 외의 } x \end{cases}$$

(1) $\mathrm{P}(X \le 5) = \int_0^5 \frac{1}{20} dx = \frac{1}{4}$

(2) $\mathrm{P}(X \ge 10) = \int_{10}^{20} \frac{1}{20} dx = \frac{1}{2}$

(3) $\mu = \frac{a+b}{2} = \frac{20}{2} = 10,\ \sigma^2 = \frac{(b-a)^2}{12} = \frac{20^2}{12} = \frac{100}{3}$ □

예제 8.2

어떤 사람이 이용하는 버스는 8시에서 8시 30분 사이에 단 한 번만 도착하고 버스의 도착시각은 8시에서 8시 30분 사이에 균등하게 분포한다고 하자. 어느 날 승객이 8시 5분에 정류장에 도착했는데 버스가 이미 도착했는지 여부는 모른 채 8시 30분까지는 기다려보고 버스가 오지 않으면 지하철을 타고 간다고 할 때 다음 물음에 답하시오.

(1) 버스가 승객보다 먼저 도착했을 확률

(2) 승객이 버스를 10분 이상 기다릴 확률

(3) 승객이 기다린 10분 동안 버스가 오지 않았을 때 결국은 버스를 탈 수 없을 확률

풀이

버스가 정류장에 8시 이후 도착하기까지의 시간을 X라 하면

$$X \sim U(0,\ 30)$$

$$f(x) = \begin{cases} \frac{1}{30}, & 0 \le x \le 30 \\ 0, & \text{그 외의 } x \end{cases}$$

(1) $\mathrm{P}(X < 5) = \int_{-\infty}^5 f(x)dx = \int_0^5 \frac{1}{30} dx = \frac{1}{6}$

(2) $\mathrm{P}(X < 5) + \mathrm{P}(X \ge 15) = \frac{1}{6} + (1 - \mathrm{P}(X < 15)) = \frac{1}{6} + \frac{1}{2} = \frac{2}{3}$

(3) $\mathrm{P}(X < 5 | X < 5 \text{ or } X > 15) = \frac{\mathrm{P}(X < 5)}{\mathrm{P}(X < 5 \text{ or } X > 15)} = \frac{1}{4}$ □

8.2 정규분포와 이항분포의 정규근사화

정의 8.2

• 정규분포: $\mathrm{N}(\mu, \sigma^2)$

평균 μ와 분산 σ^2을 가지는 정규확률변수 X의 확률밀도함수는

$$f(x) = \frac{1}{\sqrt{2\pi}\sigma} e^{-\frac{1}{2\sigma^2}(x-\mu)^2}, \ -\infty < x < \infty$$

와 같이 주어진다. $(\sigma > 0)$

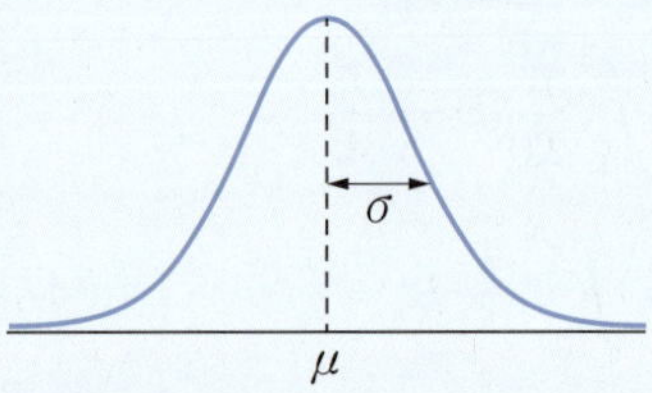

정리 8.2

정규분포의 평균과 분산은 μ, σ^2이다.

증명

$\displaystyle\int_{-\infty}^{\infty} f(x)dx = \frac{1}{\sqrt{2\pi}\sigma}\int_{-\infty}^{\infty} e^{-\frac{1}{2\sigma^2}(x-\mu)^2}dx = 1 \cdots (*)$ 임은 인정한다.

$$\mathrm{E}(X) = \frac{1}{\sqrt{2\pi}\sigma}\int_{-\infty}^{\infty} xe^{-\frac{1}{2}\left(\frac{x-\mu}{\sigma}\right)^2}dx$$

$z = \dfrac{x-\mu}{\sigma}$로 놓으면, $x = \sigma z + \mu$, $dx = \sigma dz$이므로

$$\begin{aligned}
\mathrm{E}(X) &= \frac{1}{\sqrt{2\pi}}\int_{-\infty}^{\infty}(\mu + \sigma z)e^{-\frac{z^2}{2}}dz \\
&= \frac{\mu}{\sqrt{2\pi}}\int_{-\infty}^{\infty} e^{-\frac{z^2}{2}}dz + \frac{\sigma}{\sqrt{2\pi}}\int_{-\infty}^{\infty} ze^{-\frac{z^2}{2}}dz \\
&= \mu + \frac{\sigma}{\sqrt{2\pi}}\int_{-\infty}^{\infty} ze^{-\frac{z^2}{2}}dz \\
&= \mu + \frac{\sigma}{\sqrt{2\pi}} \cdot 0 \\
&= \mu
\end{aligned}$$

참고로 $\frac{1}{\sqrt{2\pi}}\int_{-\infty}^{\infty} e^{-\frac{z^2}{2}}dz$은 (*)에서 평균 0, 분산 1인 정규분포의 확률밀도함수의 적분이므로 1이고, $\int_{-\infty}^{\infty} ze^{-\frac{z^2}{2}}dz = \int_{-\infty}^{0} ze^{-\frac{z^2}{2}}dz + \int_{0}^{\infty} ze^{-\frac{z^2}{2}}dz = -e^{-\frac{z^2}{2}}\Big|_{-\infty}^{0} - e^{-\frac{-z^2}{2}}\Big|_{0}^{\infty} = 0$이다.

$$\mathrm{E}[(X-\mu)^2] = \frac{1}{\sqrt{2\pi}\sigma}\int_{-\infty}^{\infty}(x-\mu)^2 e^{-\frac{1}{2}(\frac{x-\mu}{\sigma})^2}dx$$

이때, $z = \frac{x-\mu}{\sigma}$로 놓으면, $x-\mu = \sigma z,\ dx = \sigma dz$이므로

$$\mathrm{E}[(X-\mu)^2] = \frac{\sigma^2}{\sqrt{2\pi}}\int_{-\infty}^{\infty} z^2 e^{-\frac{z^2}{2}}dz$$

이고, 이를 부분적분을 시행하면

$$\mathrm{E}[(X-\mu)^2] = \frac{\sigma^2}{\sqrt{2\pi}}\left(-ze^{-\frac{z^2}{2}}\Big|_{-\infty}^{\infty} + \int_{-\infty}^{\infty} e^{-\frac{z^2}{2}}dz\right) = \sigma^2(0+1) = \sigma^2$$ ■

정의 8.3

평균이 0이고 분산이 1인 정규확률변수의 분포를 표준정규분포라 한다.

확률변수 X가 $X \sim \mathrm{N}(\mu, \sigma^2)$인 임의의 정규분포를 따른다면 정규분포의 성질에 의하여 다음과 같이 68-95-99 구간확률을 구할 수 있다.

$$\mathrm{P}(\mu-\sigma \le X \le \mu+\sigma) = 0.683$$

$$\mathrm{P}(\mu-2\sigma \le X \le \mu+2\sigma) = 0.954$$

$$\mathrm{P}(\mu-3\sigma \le X \le \mu+3\sigma) = 0.997$$

정리 8.3

- 정규분포의 성질

(1) 확률변수 X가 $X \sim \mathrm{N}(\mu, \sigma^2)$일 때 $Y = aX + b$의 분포는 $Y \sim \mathrm{N}(a\mu + b, a^2\sigma^2)$이다.

(2) 확률변수 X_1, X_2가 $X_1 \sim \mathrm{N}(\mu_1, \sigma_1^2)$와 $X_2 \sim \mathrm{N}(\mu_2, \sigma_2^2)$이고 서로 독립이면, 새로운 확률변수 $Y = X_1 + X_2$의 분포는 $Y = X_1 + X_2 \sim \mathrm{N}(\mu_1 + \mu_2, \sigma_1^2 + \sigma_2^2)$이다.

증명

(1) $M_Y(t) = \mathrm{E}[e^{tY}] = \mathrm{E}[e^{t(aX+b)}] = \mathrm{E}[e^{tb}e^{(at)X}] = e^{bt}M_X(at)$(정리 5.3 참조)

$$= (e^{bt})\left(e^{\mu(at)+\frac{1}{2}\sigma^2(at)^2}\right)$$

$$= e^{(a\mu+b)t+\frac{1}{2}(a^2\sigma^2)t^2}$$

따라서 $Y \sim \mathrm{N}(a\mu + b, a^2\sigma^2)$이다.

(2) 우선, $M_{X_1}(t) = e^{\mu_1 t + \frac{1}{2}\sigma_1^2 t^2}$, $M_{X_2}(t) = e^{\mu_2 t + \frac{1}{2}\sigma_2^2 t^2}$(예제 5.3 에 의하여)

$X_1 + X_2$의 적률생성함수를 구하면

$$\begin{aligned} M_{X_1+X_2}(t) = \mathrm{E}[e^{t(X_1+X_2)}] &= \mathrm{E}[e^{tX_1}]\mathrm{E}[e^{tX_2}] \\ &= M_{X_1}(t) \cdot M_{X_2}(t) \\ &= (e^{\mu_1 t + \frac{1}{2}\sigma_1^2 t^2})(e^{\mu_2 t + \frac{1}{2}\sigma_2^2 t^2}) \\ &= e^{(\mu_1+\mu_2)t + \frac{1}{2}(\sigma_1^2+\sigma_2^2)t^2} \end{aligned}$$

따라서 $X_1 + X_2 \sim \mathrm{N}(\mu_1 + \mu_2, \sigma_1^2 + \sigma_2^2)$이다. ■

Note

$X_1 \sim \mathrm{B}(n, p)$, $X_2 \sim \mathrm{B}(m, p)$이고 X_1과 X_2가 서로 독립일 때

$$M_{X_1}(t) = (pe^t + q)^n,\ M_{X_2}(t) = (pe^t + q)^m$$

이므로 (단, $q = 1 - p$)

$$\begin{aligned} M_{X_1+X_2}(t) &= M_{X_1}(t) \cdot M_{X_2}(t) \\ &= (pe^t + q)^n (pe^t + q)^m \\ &= (pe^t + q)^{n+m} \end{aligned}$$

이다. 따라서

$$X_1 + X_2 \sim \mathrm{B}(n + m, p)$$

예제 8.3

어느 학급 학생들의 체육 필기시험 점수는 평균이 80, 분산이 16인 정규분포를 따르고, 실기 수행평가 점수는 평균이 70, 분산이 20인 정규분포를 따르며, 이 두 점수는 서로 독립이라고 가정하자. 이때, 이 학급의 한 학생의 체육 필기시험 점수와 실기 수행평가 점수의 합계가 138에서 162 사이에 있을 확률을 구하시오.

풀이

정규분포를 따르는 필기시험 점수를 X_1, 실기 수행평가 점수를 X_2라 할 때, 두 점수의 합계 X_1+X_2는 평균이 $80+70=150$, 분산이 $16+20=36$인 정규분포를 따른다. 따라서

$$\begin{aligned}\mathrm{P}(138 \le X_1+X_2 \le 162) &= \mathrm{P}\left(\frac{138-150}{6} \le Z \le \frac{162-150}{6}\right)\\ &= \mathrm{P}(-2 \le Z \le 2)\\ &= 0.954\end{aligned}$$

□

정리 8.4

• 이항분포 정규근사

X를 자연수 n과 확률 p를 모수로 갖는 이항확률변수라고 하자. 그러면 X는 평균 $\mu = np$이고 분산 $\sigma^2 = npq$인 정규분포를 근사적으로 따르게 되며, x가 0이상의 정수일 때, $\mathrm{P}(X \le x) = \sum_{k=0}^{x} b(k;n,p) \approx \mathrm{P}\left(Z \le \frac{x+0.5-np}{\sqrt{npq}}\right)$이다.

증명

증명 생략. ■

보충설명

* p가 0 또는 1에 가까운 값이 아닐 경우 이항확률의 정규근사를 사용할 수 있음.
n이 크면 근사가 아주 잘 들어맞고, p가 $\frac{1}{2}$에 가까우면 n이 작아도 근사가 잘 들어맞음.
np와 nq가 모두 5이상이면 정규근사는 잘 들어맞음.

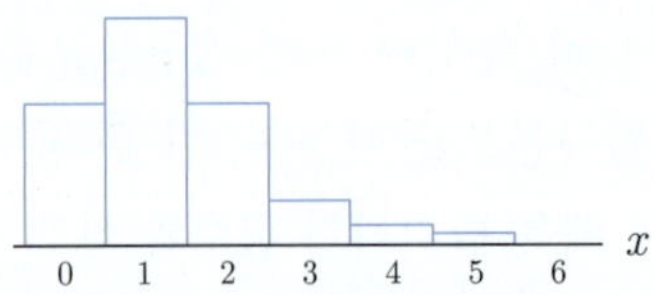

B(6, 0.2)의 히스토그램

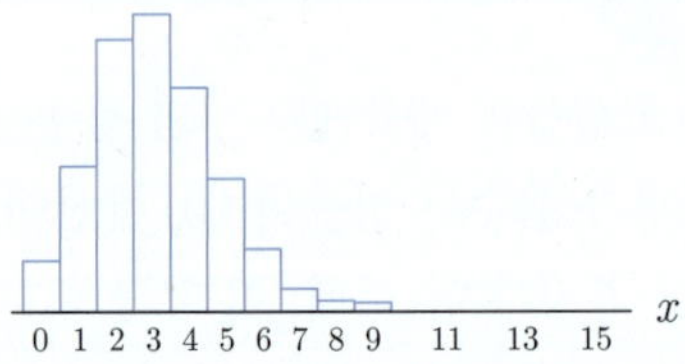

B(15, 0.2)의 히스토그램

보충설명

* 연속성 보정(continuity correction)

1. 이산형 분포를 연속형 분포로 더 적합하게 근사시키기 위해 수정하는 것
2. $X = a$에서의 연속형 분포의 확률값은 0이므로

   $a - 0.5 < X < a + 0.5$로 하면 밑변의 길이가 1이 되므로 이산형 분포의 확률값을 유지하면서 연속형 분포의 확률값을 구할 수 있음.

* 연속성보정을 하지 않을 때는

$$P(X \le x) \approx P\left(Z \le \frac{x - np}{\sqrt{npq}}\right)$$

로 한다.

예제 8.4

확률변수 $X \sim B(20,\ 0.5)$일 때 다음 물음에 답하시오.

(1) $X = 10$일 확률(이항분포 이용)

(2) $X = 10$일 확률(연속성 보정을 고려하여 근사분포인 정규분포 이용)

풀이

(1) $P(X = 10) = \binom{20}{10}(0.5)^{10}(0.5)^{10} = 0.1762$

(2) $P(X=10) = P(9.5 < X < 10.5)$

$$\begin{aligned} &\approx P\left(\frac{9.5-10}{\sqrt{5}} < \frac{X-10}{\sqrt{5}} < \frac{10.5-10}{\sqrt{5}}\right) \\ &= P\left(\frac{9.5-10}{\sqrt{5}} < Z < \frac{10.5-10}{\sqrt{5}}\right) \\ &= P(-0.2236 < Z < 0.2236) \\ &\approx P(-0.22 < Z < 0.22) \\ &= 0.1742 \end{aligned}$$

□

8.3 감마분포와 지수분포

정의 8.4

감마함수는 $\alpha(>0)$에 대하여

$$\Gamma(\alpha) = \int_0^\infty x^{\alpha-1}e^{-x}dx$$

로 정의된다.

정리 8.5

다음이 성립한다.

(1) $\alpha > 1$일 때 $\Gamma(\alpha) = (\alpha-1)\Gamma(\alpha-1)$

(2) $\Gamma(1) = 1$, 양의 정수 n에 대해 $\Gamma(n) = (n-1)!$

증명

(1) $\alpha > 1$인 경우 부분적분($u = x^{\alpha-1}$, $dv = e^{-x}dx$)을 이용하면

$$\begin{aligned} \Gamma(\alpha) &= -e^{-x}x^{\alpha-1}\Big|_0^\infty + \int_0^\infty (\alpha-1)x^{\alpha-2}e^{-x}dx \\ &= 0 + (\alpha-1)\int_0^\infty x^{\alpha-2}e^{-x}dx \\ &= (\alpha-1)\Gamma(\alpha-1) \end{aligned}$$

(2) 자연수 n에 대하여 $\Gamma(1) = \int_0^\infty e^{-x}dx = 1$, $\Gamma(n) = (n-1)\Gamma(n-1)$이 성립하므로

$$\begin{aligned}\Gamma(n) &= (n-1)\Gamma(n-1)\\ &= (n-1)(n-2)\Gamma(n-2)\\ &= (n-1)(n-2)(n-3)\Gamma(n-3)\\ &\qquad\vdots\\ &= (n-1)(n-2)(n-3)\cdots 1\Gamma(1)\\ &= (n-1)!\end{aligned}$$

■

예제 8.5

함수

$$\Gamma(\alpha) = \int_0^\infty x^{\alpha-1}e^{-x}dx$$

일 때, $\Gamma(0.5)$의 값을 구하시오.

풀이

$\Gamma(\alpha) = \int_0^\infty x^{\alpha-1}e^{-x}dx$에서 $x = t^2$으로 치환, $dx = 2tdt$

$$\Gamma(\alpha) = 2\int_0^\infty t^{2\alpha-1}e^{-t^2}dt$$

이다. 여기서 $\alpha = 0.5$ 대입하면

$$\begin{aligned}\Gamma(0.5) &= 2\int_0^\infty t^{2(0.5)-1}e^{-t^2}dt\\ &= 2\int_0^\infty e^{-t^2}dt\\ &= \sqrt{\pi}\int_{-\infty}^\infty \frac{1}{\sqrt{2\pi}(1/\sqrt{2})}e^{-\frac{t^2}{2(1/2)}}dt\\ &= \sqrt{\pi}\end{aligned}$$

□

정의 8.5

- 감마분포(Gamma distribution)

연속확률변수 X 의 확률밀도함수가

$$f(x) = \begin{cases} \dfrac{\lambda^\alpha}{\Gamma(\alpha)} x^{\alpha-1} e^{-\lambda x}, & x > 0 \\ 0, & \text{그 외의 } x \end{cases}$$

일 때 X 는 $\alpha,\ \lambda$를 모수로 하는 감마분포를 따른다고 하고 $X \sim \Gamma(\alpha,\ \lambda)$로 나타낸다.

정리 8.6

감마분포의 평균과 분산은 다음과 같다.

$\mu = \dfrac{\alpha}{\lambda},\ \sigma^2 = \dfrac{\alpha}{\lambda^2}$

증명

$$\begin{aligned} \mathrm{E}(X) &= \frac{\lambda^\alpha}{\Gamma(\alpha)} \int_0^\infty x^\alpha e^{-\lambda x} dx \\ &= \frac{1}{\Gamma(\alpha)} \int_0^\infty (\lambda x)^\alpha e^{-\lambda x} dx \\ &\quad (y = \lambda x \text{로 치환하면, } dy = \lambda dx) \\ &= \frac{1}{\lambda \Gamma(\alpha)} \int_0^\infty y^\alpha e^{-y} dy = \frac{\Gamma(\alpha+1)}{\lambda \Gamma(\alpha)} = \frac{\alpha}{\lambda} \end{aligned}$$

$$\begin{aligned} \mathrm{E}(X^2) &= \frac{\lambda^\alpha}{\Gamma(\alpha)} \int_0^\infty x^{\alpha+1} e^{-\lambda x} dx \\ &= \frac{1}{\lambda \Gamma(\alpha)} \int_0^\infty (\lambda x)^{\alpha+1} e^{-\lambda x} dx \\ &\quad (y = \lambda x \text{로 치환하면, } dy = \lambda dx) \\ &= \frac{1}{\lambda^2 \Gamma(\alpha)} \int_0^\infty y^{\alpha+1} e^{-y} dy = \frac{\Gamma(\alpha+2)}{\lambda^2 \Gamma(\alpha)} = \frac{\alpha(\alpha+1)}{\lambda^2} \end{aligned}$$

그러므로 $\sigma^2 = \mathrm{E}(X^2) - \mu^2 = \dfrac{\alpha(\alpha+1)}{\lambda^2} - \left(\dfrac{\alpha}{\lambda}\right)^2 = \dfrac{\alpha}{\lambda^2}$ ■

Note

* 대기시간의 분포

연속형: 지수분포 → 감마분포

이산형: 기하분포 → 음이항분포

정의 8.6

• 지수분포(exponential distribution)

연속확률변수 X의 확률밀도함수가

$$f(x) = \begin{cases} \dfrac{\lambda^{\alpha}}{\Gamma(\alpha)} x^{\alpha-1} e^{-\lambda x}, & x > 0 \\ 0, & \text{그 외의 } x \end{cases}$$

에서 $\alpha = 1$일 때 즉,

$$f(x) = \begin{cases} \lambda e^{-\lambda x}, & x \geq 0 \\ 0, & \text{그 외의 } x \end{cases}$$

일 때 X는 평균이 $\dfrac{1}{\lambda}$인 지수분포를 따른다고 하고, 기호로는 $X \sim Exp(\lambda)$ 로 나타낸다.

예제 8.6

어느 기종의 휴대폰 배터리는 한 번 충전해서 사용할 수 있는 시간이 평균 100인 지수분포를 따른다고 한다. 이때, 새로 충전해서 배터리가 다 방전될 때까지 96시간 이상 사용할 확률을 구하시오.

풀이

한 번 충전해서 사용할 수 있는 시간을 X라 하면

$$X \sim Exp(0.01)$$

$P(X \geq 96) = 1 - F(96) = e^{-0.01 \times 96} = e^{-0.96} = 0.3829$ □

Note

$F(x) = P(X \leq x) = \int_0^x \lambda e^{-\lambda t} dt = 1 - e^{-\lambda x},$

$$P(X \geq x) = 1 - F(x) = e^{-\lambda x}$$

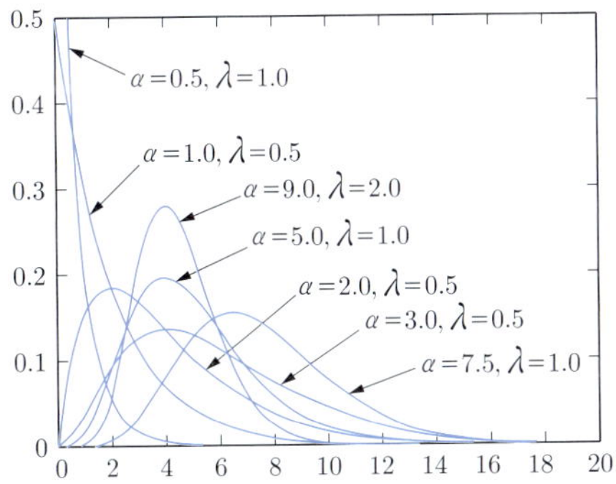

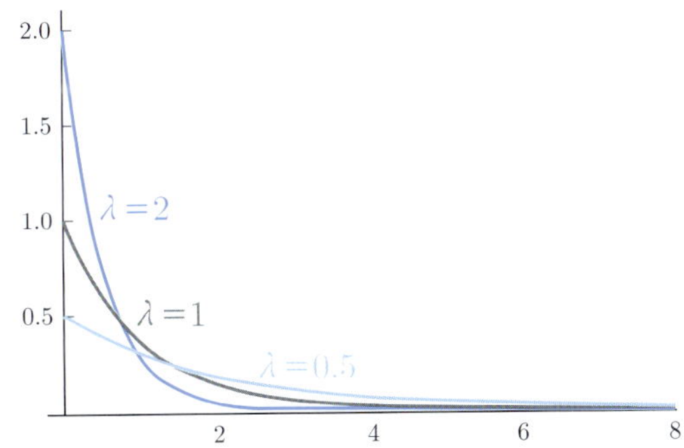

8장 Exercise

문제 8.1

확률변수 X가 구간 $[1,\ 5]$에서 균등분포를 따를 때 X의 확률밀도함수, 평균, 분산을 각각 구하시오. **중등임용기출**

문제 8.2

어느 도시의 성인 중 20%가 A 통신사를 이용한다고 한다. 이 도시의 성인 400명을 임의로 조사할 때, A 통신사를 이용하는 성인이 80명 이상 92명 이하가 될 확률은 이항분포의 정규근사를 이용하여 $\mathrm{P}(0 \le Z \le k)$이다. k의 값을 구하시오. (단, Z는 표준정규분포를 따르는 확률변수이고, 연속성 보정은 하지 않는다.) **중등임용기출**

문제 8.3

모집단 A에는 어떤 지역의 20세 남자들로 이루어져 있다. 모집단 A에 속하는 남자의 키는 평균 175cm, 표준편차 5cm인 정규분포를 따른다고 한다. 모집단 A에서 임의로 뽑은 남자의 키(cm)와 몸무게(kg)를 각각 확률변수 X, Y라 할 때, $Y = \frac{2}{5}X + \alpha$가 성립한다고 하자. 여기서, α는 평균 0, 표준편차 $2\sqrt{3}$인 정규분포를 따르는 확률변수이고, X와 α는 독립이다. 확률 $\mathrm{P}(Y > 72) = \mathrm{P}(Z > k)$일 때, k의 값을 구하시오.
(단, Z는 표준정규분포를 따르는 확률변수이다.) **중등임용기출**

문제 8.4

어느 회사의 입사 시험 지원자들의 필기시험 점수와 면접시험 점수는 각각 정규분포 $N(82,\ 6^2)$, $N(80,\ 8^2)$을 따르고 서로 독립이라고 한다. 이 회사의 입사 시험 지원자 중에서 임의로 뽑은 한 지원자의 필기시험 점수를 확률변수 X, 면접시험 점수를 확률변수 Y라 하자. 이 지원자의 평균 점수를 $T = \dfrac{X+Y}{2}$라 할 때, 평균 점수가 90점 이상일 확률은 $P(T \geq 90) = P(Z \geq k)$이다. 이때 k의 값을 풀이 과정과 함께 쓰시오.
(단, Z는 표준정규분포를 따르는 확률변수이다.) **중등임용기출**

문제 8.5

확률변수 X가 $X \sim N(2,\ 9)$인 정규확률분포를 따른다고 하자.
(1) $E[X^3]$의 값을 구하시오.
(2) $Y = 2X + 3$의 적률생성함수를 구하시오.

문제 8.6

길이가 1m인 막대기를 임의로 두 조각으로 잘랐을 때, 왼쪽 조각의 길이를 X라 하면 X는 구간 $(0,\ 1)$에서 균등분포를 따른다. 그리고 왼쪽 조각과 오른쪽 조각의 길이 중 크지 않은 값을 Y라 하자.
(1) Y의 누적분포함수를 유도하고 $V(Y)$를 구하시오.
(2) 잘린 막대기의 두 조각의 길이의 조화평균의 기댓값을 구하시오.

문제 8.7

A 지점에서 0 또는 1의 값을 전송하는데, 전송된 값은 M_1, M_2 지점을 차례로 경유하여 최종적으로 B 지점에 도착한다. A 지점에서 전송된 값 a는 먼저 증폭기를 거치면서 ka가 되어 M_1에 도착하고($k > 0$), M_1에 도착한 값은 M_2로 전송되는데 백색잡음 X_1이 추가 되어 $ka + X_1$의 값으로 M_2 지점에 도착한다. 그리고 M_2에 도착한 값은 B 지점으로 전송되는데 또 다른 백색잡음 X_2가 추가되어 $ka + X_1 + X_2$의 값으로 B 지점에 도착한다. 두 백색잡음 X_1, X_2는 각각 정규분포 $\mathrm{N}\left(0,\ 0.3^2\right)$과 $\mathrm{N}\left(0,\ 0.4^2\right)$를 따르고 서로 독립이다.

B 지점에 도착한 값이 0.8 이상이면 처음에 A 지점에서 1이 전송된 것으로 판단하기로 한다. A 지점에서 실제로 1이 전송되었을 때, B 지점에서 A 지점에서 전송된 값을 올바르게 판단할 확률이 0.9가 되도록 하는 k의 값을 구하시오. (단, Z가 표준정규분포를 따르는 확률변수일 때, $\mathrm{P}(Z \leq 1.28) = 0.9$로 계산한다.)

문제 8.8

확률변수 X의 확률밀도함수가

$f(x) = e^{-x}$, $x \geq 0$이다. 이때 $\mathrm{E}(X)$를 μ라 하고 $\mathrm{V}(X)$를 σ^2이라 하자.($\sigma > 0$)

(1) $\mathrm{P}(|X - \mu| \geq 2\sigma)$의 값을 구하시오.

(2) 체비셰프의 정리에서의 $\mathrm{P}(|X - \mu| \geq 2\sigma)$에 대한 상한값과 (1)에서 계산한 값을 비교하시오.

수학교사를 위한 통계수업

각 확률분포 사이의 관계

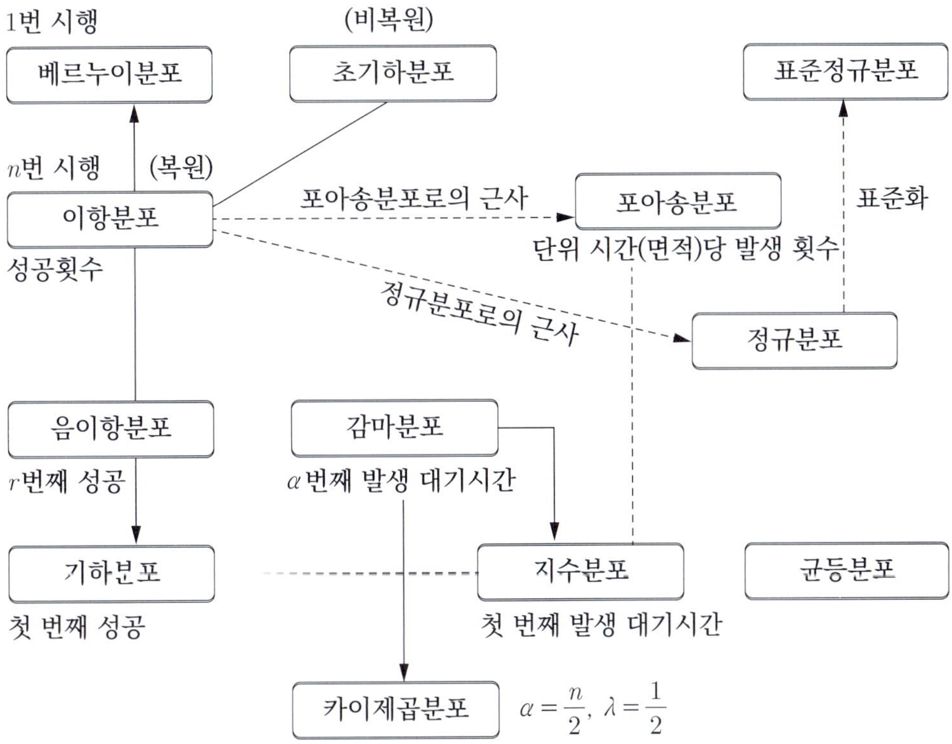

제 9 장
표집분포

9.1 확률표본과 통계량

정의 9.1

확률표본(random sample)이란 특정한 확률분포를 따르는 모집단으로부터 독립적으로 반복하여 추출한 n개의 표본 $(X_1, X_2, \cdots, X_n)$을 말한다. 이때, 각각의 확률표본 X_i는 확률변수로서 서로 독립이며 동일한 분포를 갖는다.

예시 3000명의 학생이 있는 A고등학교에서 학생들의 키의 분포가 평균이 175cm, 분산이 30cm^2인 정규분포를 따른다고 알려져 있을 때 학생 10명(표본의 크기 $n = 10$)을 랜덤하게 추출하여 키를 측정한다고 가정하자.

$$X_i \sim \mathrm{N}(175,\ 30),\ i = 1,\ 2,\ \cdots,\ 10$$

모집단

	표본1	표본2	표본3	$\cdots$	$X_i \sim \mathrm{N}(175, 30)$
X_1	159	175	180	$\cdots$	$X_1 \sim \mathrm{N}(175, 30)$
X_2	172	177	168	$\cdots$	$X_2 \sim \mathrm{N}(175, 30)$
$\vdots$	$\vdots$	$\vdots$	$\vdots$	$\vdots$	$\vdots$
X_{10}	183	158	172	$\cdots$	$X_{10} \sim \mathrm{N}(175, 30)$

정의 9.2

통계량이란 표본을 구성하는 확률변수 $X_1, X_2, \cdots, X_n$에 의해 정의된 미지의 모수를 포함하지 않은 관찰 가능한 확률표본의 함수를 말한다.

$$\text{통계량} = f(X_1, X_2, \cdots, X_n)$$

이때, 모수를 추정하기 위해 정의하는 통계량을 추정량이라 한다.

예시 표본평균 $\overline{X} = f(X_1, X_2, \cdots, X_n) = \dfrac{\sum_{i=1}^{n} X_i}{n}$ 은 통계량이면서 모평균을 추정하기 위한 추정량이다.

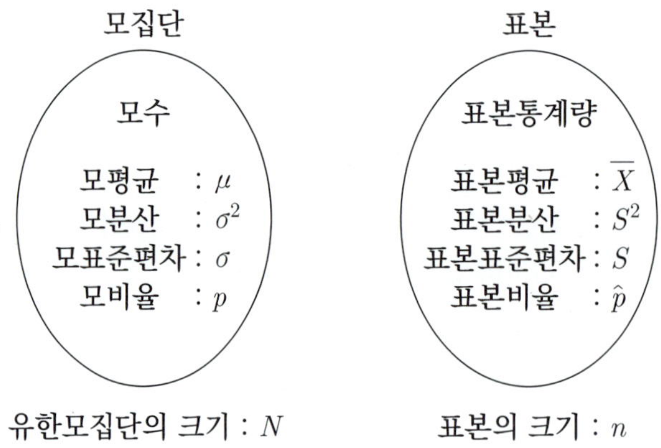

보충설명

* 모수: 모집단의 특성치(미지의 상수)
* 통계량(추정량): 모수를 추정하기 위한 표본의 특성치(확률변수)
(표본조사 할 때마다 통계치가 다름)
* 추정치: 표본추출 후 얻게 되는 추정량의 구체적인 값(상수)
* 표본오차(sampling error): 추정량과 모수와의 차(예, $\overline{X} - \mu$)

Note

표본분포에 영향을 주는 3가지

1. 모집단의 분포와 조건

정규모집단-무한모집단으로 봄.

$$\text{비정규모집단} = \begin{cases} \text{무한모집단} \\ \\ \text{유한모집단} \end{cases}$$

2. 표본의 추출 방법(복원, 비복원)

(1) 복원추출

$$\mathrm{E}(X_1) = \mathrm{E}(X_2) = \cdots = \mathrm{E}(X_n) = \mu$$

$$\mathrm{V}(X_1) = \mathrm{V}(X_2) = \cdots = \mathrm{V}(X_n) = \sigma^2$$

이고, 이 성질을 이용하면

$$\begin{aligned}\mathrm{E}(\overline{X}) &= \mathrm{E}\left[\frac{1}{n}(X_1 + X_2 + \cdots + X_n)\right] \\ &= \frac{1}{n}\left[\mathrm{E}(X_1) + \mathrm{E}(X_2) + \cdots + \mathrm{E}(X_n)\right] = \frac{1}{n}(n\mu) = \mu \\ \mathrm{V}(\overline{X}) &= \mathrm{V}\left[\frac{1}{n}(X_1 + X_2 + \cdots + X_n)\right] \\ &= \frac{1}{n^2}\left[\mathrm{V}(X_1) + \mathrm{V}(X_2) + \cdots + \mathrm{V}(X_n)\right] = \frac{1}{n^2}\left(n\sigma^2\right) = \frac{\sigma^2}{n}\end{aligned}$$

(2) 유한모집던에서 비복원추출

N은 모집단의 크기이고 n은 표본의 크기일 때,

$$\mathrm{E}(\overline{X}) = \mu$$

$$\mathrm{V}(\overline{X}) = \frac{\sigma^2}{n} \cdot \frac{N-n}{N-1}$$

3. 표본의 크기

Note

*바람직한 추정량

① 불편성: 추정량은 확률변수이지만 그 기댓값이 모수와 일치하는 성질

② 일치성: 표본의 크기 n을 충분히 크게 하면 추정량의 값이 모수에 가까워지는 성질

③ 유효성: 추정량의 분산이 최소라는 성질

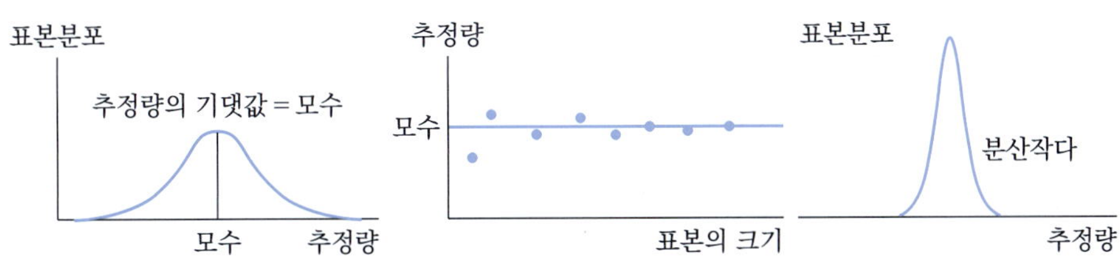

9.2 표본평균의 표집분포

예제 9.1

숫자 1, 2, 3, 4가 하나씩 적힌 카드 4장이 들어있는 주머니가 있다. 이 주머니에서 임의로 한 장씩 두 장의 카드를 복원추출한 표본에 대하여 표본평균 $\overline{X}$의 평균 $\mathrm{E}(\overline{X})$과 분산 $\mathrm{V}(\overline{X})$을 구하시오.

풀이

모집단 $N = \{1, 2, 3, 4\}$으로부터 처음 뽑은 카드에 적힌 수를 X_1과 두 번째 뽑은 카드에 적힌 수를 X_2라 하면 크기 $n = 2$(장)의 확률표본 $X_1,\ X_2$ 의 표본평균은 $\overline{X} = \dfrac{X_1 + X_2}{2}$ 이고

$$\mathrm{P}(X_1 = x) = \frac{1}{4},\ x = 1,\ 2,\ 3,\ 4$$

$$\mathrm{P}(X_2 = x) = \frac{1}{4},\ x = 1,\ 2,\ 3,\ 4$$

이며 다음과 같은 표를 만들 수 있다.

(X_1, X_2)	$\overline{X}$	(X_1, X_2)	$\overline{X}$	(X_1, X_2)	$\overline{X}$	(X_1, X_2)	$\overline{X}$
(1, 1)	1	(2, 1)	$\frac{3}{2}$	(3, 1)	2	(4, 1)	$\frac{5}{2}$
(1, 2)	$\frac{3}{2}$	(2, 2)	2	(3, 2)	$\frac{5}{2}$	(4, 2)	3
(1, 3)	2	(2, 3)	$\frac{5}{2}$	(3, 3)	3	(4, 3)	$\frac{7}{2}$
(1, 4)	$\frac{5}{2}$	(2, 4)	3	(3, 4)	$\frac{7}{2}$	(4, 4)	4

위의 표에서 $\overline{X}$의 확률분포표를 구하면 다음 표와 같다.

$\overline{X}$	1	$\frac{3}{2}$	2	$\frac{5}{2}$	3	$\frac{7}{2}$	4	계
$f(\overline{X})$	$\frac{1}{16}$	$\frac{2}{16}$	$\frac{3}{16}$	$\frac{4}{16}$	$\frac{3}{16}$	$\frac{2}{16}$	$\frac{1}{16}$	1

이제 정의를 이용하여 $\mathrm{E}(\overline{X})$과 분산 $\mathrm{V}(\overline{X})$을 구하면 다음과 같다.

$$\mathrm{E}(\overline{X}) = \sum_{\overline{x}} \overline{x} f(\overline{x}) = 1 \cdot \frac{1}{16} + \frac{3}{2} \cdot \frac{2}{16} + \cdots + 4 \cdot \frac{1}{16} = \frac{5}{2} = \mu$$

$$\begin{aligned} \mathrm{V}(\overline{X}) &= \sum_{\overline{x}} \overline{x}^2 f(\overline{x}) - (\mu_{\overline{X}})^2 \\ &= 1^2 \frac{1}{16} + \cdots + 4^2 \frac{1}{16} - \left(\frac{5}{2}\right)^2 = \frac{5}{8} = \frac{\sigma^2}{2} \end{aligned}$$

□

Note

모평균 $\mu = \sum_{x=1}^{4} x \frac{1}{4} = \frac{1}{4}(1+2+3+4) = \frac{5}{2}$

모분산 $\sigma^2 = \mathrm{E}(X^2) - \mu^2 = \frac{1}{4}(1^2+2^2+3^2+4^2) - \left(\frac{5}{2}\right)^2 = \frac{5}{4}$

보충설명

* 표본의 크기(=표본관찰값의 수)를 충분히 크게 할 때 표본평균 $\overline{X}$의 표집분포가 정규분포에 근사한다는 것이 중심극한정리(Central Limit Theorem)이다.

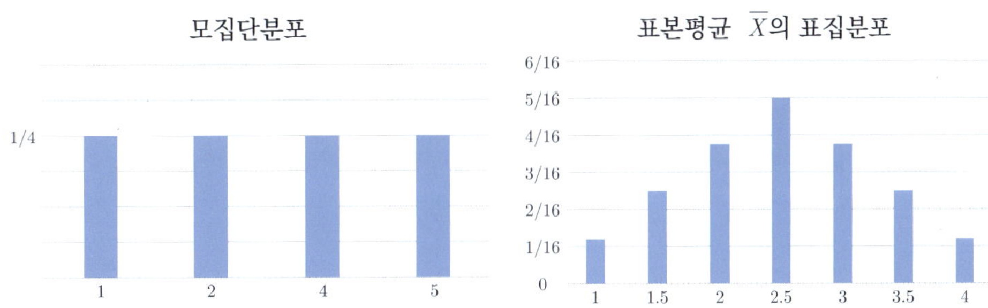

정의 9.3

• **불편추정량**(unbiased estimator)

모수 θ의 추정량 $\hat{\theta}$의 평균이 θ와 같을 때, 즉, $\mathrm{E}(\hat{\theta}) = \theta$일 때 $\hat{\theta}$를 θ의 불편추정량(不偏推定量)이라 한다.

$\mathrm{E}(\hat{\theta}) \neq \theta$일 때 $\hat{\theta}$를 θ의 편의추정량(biased estimator)이라 한다.

예시 모평균이 μ일 때, 표본평균 $\overline{X}$, 표본중앙값 $\widetilde{X}$, 표본최빈값 X_0라 하면, 일반적으로

$$\mathrm{E}(\overline{X}) = \mu,\ \mathrm{E}(\widetilde{X}) \neq \mu,\ \mathrm{E}(X_0) \neq \mu$$

임이 알려져 있다. 그러므로 표본평균은 모평균 μ의 불편추정량이다. 따라서 모평균의 추정량으로 표본평균을 사용한다.

예제 9.2

표본분산 S^2이 모분산 σ^2의 불편추정량임을 보이시오.

풀이

$\mathrm{E}(S^2) = \sigma^2$임을 보이면 된다.

$S^2 = \dfrac{1}{n-1}\sum_{i=1}^{n}(X_i - \overline{X})^2$에서

S^2의 분자의 식을 다음과 같이 변형할 수 있다.

$$\begin{aligned}\sum_{i=1}^{n}(X_i - \overline{X})^2 &= \sum_{i=1}^{n}[(X_i - \mu) - (\overline{X} - \mu)]^2 \\ &= \sum_{i=1}^{n}(X_i - \mu)^2 - 2(\overline{X} - \mu)\sum_{i=1}^{n}(X_i - \mu) + n(\overline{X} - \mu)^2 \\ &= \sum_{i=1}^{n}(X_i - \mu)^2 - n(\overline{X} - \mu)^2\end{aligned}$$

$$(\because \sum_{i=1}^{n}(X_i - \mu) = \sum_{i=1}^{n}X_i - \sum_{i=1}^{n}\mu = n\overline{X} - n\mu = n(\overline{X} - \mu),\ \overline{X} = \frac{1}{n}\sum_{i=1}^{n}X_i \Leftrightarrow \sum_{i=1}^{n}X_i = n\overline{X})$$

$$\begin{aligned}\mathrm{E}(S^2) &= \mathrm{E}\left[\frac{1}{n-1}\sum_{i=1}^{n}(X_i - \overline{X})^2\right] \\ &= \frac{1}{n-1}\mathrm{E}\left[\sum_{i=1}^{n}(X_i - \mu)^2 - n(\overline{X} - \mu)^2\right] \\ &= \frac{1}{n-1}\left[\sum_{i=1}^{n}\mathrm{E}\left[(X_i - \mu)^2\right] - n\mathrm{E}\left[(\overline{X} - \mu)^2\right]\right] \\ &= \frac{1}{n-1}\left(\sum_{i=1}^{n}\sigma_{X_i}^2 - n\sigma_{\overline{X}}^2\right) \\ &= \frac{1}{n-1}\left(n\sigma^2 - n\cdot\frac{\sigma^2}{n}\right) \\ &= \sigma^2\end{aligned}$$

□

정리 9.1

• 중심극한정리(central limit theorem)

평균 μ, 분산 σ^2인 임의의 모집단에서 크기가 n인 확률표본$(X_1,\ X_2,\ \cdots,\ X_n)$의 표본평균 $\overline{X}$는 n이 충분히 큰 경우 근사적으로 평균 μ이고 분산이 $\dfrac{\sigma^2}{n}$인 정규분포를 따른다. 즉, $\overline{X}$의 표집분포는 다음과 같이 표현한다.

$$\overline{X} \approx \mathrm{N}\left(\mu,\ \frac{\sigma^2}{n}\right) \text{ 또는 } \frac{\overline{X}-\mu}{\sigma/\sqrt{n}} \approx \mathrm{N}(0,\ 1^2)$$

증명

먼저, 각각의 $i(i=1,\ 2,\ 3,\ \cdots,\ n)$에 대하여 $Y_i = \dfrac{X_i-\mu}{\sigma}$라 하고 $m(t)=\mathrm{E}\left(e^{tY_i}\right)$라 하면

$\mathrm{E}(Y_i)=0$이므로 $m'(0)=0$이고, $\mathrm{E}\left(Y_i^2\right)=\dfrac{\mathrm{E}\left[(X_i-\mu)^2\right]}{\sigma^2}=1$이므로 $m''(0)=1$이다.

확률변수 W를 $W=\dfrac{\overline{X}-\mu}{\sigma/\sqrt{n}}=\dfrac{\sum_{i=1}^{n}X_i-n\mu}{\sqrt{n}\sigma}$로 두면, W의 적률생성함수는

$$\begin{aligned}
\mathrm{E}\left(e^{tW}\right) &= \mathrm{E}\left[\exp\left(\left(\frac{t}{\sqrt{n}}\right)\times\frac{\sum_{i=1}^{n}X_i-n\mu}{\sigma}\right)\right] \\
&= \mathrm{E}\left[\exp\left\{\left(\frac{t}{\sqrt{n}}\right)\left(\frac{X_1-\mu}{\sigma}\right)+\cdots+\left(\frac{t}{\sqrt{n}}\right)\left(\frac{X_n-\mu}{\sigma}\right)\right\}\right] \\
&= \mathrm{E}\left[\exp\left\{\left(\frac{t}{\sqrt{n}}\right)\left(\frac{X_1-\mu}{\sigma}\right)\right\}\times\cdots\times\exp\left\{\left(\frac{t}{\sqrt{n}}\right)\left(\frac{X_n-\mu}{\sigma}\right)\right\}\right] \\
&= \mathrm{E}\left[\exp\left\{\left(\frac{t}{\sqrt{n}}\right)\left(\frac{X_1-\mu}{\sigma}\right)\right\}\right]\times\cdots\times\mathrm{E}\left[\exp\left\{\left(\frac{t}{\sqrt{n}}\right)\left(\frac{X_n-\mu}{\sigma}\right)\right\}\right] \\
&= \left\{m\left(\frac{t}{\sqrt{n}}\right)\right\}^n
\end{aligned}$$

테일러 정리에 의하여, 0과 t 사이의 어떤 수 c에 대하여

$$m(t)=m(0)+m'(0)t+\frac{m''(c)}{2}t^2$$

이다. 그런데 $m(0)=1$이고 $m'(0)=0$이므로

$$m(t)=1+\frac{t^2}{2}+\frac{m''(c)-1}{2}t^2 \quad (c\text{는 } 0\text{과 } t \text{ 사이의 어떤 수})$$

그러므로 $\mathrm{E}\left(e^{tW}\right)=\left\{m\left(\frac{t}{\sqrt{n}}\right)\right\}^n=\left\{1+\frac{t^2}{2n}+\frac{m''(c)-1}{2n}t^2\right\}^n$ (c는 0과 $\frac{t}{\sqrt{n}}$사이의 어떤 수)

이때, $m''(0)=1$이고 $m''(t)$는 $t=0$에서 연속이므로, $n\to\infty$일 때 $c\to 0$이고 $m''(c)\to 1$

따라서

$$\lim_{n\to\infty}\mathrm{E}\left(e^{tW}\right)=\lim_{n\to\infty}\left\{1+\frac{t^2}{2n}+\frac{m''(c)-1}{2n}t^2\right\}^n=e^{t^2/2}$$

이고 이 함수는 표준정규분포의 적률생성함수이다.

즉, W의 극한분포는 표준정규분포이고, 이를 다시 쓰면

$$W=\frac{\overline{X}-\mu}{\sigma/\sqrt{n}}\approx \mathrm{N}(0,\,1) \text{ 또는 } \overline{X}\approx \mathrm{N}\left(\mu,\,\frac{\sigma^2}{n}\right)$$

이다. ■

Note

$$\lim_{n\to\infty}\left(1+\frac{a}{n}\right)^n=\lim_{n\to\infty}\left[\left(1+\frac{a}{n}\right)^{\frac{n}{a}}\right]^a=e^a$$

Note

테일러 정리(Taylor 정리)

f가 $x=a$를 포함하는 개구간 I에서 정의된 실수값 함수로서 개구간 I에서 f의 모든 차수의 도함수가 존재하면 모든 양의 정수 n과 모든 $x\in I$에 대하여 다음을 만족하는 c가 a와 x 사이에 존재한다.

$$f(x)=f(a)+f'(a)(x-a)+\frac{f''(a)}{2!}(x-a)^2+\cdots+\frac{f^{(n)}(a)}{n!}(x-a)^n+\frac{f^{(n+1)}(c)}{(n+1)!}(x-a)^{n+1}$$

보충설명

궁극적으로 $n\to\infty$이면 표본평균의 분산 $\mathrm{V}(\overline{X})=\frac{\sigma^2}{n}$도 0으로 수렴한다. 이것은 정리 9.9 대수의 약법칙(큰 수의 법칙) 성립과 비교된다.

* 큰 수의 법칙은 표본평균이 모평균으로 '확률수렴' 의 개념

$$n \to \infty \text{이면 확률변수인 표본오차} = \overline{X} - \mu \text{가 } 0 \text{으로 수렴}$$

* 중심극한정리는 표본평균의 분포가 정규분포로 '분포수렴' 의 개념

$$n \to \infty \text{이면 } \overline{X} - \mu \text{의 분포가 정규분포} \left(0,\ \frac{\sigma^2}{n}\right) \text{에 가까움}$$

또는

$$n \to \infty \text{이면 } \frac{\overline{X} - \mu}{\sigma/\sqrt{n}} \text{의 분포가 표준정규분포에 수렴}$$

예제 9.3

어떤 공장에서 생산되는 전구의 수명은 평균 800시간이고, 표준편차가 40시간인 정규분포를 따른다고 한다. 임의로 추출된 16개의 전구의 평균수명이 780시간 미만일 확률을 구하시오.

풀이

모집단이 정규분포를 따르므로 $\overline{X}$는 $\mu_{\overline{X}} = 800,\ \sigma_{\overline{X}} = \dfrac{40}{\sqrt{16}} = 10$인 정규분포를 따른다. 그리고

$$P(\overline{X} < 780) = P\left(Z < \frac{780 - 800}{10}\right) = P(Z < -2.0) = 0.0228$$ □

보충설명

정규모집단에서 추출한 표본평균 $\overline{X}$는 $N\left(\mu,\ \dfrac{\sigma^2}{n}\right)$를 따른다. 이는 n의 크기와 상관없이 성립한다.

9.3 표본비율의 표집분포

정의 9.4

• 표본비율(smaple proportion)

0과 1로만 이루어진 모집단에서 추출한 표본 $X_1, X_2, \cdots, X_n$에 대하여 $\sum_{i=1}^{n} X_i$를 표본의 크기 n으로 나누어 주면 이것은 추출된 확률표본에서의 1의 비율(또는 속성의 비율)을 의미하며, 표본비율 $\hat{p}$이라 한다.

예제 9.4

다음 표본의 크기 $n = 10$인 표집(남:1, 여:0)에서 표본에 대한 표본비율을 구하시오.

1, 0, 0, 1, 1, 0, 0, 0, 1, 0

풀이

$$\hat{p} = \frac{4}{10}$$

□

정리 9.2

표본비율 $\hat{p}$의 평균과 분산은 다음과 같다.

(1) $\mathrm{E}(\hat{p}) = p$ (2) $\mathrm{V}(\hat{p}) = \dfrac{p(1-p)}{n}$

증명

$\hat{p} = \dfrac{X_1 + \cdots + X_n}{n} = \overline{X}$이다. 그리고 $X_1 + X_2 + \cdots + X_n = X$라 하면 X는 이항분포 $\mathrm{B}(n, p)$를 따른다.

(1) $\mathrm{E}(\hat{p}) = \mathrm{E}(\overline{X}) = \mathrm{E}\left(\dfrac{X}{n}\right) = \dfrac{\mathrm{E}(X)}{n} = \dfrac{np}{n} = p$

(2) $V(\hat{p}) = V(\overline{X}) = V\left(\frac{X}{n}\right) = \frac{V(X)}{n^2} = \frac{np(1-p)}{n^2} = \frac{p(1-p)}{n}$

표본비율 $\hat{p}$은 표본의 크기 n을 충분히 크게 하면 중심극한정리에 의해

$$E(\hat{p}) = p$$
$$V(\hat{p}) = \frac{p(1-p)}{n}$$

인 정규분포를 근사적으로 따르게 되는 것을 알 수 있다.

$$\hat{p} \approx N\left(p,\ \frac{p(1-p)}{n}\right)$$

이것을 표준화하면 다음과 같다.

$$Z = \frac{\hat{p}-p}{\sqrt{\frac{p(1-p)}{n}}} \approx N(0,\ 1^2)$$

■

보충설명

표본비율에 대하여 중심극한정리를 사용하려면 n의 값이 많이 커야 한다. 특히 연속성수정을 하지 않을 때는 더욱 그러하다. 그리고 충분히 큰 n에 대한 기준이 p에 따라 다를 수 있다.

예제 9.5

어떤 정책 현안에 대한 지지율이 70%인 모집단에서 8400명을 표본추출하여 조사한 결과 71% 이상이 지지할 확률을 구하시오.

풀이

모비율이 $p = 0.7$이므로 표본비율 $\hat{p}$은

$$E(\hat{p}) = 0.7$$
$$V(\hat{p}) = \frac{(0.7)(0.3)}{8400} = 0.000025$$

인 정규분포를 근사적으로 따른다. 그러므로

$$P(\hat{p} \geq 0.71) = P\left(Z \geq \frac{0.71-0.7}{\sqrt{0.000025}}\right) = P(Z \geq 2) = 0.0228$$

□

9.4 대수의 약법칙(Weak Law of Large Numbers, 큰 수의 법칙)

정리 9.3

• 마르코프 부등식(Markov's inequality)
확률변수 X가 음이 아닌 값만을 취할 때, 임의의 양수 a에 대하여 다음 부등식을 만족한다.

$$\mathrm{P}(X \geq a) \leq \frac{\mathrm{E}(X)}{a}$$

증명

X가 연속확률변수일 때만 증명하면 다음과 같다.

$$\mathrm{E}(X) = \int_0^{\infty} xf(x)dx = \int_0^{a} xf(x)dx + \int_a^{\infty} xf(x)dx \geq a\int_a^{\infty} f(x)dx = a\mathrm{P}(X \geq a)$$

따라서, $\mathrm{P}(X \geq a) \leq \dfrac{\mathrm{E}(X)}{a}$ 이다.

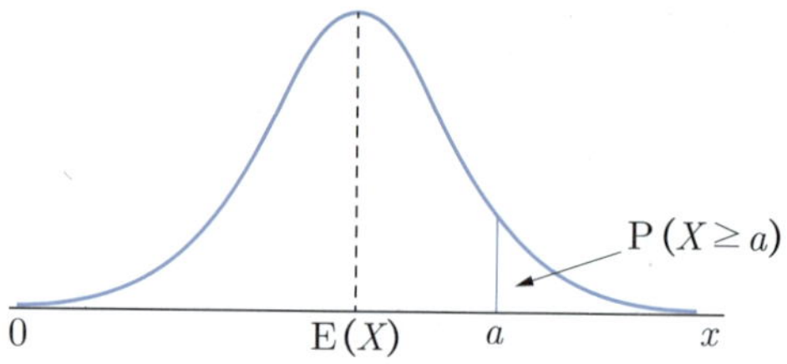

■

예제 9.6

바이러스의 생존기간의 평균이 84시간일 때, 바이러스가 시간 120이 되었을 때 여전히 생존해 있을 확률의 상한값을 마르코프 부등식을 이용하여 구하시오.

풀이

바이러스의 생존기간을 X라 하면 $\mathrm{E}(X) = 84$

$$\mathrm{P}(X \geq 120) \leq \frac{84}{120} = 0.7$$

이므로 마르코프 부등식에 의한 상한값은 0.7이다. □

보충설명

마르코프 부등식 $P(X \geq a) \leq \dfrac{E(X)}{a}$은 a가 $E(X)$보다 큰 값일 때 의미가 있다. a가 $E(X)$보다 작거나 같은 경우에 적용하면 $P(X \geq a)$가 1이상의 어떤 값보다 작거나 같다는 결론이 나오는데 이는 원래 당연한 사실이기 때문이다.

정리 9.4

- 체비셰프(Chebyshev)의 정리

확률변수 X가 평균으로부터 표준편차 σ의 $k(k > 0)$배 내의 값을 취할 확률은 적어도 $1 - \dfrac{1}{k^2}$이 된다. 즉,

$$P(|X - \mu| < k\sigma) \geq 1 - \frac{1}{k^2} \Leftrightarrow P(|X - \mu| \geq k\sigma) \leq \frac{1}{k^2}$$

$$\text{또는 } P(|X - \mu| \geq k) \leq \frac{\sigma^2}{k^2}$$

증명

$(X - \mu)^2 > 0$이므로 마르코프 부등식에 의하여

$$\begin{aligned} P((X - \mu)^2 \geq k^2) &\leq \frac{E[(X - \mu)^2]}{k^2} \\ &= \frac{V(X)}{k^2} \end{aligned}$$

그리고 두 식 $|X - \mu| \geq k$는 $(X - \mu)^2 \geq k^2$과 필요충분조건이므로

$$P(|X - \mu| \geq k) \leq \frac{\sigma^2}{k^2}$$

이다. 그리고 위 식에 k 대신 $k\sigma$를 대입하면 $P(|X - \mu| \geq k\sigma) \leq \dfrac{\sigma^2}{(k\sigma)^2}$이므로

$$P(|X - \mu| \geq k\sigma) \leq \frac{1}{k^2}$$

이고 이를 다르게 표현하면

$$P(|X - \mu| < k\sigma) \geq 1 - \frac{1}{k^2}$$

이다.

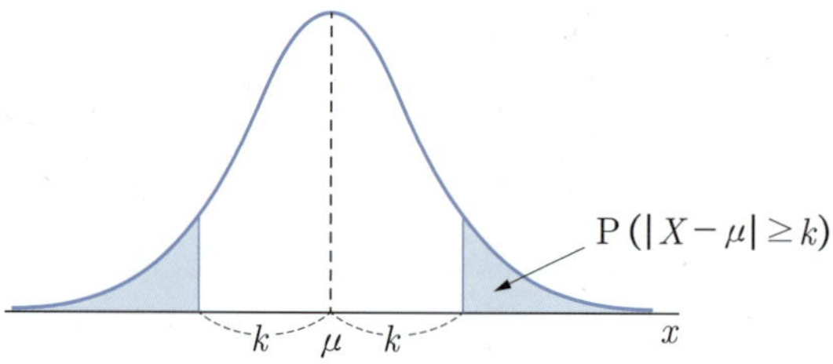

정리 9.5

• 대수의 약법칙(Weak Law of Large Numbers, 큰 수의 법칙)

확률변수 $X_1, X_2, \cdots, X_n$ 이 평균이 μ이고, 분산이 σ^2인 모집단에서 추출한 임의표본이고 $\overline{X_n}$이 표본평균일 때 임의의 상수 $\epsilon > 0$에 대해서 다음을 만족한다.

$$\lim_{n\to\infty} P(|\overline{X_n} - \mu| > \epsilon) = 0$$

이를 다음과 같이 표현한다.

$$\overline{X_n} \longrightarrow \mu$$

증명

$E\left(\overline{X_n}\right) = \mu$, $V\left(\overline{X_n}\right) = \dfrac{\sigma^2}{n}$ 이므로, 임의의 양수 ϵ에 대하여

$$P(|\overline{X_n} - \mu| > \epsilon) \le P(|\overline{X_n} - \mu| \ge \epsilon) \le \frac{\sigma^2}{n\epsilon^2}$$

이다.(체비셰프의 부등식을 기억하라.) 따라서

$$\lim_{n\to\infty} P\left(|\overline{X_n} - \mu| > \epsilon\right) = 0, \quad \lim_{n\to\infty} P\left(|\overline{X_n} - \mu| \le \epsilon\right) = 1$$

이다. ■

보충설명

동전을 던져 나오는 결과(뒷면=0, 앞면=1)를 모집단으로 할 때, 큰 수의 법칙은, 시행횟수 n이 증가하면서 표본평균(=앞면이 나타나는 비율)이 $\frac{1}{2}$(=모평균=앞면이 나올 확률)에 가까워지는 경향이 있음을 의미하는 것이 아니라, n이 증가하면서 앞면이 나타나는 비율과 $\frac{1}{2}$ 사이의 오차가 임의의 양수 ϵ보다 작게 되는

확률이 1에 수렴한다는 것을 뜻한다. 다시 말해 동전을 던지는 시행 횟수를 충분히 크게 한다고 하여 오차가 없어지는 것도 아니고 무시할 만큼 작아진다는 것도 아니다. 다만 평균 $\overline{X}$와 평균 μ사이의 오차가 임의의 양수 ϵ의 범위 내에 들어갈 확률이 1에 가까워진다는 것을 의미한다.

9장 Exercise

문제 9.1

확률밀도함수가 두 상수 a, b에 대하여

$$f(x) = \begin{cases} 0, & x < 0 \\ a, & 0 \le x < 1 \\ be^{1-x}, & 1 \le x \end{cases}$$

인 분포를 따르는 모집단이 있다. 이 모집단에서 크기가 2인 표본을 임의로 추출하였을 때, 표본평균 $\overline{X}$의 평균이 $\frac{3}{2}$이다. $a^2 + b^2$의 값을 구하시오. **중등임용기출**

문제 9.2

주머니 A에는 1과 3이 각각 적힌 두 장의 카드가 들어 있고, 주머니 B에는 1, 2, 3, 4가 각각 적힌 네 장의 카드가 들어 있다. 동전을 던져 앞면이 나오면 주머니 A에서 임의로 한 장의 카드를 꺼내어 카드에 적힌 수를 확인하고, 뒷면이 나오면 주머니 B에서 임의로 한 장의 카드를 꺼내어 카드에 적힌 수를 확인한다. 이 시행을 n번 반복할 때 카드에 적힌 수를 각각 $X_1, X_2, X_3, \cdots, X_n$이라 하고

$$\overline{X} = \frac{\sum_{i=1}^{n} X_i}{n}$$

라 하자. $\frac{\mathrm{E}(\overline{X})}{\sigma(\overline{X})} = 9$일 때, n의 값을 구하시오. (단, 주머니에서 꺼낸 카드에 적힌 수를 확인한 후 그 카드를 처음에 들어 있던 주머니에 다시 넣는다.)

문제 9.3

동전을 196회 던질 때 그 중 앞면이 나온 횟수의 비율을 $\hat{p}$이라 하자. $\mathrm{P}(\hat{p} > a)$이 중심극한정리를 적용하면 근사적으로 0.04일 때 a의 값을 구하시오. (단, Z가 표준정규분포를 따르는 확률변수일 때, $\mathrm{P}(Z \leq 1.75) = 0.96$임을 이용한다.)

문제 9.4

구간 (0, 1)에서 균등분포를 따르는 모집단이 있다. 이 모집단에서 추출한 크기 40인 표본을 $X_1, X_2, X_3, \cdots, X_{40}$이라 하자. $\mathrm{P}\left(\sum_{i=1}^{40} X_i^2 \leq \frac{50}{3}\right)$은 중심극한정리를 적용하면 근사적으로 $\mathrm{P}(Z \leq k)$와 같다. k의 값을 구하시오. (단, Z는 표준정규분포를 따르는 확률변수이다.)

중심극한정리와 표본의 크기

중심극한정리는 표본의 크기 n이 충분히 클 때, 표본평균이 근사적으로 정규분포를 따른다는 것이다. 보통은 '$n \geq 30$' 또는 '$n > 30$' 일 때 n이 충분히 큰 것으로 판단해도 무리가 없다고 인정받는다.

하지만 이 표현은 $n \geq 30$(또는 $n > 30$)일 때는 중심극한정리를 사용해도 되고, $n < 30$(또는 $n \leq 30$)일 때는 사용하면 안 된다는 오해를 불러일으킬 수 있다. 중심극한정리는 'n이 클수록 정규분포에 더 가깝다' 라는 것만을 뜻하는 것이지 표본의 크기 30을 기준으로 중심극한정리의 참거짓이 결정되는 것은 아니다. 실제로 모집단의 분포가 대칭이고 꼬리가 얇을 때는 $n = 10$이 되어도 표본평균의 분포가 정규분포에 매우 가깝고, 모집단의 분포가 특이한 경우에는 $n = 10^6$이 되어도 중심극한정리를 사용하기 어렵기도 하다. 그래서 일반적으로 수리통계학에서는 '30을 기준으로 한다.' 는 언급을 하지 않고 있다. 다만, 다른 응용분야에서 중심극한정리 사용 가능 여부를 쉽게 판단할 수 있도록 하나의 가이드를 제공한 것이 바로 '$n \geq 30$(또는 $n > 30$)' 이다. 그래서 학교수학 교재(교과서 포함)에서도 '$n \geq 30$' 이라는 가이드가 언급되고 있다. 따라서 중심극한정리는 "통상적인 형태의 분포를 따르는 모집단의 경우에 n이 30 이상이면 중심극한정리에서 말하는 근사가 잘 맞는다." 는 의미로 이해하면 된다. 다음은 대부분의 고등학교 수학 「확률과 통계」 교과서에서 중심극한정리를 설명하고 있는 표현을 하나 예시하였다.

모집단의 분포가 정규분포가 아닐 때도 n이 충분히 크면 $\overline{X}$는 근사적으로 정규분포 $\mathrm{N}\left(m, \dfrac{\sigma^2}{n}\right)$을 따른다. 표본의 크기 n이 충분히 크다는 것은 $n \geq 30$을 만족할 때이다.

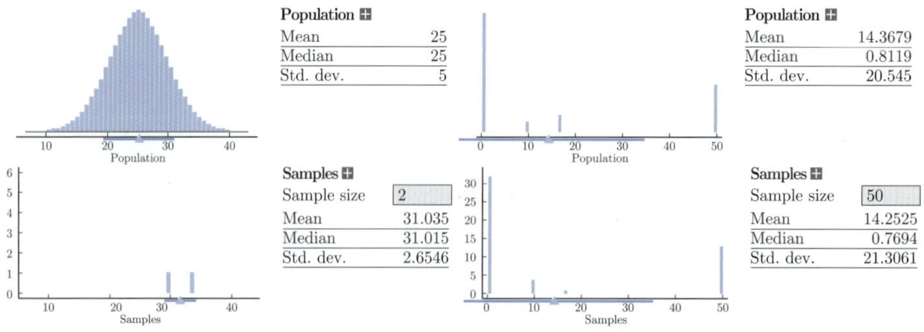

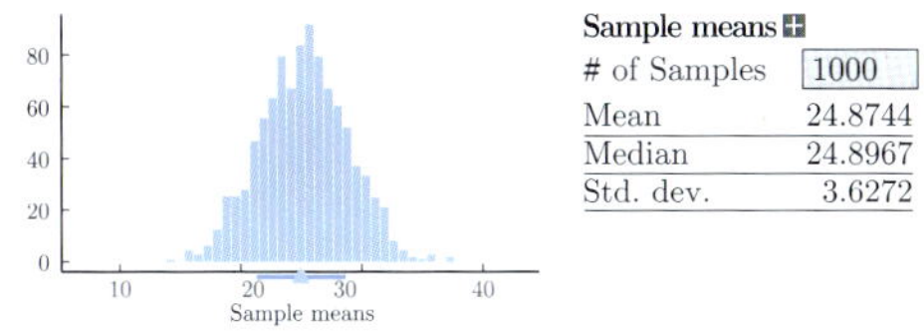

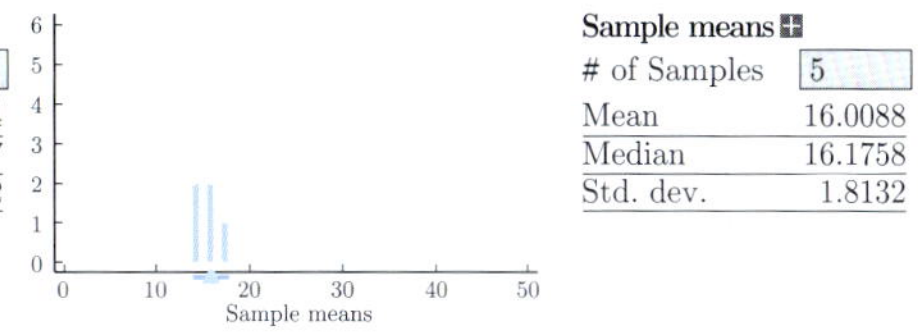

https://www.statcrunch.com/applets/type3&samplingdist에서 표본분포를 시뮬레이션 해 볼 수 있다.

제 10 장
추정

10.1 개요

가. 통계적 추론(statistical inference)

모평균, 모분산, 모비율 등과 같은 모수에 대한 어떤 판단을 내리기 위하여 모집단에서 추출한 표본에서 얻은 자료를 기초로 통계이론에 의하여 결론을 내리는 과정을 통계적 추론이라 한다. 이때 모집단의 분포 가정 여부에 따라 (예, 자료가 정규분포(중심극한정리)를 따르고, 모수(평균, 분산 등)를 이용하여 추측하는) 모수적 추론(parametric inference)과 (모집단에 특정분포를 가정하지 않는) 비모수적 추론(nonparametric inference)으로 구분하며, 추론의 목적(통계적 추론의 핵심)에 따라 추정과 가설검정으로 구분한다. 또한 모수처리 방식에 따라 빈도론자 추론(frequentist inference)과 베이지안 추론(Bayesian inference)으로 구분한다.

보충설명

- 추정(estimation) : 추정량을 이용하여 미지의 모수를 추정하는 과정
- 가설검정(hypothesis test) : 모집단에 대하여 어떤 가설을 세워 놓고 표본의 정보를 이용하여 이 가설의 옳고 그름을 판정하는 통계적 기법이론
- 빈도론자 추론 : n이 커지면 표본이 모집단으로 수렴한다고 생각
- 베이지안 추론 : 베이지안 관점에서 미지의 값(모수, 미래값)을 확률변수로 취급하여 이 확률변수의 확률분포에 대해 관심을 가지며 관심분포는 $f(\theta|x_1, x_2, \cdots, x_n)$임

나. 추정량(estimator)과 추정치(cstimate)

- 추정량 : 모수의 추정에 사용되는 표본통계량(표본평균, 표본분산, 표본비율 등)으로 확률변수이다.

- 추정치 : 추정량에 실제 표본관측치를 대입하여 얻은 추정량의 값으로 상수이다.

예시 모평균 μ의 추정량은 $\overline{X}$이고, $\overline{X}$의 관측치가 170cm이면 이 값은 추정치

보충설명

* 좋은 추정량이 될 요건

- 불편추정량: 통계량 중에서 기대치가 모수와 일치하는 추정량, $\mathrm{E}(\hat{\theta}) = \theta$
- 유효추정량: 불편추정량 중에서 추정량의 분산 $\mathrm{V}(\hat{\theta})$이 분산의 하한 값에 도달한 추정량

예시 $\overline{X}$는 모평균에 대한 불편추정량 중에서 분산이 가장 작은 추정량이고 유효추정량이다.

- 일치추정량: 표본의 크기가 커질수록 표본오차가 작아지는(참값에 가까워지는)추정량

(i) 약일치추정량 : $\hat{\theta}$가 θ로 확률수렴(converges in probability)한다.

즉, 모든 양수 ϵ에 대하여 $\lim_{n\to\infty} \mathrm{P}(|\hat{\theta}-\theta| > \epsilon) = 0$

(ii) 강일치추정량 : $\hat{\theta}$가 θ로 거의 모든 점에서 수렴(converges almost everywhere) 한다. 또는 수렴할 확률이 1이다. 즉, $\mathrm{P}(\lim_{n\to\infty} \hat{\theta} = \theta) = 1$

- 충분추정량: 추정량 $\hat{\theta}$이 모수 θ에 관한 모든 정보를 포함하고 있을 때의 추정량

예시 $\overline{X}$는 μ에 대한 충분추정량으로서 최소분산 불편추정량이기에 좋은 추정량이며, 이에 μ에 대한 점추정량으로 표본평균을 사용.

예제 10.1

평균이 μ, 분산이 σ^2인 임의의 모집단에서 추출한 3개의 확률표본을 X_1, X_2, X_3이라 할 때, 다음 두 가지 추정량 $\overline{X}^{(1)}$, $\overline{X}^{(2)}$의 평균과 표준오차를 각각 구하여 두 가지 추정량 중 어느 추정량이 더 적절한 추정량인지 설명하시오.

$$\overline{X}^{(1)} = \frac{X_1 + X_2 + X_3}{3}, \quad \overline{X}^{(2)} = \frac{X_1 + 2X_2 + 3X_3}{6}$$

풀이

추출한 3개의 확률표본 $X_1,\ X_2,\ X_3$는 서로 독립이고

$\mathrm{E}(X_1) = \mathrm{E}(X_2) = \mathrm{E}(X_3) = \mu, \mathrm{V}(X_1) = \mathrm{V}(X_2) = \mathrm{V}(X_3) = \sigma^2$ 이므로

$$\mathrm{E}\left(\overline{X}^{(1)}\right) = \mathrm{E}\left(\frac{X_1 + X_2 + X_3}{3}\right) = \frac{1}{3}\mathrm{E}\left(X_1 + X_2 + X_3\right) = \frac{1}{3} \cdot 3 \cdot \mu = \mu$$

$$\mathrm{E}\left(\overline{X}^{(2)}\right) = \mathrm{E}\left(\frac{X_1 + 2X_2 + 3X_3}{6}\right) = \frac{1}{6}\mathrm{E}\left(X_1 + 2X_2 + 3X_3\right) = \frac{1}{6} \cdot 6 \cdot \mu = \mu$$

이다. 그러므로 $\overline{X}^{(1)},\ \overline{X}^{(2)}$는 모두 불편추정량이다. 이제 표준오차(Standard Error, SE)를 구해보면

$$\mathrm{V}\left(\overline{X}^{(1)}\right) = \mathrm{V}\left(\frac{X_1 + X_2 + X_3}{3}\right) = \frac{1}{9}\mathrm{V}\left(X_1 + X_2 + X_3\right) = \frac{1}{9} \cdot 3 \cdot \sigma^2 = \frac{1}{3}\sigma^2$$

$$\begin{aligned}\mathrm{V}\left(\overline{X}^{(2)}\right) = \mathrm{V}\left(\frac{X_1 + 2X_2 + 3X_3}{6}\right) &= \frac{1}{36}\mathrm{V}\left(X_1 + 2X_2 + 3X_3\right) \\ &= \frac{1}{36} \cdot 14 \cdot \sigma^2 = \frac{7}{18}\sigma^2\end{aligned}$$

이므로 $SE\left(\overline{X}^{(1)}\right) = \dfrac{\sqrt{3}}{3}\sigma \fallingdotseq 0.577\sigma, SE\left(\overline{X}^{(2)}\right) = \dfrac{\sqrt{14}}{6}\sigma \fallingdotseq 0.624\sigma$ 이다.

이를 통해 $\overline{X}^{(1)}$이 $\overline{X}^{(2)}$보다 더 유효한 추정량이 된다는 것을 확인할 수 있다. □

다. 점추정(point estimation)과 구간추정(interval estimation)

- 점추정 : 모수를 단일값(single value)으로 추정하는 것
- 구간추정 : 모수를 구간에 속한 값으로 추정하는 것

보충설명

어느 지역 소재 대학 3학년 여학생 전체의 평균신장을 표본으로 조사하여 추정하기로 하고, 100명을 추출한 임의표본의 표본평균 $\overline{X} = 165cm$ 이었다. 여기서 모평균을 다음과 같이 두 가지로 추정할 수 있다.

첫째는 점추정으로 "평균신장은 $165cm$로 추정한다" 이다. 점추정은 오차의 개념이 나타나 있지 않고, 모수에 얼마나 가까운지 알 수 없으며, 모수를 모르므로 표본오차(표본통계량과 모수와의 차)를 표시할 수 없다. 이때, $165cm$를 점추정치라 한다. 둘째는 구간추정으로 "평균신장은 구간 $165 \pm 5cm$에 포함될 것이라고 90% 확신한다" 이다. 구간추정은 점추정의 단점을 보완하기 위해 오차의 개념을 도입한 것으로 모평균의 위치를 점추정보다 구체적으로 표시한 것이다. 이때, (160, 170)은 신뢰구간이라 하며,

160은 신뢰하한, 170은 신뢰상한이다. 90%는 신뢰수준이라 한다.

라. 신뢰수준 $(1-\alpha)$: $1-\alpha=0.99,\ 0.95,\ 0.90$ 등이 흔히 사용됨,

구간 추정은 미지인 모수가 특정한 실구간 $(a,\ b)$안에 있을 것이라고 추정하는 방법으로 그 구간 안에 있을 가능성이 함께 언급된다. 이 가능성의 크기를 신뢰수준(confidence level)이라고 하고 각 신뢰수준 하에서 얻게 되는 구간을 신뢰구간(confidence interval)이라고 한다. 신뢰수준은 흔히 90%, 95%, 99%를 이용한다.

Note

신뢰구간을 구하기 위해 모수의 점추정량을 사용한다.

10.2 평균에 대한 신뢰구간

성질 10.1

확률표본 $X_1,\ X_2,\ \cdots,\ X_n$을 $\mathrm{N}(\mu,\ \sigma^2)$을 따르는 모집단에서 추출하는 경우 모평균 μ의 추정에서 표본평균 $\overline{X}$를 표준화한 $Z=\dfrac{\overline{X}-\mu}{\frac{\sigma}{\sqrt{n}}}$은 정규분포 $\mathrm{N}(0,\ 1)$을 따른다.

증명

증명 생략. ■

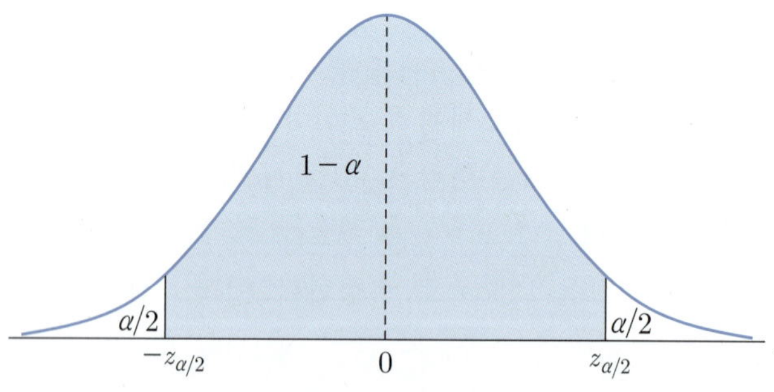

$$\mathrm{P}(-z_{\frac{\alpha}{2}}<Z<z_{\frac{\alpha}{2}})=1-\alpha \Leftrightarrow \mathrm{P}(-z_{\frac{\alpha}{2}}<\frac{\overline{X}-\mu}{\frac{\sigma}{\sqrt{n}}}<z_{\frac{\alpha}{2}})=1-\alpha$$

$$\Leftrightarrow \mathrm{P}(\overline{X}-z_{\frac{\alpha}{2}}\frac{\sigma}{\sqrt{n}}<\mu<\overline{X}+z_{\frac{\alpha}{2}}\frac{\sigma}{\sqrt{n}})=1-\alpha$$

예를 들어, 신뢰수준 90%일 때, $z_{\frac{\alpha}{2}}=z_{\frac{0.1}{2}}=z_{0.05}=1.64$

$$P(\overline{X} - z_{\frac{\alpha}{2}}\frac{\sigma}{\sqrt{n}} < \mu < \overline{X} + z_{\frac{\alpha}{2}}\frac{\sigma}{\sqrt{n}}) = 1 - \alpha$$

이므로

$$P(\overline{X} - 1.64\frac{\sigma}{\sqrt{n}} < \mu < \overline{X} + 1.64\frac{\sigma}{\sqrt{n}}) = 0.9$$

신뢰수준 95%일 때, $z_{\frac{\alpha}{2}} = z_{\frac{0.05}{2}} = z_{0.025} = 1.96$

신뢰수준 99%일 때, $z_{\frac{\alpha}{2}} = z_{\frac{0.01}{2}} = z_{0.005} = 2.58$

예제 10.2

A 농장 송아지의 몸무게는 과거의 경험으로 표준편차가 $\sigma = 4kg$이라고 알려져 있을 때, 임의추출한 A 농장 64마리의 송아지를 관측한 결과 평균 몸무게가 $28.5kg$이었다고 한다. 모평균에 대한 95% 신뢰구간을 구하시오.(단, $z_{0.025} = 1.96$)

풀이

중심극한정리에 의하여 μ의 근사적인 95%의 신뢰구간은 다음과 같다.

$$\left(\overline{X} - 1.96\frac{\sigma}{\sqrt{n}},\ \overline{X} + 1.96\frac{\sigma}{\sqrt{n}}\right)$$

그러므로 $\left(28.5 - 1.96\frac{4}{\sqrt{64}},\ 28.5 + 1.96\frac{4}{\sqrt{64}}\right) = (27.52,\ 29.48)$ □

Note

왜 대칭으로 추정하는가?

모평균의 추정량인 표본평균의 분포가 대칭인 정규분포이므로, 주어진 신뢰도 하에서 신뢰구간의 폭을 가장 좁게 만들기 위해서는 신뢰구간을 표본평균에 관해 대칭으로 추정해야 한다.

보충설명

신뢰수준(보수가 추성 구산에 있을 확률) $100(1-\alpha)\%$ 신뢰구간(모수가 포함되어 있을 것으로 추정되는 구간)의 의미

- 모평균 μ에 대해 얻어진 신뢰구간 $(27.52,\ 29.48)$에 참값이 포함될 확률이 95%라고 표현하면 틀린 표현이다.

• 표본으로부터 얻어진 구체적인 95% 신뢰구간 (27.52, 29.48)에서 모평균 μ의 참값 포함 여부는 0 아니면 1이다(즉, 맞든지 틀리든지). 즉, 같은 방법으로 표본을 100번 반복 추출하여 신뢰구간을 100개 구하면 그 가운데 평균적으로 95개는 모평균 μ를 포함하고 있다는 것을 의미한다.

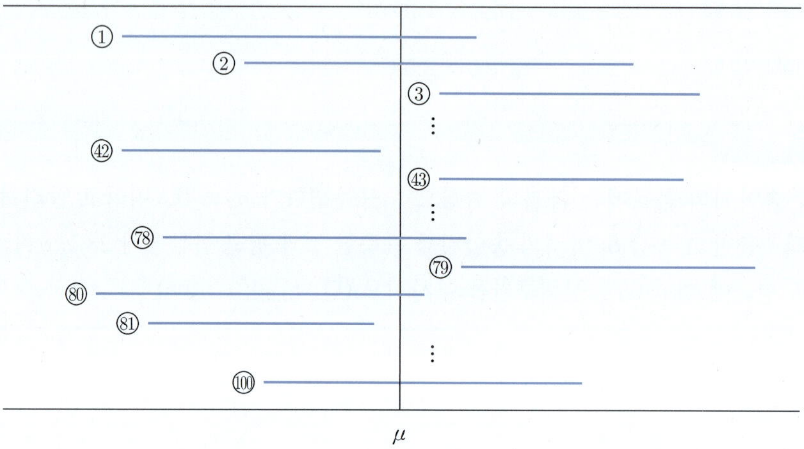

※ 100개의 표본 중 5개의 표본 ③, ㊷, ㊸, ⑲, ㉑번 표본이 모평균 μ를 포함하고 있지 않다.

보충설명

모집단의 분포 및 표본의 크기에 따라 모평균의 신뢰구간을 추정하는 방법이 다르다.

① 모집단의 분포가 $N(\mu, \sigma^2)$이고 σ를 아는 경우

$$Z = \frac{\overline{X} - \mu}{\frac{\sigma}{\sqrt{n}}} \sim N(0, 1^2) \implies \text{신뢰구간} \left(\overline{x} - z_{\alpha/2}\frac{\sigma}{\sqrt{n}},\ \overline{x} + z_{\alpha/2}\frac{\sigma}{\sqrt{n}}\right)$$

② 모집단의 분포가 일반적인 분포이고 표본의 크기가 큰 경우

σ를 아는 경우:

$$Z = \frac{\overline{X} - \mu}{\frac{\sigma}{\sqrt{n}}} \approx N(0, 1^2) \implies \text{근사적인 신뢰구간} \left(\overline{x} - z_{\alpha/2}\frac{\sigma}{\sqrt{n}},\ \overline{x} + z_{\alpha/2}\frac{\sigma}{\sqrt{n}}\right)$$

σ를 모르는 경우:

$$Z = \frac{\overline{X} - \mu}{\frac{S}{\sqrt{n}}} \approx \mathrm{N}(0,\ 1^2) \implies \text{근사적인 신뢰구간 } \left(\overline{x} - z_{\alpha/2}\frac{s}{\sqrt{n}},\ \overline{x} + z_{\alpha/2}\frac{s}{\sqrt{n}}\right)$$

③ 모집단의 분포가 $\mathrm{N}(\mu,\ \sigma^2)$이고 σ를 모르는 경우

$$T = \frac{\overline{X} - \mu}{\frac{S}{\sqrt{n}}} \sim t(n-1) \implies \text{신뢰구간 } \left(\overline{x} - t_{\alpha/2}\frac{s}{\sqrt{n}},\ \overline{x} + t_{\alpha/2}\frac{s}{\sqrt{n}}\right)$$

학교수학에서는 ①과 ②를 강조하며 ③은 간단히 소개만 함.

• 모집단의 분포가 신뢰구간에 영향을 끼치며, 이때 표준오차 $\frac{\sigma}{\sqrt{n}}$의 의미

표본오차(=추정량(estimator)−모수(parameter))의 큰 정도는

$$\mathrm{E}\left[(\overline{X} - \mu)^2\right] = \mathrm{V}(\overline{X}) = \frac{\sigma^2}{n},\ \text{(이 식에서의 } \mu \text{는 } \mu = \mathrm{E}(\overline{X}) \text{를 의미함)}$$

$$\sqrt{\mathrm{E}[(\overline{X} - \mu)^2]} = \frac{\sigma}{\sqrt{n}}\ \text{(표준오차)}$$

로 표현할 수 있다.

예제 10.3

A 농장 송아지 1마리의 몸무게는 과거의 경험으로 평균무게가 $28.5kg$이고, 표준편차가 $\sigma = 4kg$이라고 알려져 있을 때, 이 농장에서 임의추출한 64마리의 송아지의 평균 몸무게가 $27.5kg$ 이하일 확률을 구하시오.

z	$\mathrm{P}(0 \le Z \le z)$
0.5	0.1915
1.0	0.3413
1.5	0.4332
2.0	0.4772

풀이

중심극한정리에 의하여 표본평균의 근사적인 분포는 다음과 같다.

$$\overline{X} \approx \mathrm{N}\left(\mu,\ \frac{\sigma^2}{n}\right),\ Z = \frac{\overline{X} - \mu}{\frac{\sigma}{\sqrt{n}}} \approx \mathrm{N}(0,\ 1^2)$$

$$P(\overline{X} \le 27.5) = P\left(Z \le \frac{27.5 - 28.5}{\frac{4}{\sqrt{64}}}\right) = P(Z \le -2) = P(Z \ge 2)$$

$$= 0.5 - P(0 \le Z \le 2)$$

$$= 0.5 - 0.4772 = 0.0228 \quad \square$$

예제 10.4

A 대학교 학생들이 하루에 사용하는 휴대폰 평균사용시간을 추정하기 위하여 이 대학교 학생 100명을 임의로 추출하여 하루 휴대폰 사용시간을 조사하였더니 평균 2시간 40분, 표준편차 20분을 얻었다. 모평균에 대한 95% 신뢰구간을 구하시오.(단, $Z_{0.025} = 1.96$)

풀이

모분산을 모르더라도 중심극한정리와 $S \fallingdotseq \sigma$ 임을 이용하면 μ의 근사적인 95%의 신뢰구간은 다음과 같다.

$$\left(\overline{X} - 1.96\frac{S}{\sqrt{n}},\ \overline{X} + 1.96\frac{S}{\sqrt{n}}\right) = \left(160 - 1.96\frac{20}{\sqrt{100}},\ 160 + 1.96\frac{20}{\sqrt{100}}\right)$$

$$= (156.08,\ 163.92) \quad \square$$

예제 10.5

사람의 평균 LDL 콜레스테롤 수치는 정규분포를 따른다. 어떤 병원에서는 환자를 치료하기 위한 목적으로 환자의 평균 LDL 콜레스테롤의 수치를 알아보기 위해 16명을 조사한 결과 평균이 $170mg/dl$이고 표준편차가 8이었다. 환자의 평균 LDL 콜레스테롤의 95% 신뢰구간을 구하시오.(단, $t_{0.025}(15) = 2.13$)

풀이

표본의 크기 $n = 16$, 표본평균은 $\overline{X} = 170$, 표본표준편차는 $S = 8$, $\alpha = 0.05$이다. 따라서 t 분포에 의한 신뢰구간은

$$\left(\overline{X} - t_{0.025}(15) \times \frac{S}{\sqrt{16}},\ \overline{X} + t_{0.025}(15) \times \frac{S}{\sqrt{16}}\right)$$

$$= \left(170 - 2.13 \times \frac{8}{\sqrt{16}},\ 170 + 2.13 \times \frac{8}{\sqrt{16}}\right) = (165.74,\ 174.26)$$ □

Note

정규분포를 따르는 모집단 $\mathrm{N}(\mu,\ \sigma^2)$에서 크기 n의 임의표본을 추출할 때 모분산을 모르는 경우에 $\dfrac{\overline{X}-\mu}{S/\sqrt{n}}$은 자유도가 $n-1$인 t분포를 따른다. 따라서 신뢰구간 추정에 t추정량을 이용한다. t분포에 대한 설명은 12장을 참조하기 바란다.

예제 10.6

사람의 평균 LDL 콜레스테롤 수치는 정규분포를 따른다. 어떤 병원에서는 환자를 치료하기 위한 목적으로 환자의 평균 LDL 콜레스테롤의 수치를 알아보기 위해 25명을 조사한 결과 평균이 $170mg/dl$이고 표준편차가 8이었다. 환자의 평균 LDL 콜레스테롤의 95% 신뢰구간을 구하시오. (단, $t_{0.025}(24)= 2.06$)

풀이

표본의 크기 $n = 25$, 표본평균은 $\overline{X} = 170$, 표본표준편차는 $S = 8$, $\alpha = 0.05$이다. 따라서 t-분포에 의한 신뢰구간은

$$\left(\overline{X} - t_{0.025}(24) \times \frac{S}{\sqrt{25}},\ \overline{X} + t_{0.025}(24) \times \frac{S}{\sqrt{25}}\right)$$

$$= \left(170 - 2.06 \times \frac{8}{\sqrt{25}},\ 170 + 2.06 \times \frac{8}{\sqrt{25}}\right)$$

$$= (166.704,\ 173.296)$$ □

Note

참고로, t분포를 이용한 신뢰구간을 구할 때, 동일한 표본표준편차를 얻었다 하더라도 표본의 크기가 클수록 더 좁은 구간의 신뢰구간을 얻게 된다. 더 좁은 구간의 신뢰구간은 더 정교한 구간추정을 의미하므로, 표본의 크기가 크면 더 좋은 신뢰구간을 얻게 됨을 알 수 있다.

10.3 모비율 추정

정리 10.1

• 표본비율 $\hat{p}$의 표본분포

복원추출 또는 무한모집단에서 비복원추출할 때 n이 크면

$$\hat{p} \approx \mathrm{N}\left(p,\ \frac{p(1-p)}{n}\right), \quad Z = \frac{\hat{p}-p}{\sqrt{\frac{p(1-p)}{n}}} \approx \mathrm{N}(0,\ 1^2)$$

증명

증명 생략. ■

여기에서 표준오차 $SE(\hat{p}) = \sqrt{\frac{p(1-p)}{n}}$ 이므로 표준화하면

$$Z = \frac{\hat{p}-p}{\sqrt{\frac{p(1-p)}{n}}} \approx \mathrm{N}(0,\ 1^2)$$

이다. 그러므로

$$\begin{aligned}\mathrm{P}(-z_{\frac{\alpha}{2}} < Z < z_{\frac{\alpha}{2}}) = 1-\alpha &\Leftrightarrow \mathrm{P}\left(-z_{\frac{\alpha}{2}} < \frac{\hat{p}-p}{\sqrt{\frac{p(1-p)}{n}}} < z_{\frac{\alpha}{2}}\right) = 1-\alpha \\ &\Leftrightarrow \mathrm{P}\left(\hat{p} - z_{\frac{\alpha}{2}}\sqrt{\frac{p(1-p)}{n}} < p < \hat{p} + z_{\frac{\alpha}{2}}\sqrt{\frac{p(1-p)}{n}}\right) = 1-\alpha\end{aligned}$$

Note

실제로 모비율 p의 신뢰구간을 구할 때 p를 모르므로 다음과 같은 근사적인 신뢰구간을 사용한다. (통상적으로 $n\hat{p} > 5$이고 $n(1-\hat{p}) > 5$일 때 사용)

$$\hat{p} - z_{\alpha/2}\sqrt{\frac{\hat{p}(1-\hat{p})}{n}} < p < \hat{p} + z_{\alpha/2}\sqrt{\frac{\hat{p}(1-\hat{p})}{n}}$$

예제 10.7

어떤 도시의 자동차 소유자 중에서 100명을 랜덤하게 표집하여 조사한 결과 6명이 전기자동차를 소유하였다. 이때 이 도시의 전기자동차 소유율 p의 95%의 신뢰구간을 구하시오.

풀이

$n = 100,\ n\hat{p} = 6 > 5,\ n(1-\hat{p}) = 94 > 5$ 이므로 정규근사를 이용하여 신뢰구간을 구하면

$$\left(0.06 - 1.96\sqrt{\frac{0.06 \times 0.94}{100}},\ 0.06 + 1.96\sqrt{\frac{0.06 \times 0.94}{100}}\right) \fallingdotseq (0.013,\ 0.107) \qquad \square$$

10장 Exercise

문제 10.1

어느 지역의 성인 300명을 대상으로 조사한 결과, 영양제를 주2회 이상 복용하는 사람이 180명이었다. 이 지역의 성인 중 영양제를 주2회 이상 복용하는 사람의 비율에 대한 99% 신뢰구간을 구하시오. (단, $\sqrt{2} = 1.41$로 계산하고 $Z \sim \mathrm{N}(0,\ 1)$일 때 $\mathrm{P}(|Z| \le 2.58) = 0.99$이다. 소수점 아래 다섯째 자리에서 반올림한다.) **중등임용기출**

문제 10.2

어느 지역의 고등학생들의 몸무게(kg)는 정규분포 $\mathrm{N}(\mu,\ 9^2)$을 따른다고 한다. 이 지역의 고등학생 중에서 임의의 추출한 36명의 몸무게에 대한 표본평균을 $\overline{X}$라 하자.

$$\mathrm{P}(|\overline{X} - \mu| > c) = 0.1$$

을 만족시키는 상수 c의 값을 풀이 과정과 함께 쓰시오.

또한 36명의 표본으로부터 관측된 표본평균의 값이 60일 때, 모평균 μ에 대한 90% 신뢰구간(confidence interval)을 풀이 과정과 함께 쓰시오. (단, 표준정규분포를 따르는 확률변수 Z에 대하여 $\mathrm{P}(Z < 1.64) = 0.95$이고, 모평균에 대한 신뢰구간은 양면신뢰구간(two-sided confidence interval)을 의미한다.) **중등임용기출**

문제 10.3

확률변수 X의 적률생성함수(moment generating function)

$$M_X(t) = \frac{1}{(1-2t)^4},\quad \left(t < \frac{1}{2}\right)$$

이다. $X_1,\ X_2,\ \cdots,\ X_{100}$이 적률생성함수가 $M_X(t)$인 분포로부터 뽑힌 확률표본일 때, 이들의 평균 $\overline{X} = \dfrac{1}{100}\displaystyle\sum_{i=1}^{100} X_i$에 대하여 $\overline{X}$가 9이상이 될 확률은 중심극한정리(central limit theorem)를 적용하면 근사적으로 $\mathrm{P}(Z \ge c)$이다. 상수 c의 값을 풀이 과정과 함께 쓰시오. (단, Z는 표준정규분포를 따르는 확률변수이다.) **중등임용기출**

문제 10.4

어떤 정책에 대한 A, B 두 도시 시민의 의견을 알아보기 위하여 각 도시에서 확률표본을 선택하여 이 정책에 대한 찬성 여부를 알아본 결과는 다음과 같다. **중등임용기출**

	A 도시	B 도시
표본의 수	350 명	160 명
정책에 찬성한 비율	0.7	0.8

A, B 두 도시의 이 정책에 대한 찬성 비율을 각각 p_1, p_2라 할 때, 찬성 비율의 평균 $\dfrac{p_1+p_2}{2}$에 대한 90% 신뢰구간은 $(a-1.645\times b,\ a+1.645\times b)$이다. a, b의 값을 각각 구하시오. (단, 확률변수 Z가 $\mathrm{N}(0, 1)$을 따를 때, $\mathrm{P}(0\le Z\le 1.645)=0.45$로 계산한다.)

문제 10.5

30대 남자가 경사도 15도의 오르막길을 걷는 속도(단위: km/h)는 평균이 μ인 정규분포를 따른다고 한다. 30대 남자 중에서 임의추출한 8명을 대상으로 경사도 15도의 오르막길을 걷는 속도를 측정하여 표본평균의 값 2.5와 표본표준편차의 값 0.94를 얻었다. 자유도가 k인 t분포를 따르는 확률변수 T에 대하여 $\mathrm{P}(T>x)=0.05$를 만족시키는 x를 $t_{0.05}(k)$로 쓸 때 다음의 표를 사용하여 모평균 μ에 대한 90% 양면신뢰구간을 구하시오. (단, $\sqrt{2}=1.41$로 계산한다.)

k	$t_{0.05}(k)$
6	1.94
7	1.89
8	1.86
9	1.83

문제 10.6

양수 a에 대하여 모집단 분포의 확률밀도함수가

$$f(x)=\frac{2}{a^2}x,\ 0\le x\le a$$

일 때, 이 모집단에서 추출한 크기 2의 표본 X_1, X_2에 대하여 $Y=\max\{X_1, X_2\}$라 하자.

(1) Y의 누적분포함수를 유도하시오.

(2) kY가 모수 a의 비편향추정량이 되도록 하는 상수 k의 값을 구하시오.

모집단과 표본평균 $\overline{X}$의 표집분포

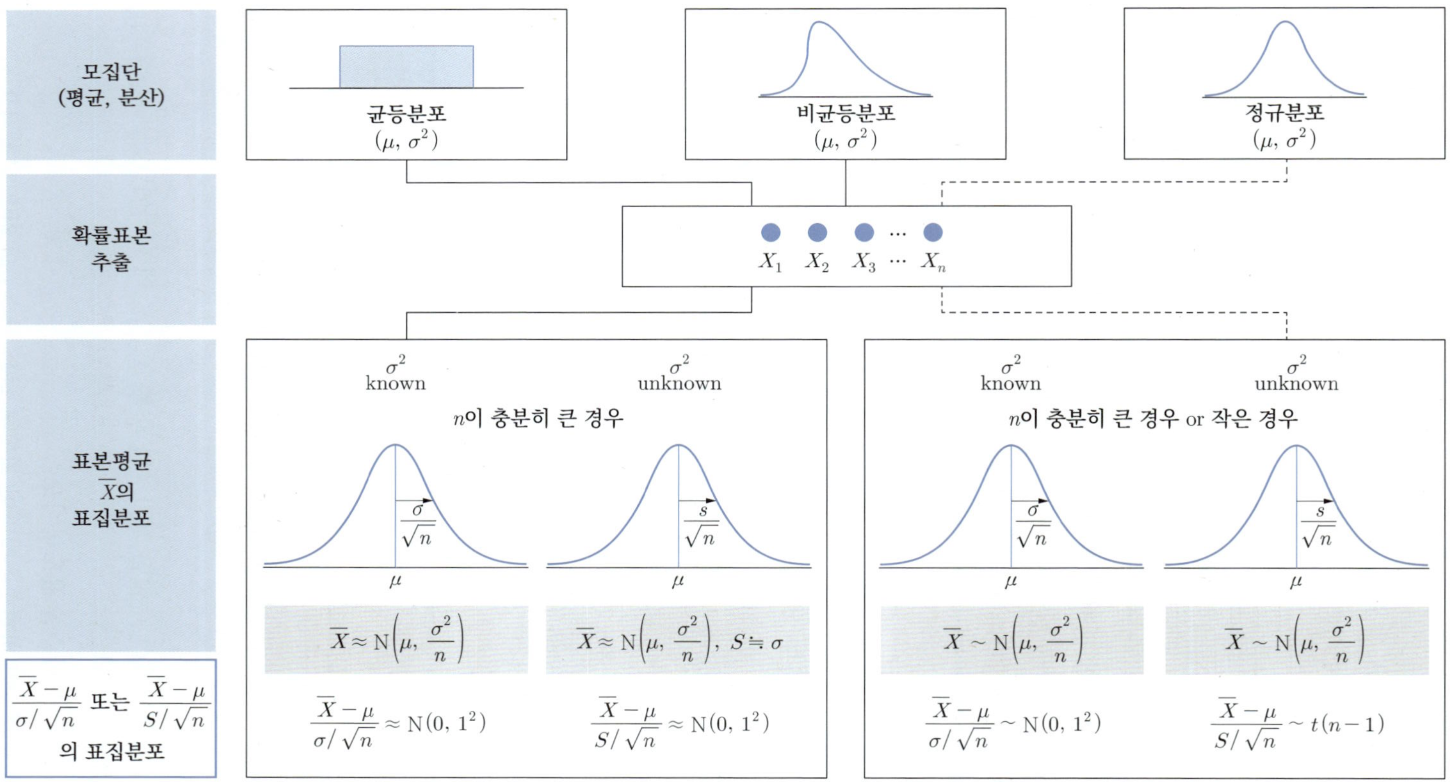

모집단의 분포가 정규분포인지 알 수 없고 표본 n의 크기가 작은 경우

① 모집단의 정규성을 검정하여 정규성을 입증한 후 추정

② 모집단의 정규성이 입증되지 않으면 비모수통계를 이용하여 추정

제 11 장
검정

11.1 개요

표본의 정보를 이용하여 모집단의 특성인 모수를 규명하는 절차인 통계적 추론이론은 추정과 가설검정으로 나눈다. 추정은 10장에서 다룬 바 있으며, 가설검정(hypothesis test)은 모수에 대한 가설이 있을 때 표본조사를 통해 이 가설의 옳고 그름을 판정하는 통계기법을 말한다. 예를 들어, 어느 제약회사에서 새로 개발한 신약의 치유율이 60% 이상인 것으로 예상하고 있다. 이를 확인하기 위하여 관련 환자 100명을 대상으로 신약의 임상실험을 하여 그 치유율의 진위를 판정하는 것이다. 이때 가설이란 '신약의 치유율이 60% 이상이다' 라는 모수에 대한 주장을 말하며, 환자 100명을 대상으로 한 임상실험 결과를 통해 이 가설의 타당성을 확인하는 과정을 검정이라 한다.

한편, 모수에 대한 가설 설정은 직접 검정대상이 되는 귀무가설(null hypothesis, H_0)과 이 귀무가설에 대립 또는 대체되는 가설인 대립가설(alternative hypothesis, H_1)을 동시에 세운다. 그리고 이와 같은 귀무가설과 대립가설을 가설검정의 기본가설이라 한다.

보충설명

• 귀무가설과 대립가설

귀무가설: 대립가설이 참이라는 확실한 근거가 없을 때 받아들이는 가설로서 직접 검정 대상이 되는 가설(이미 알려신 병세)

대립가설: 표본으로부터 확실한 근거에 의하여 입증하고자 하는 가설(주장하거나 확인하고 싶은 명제)

• 기본가설의 3가지 유형

모수 θ에 대한 가설검정은 대립가설에 관심을 둔다. 대립가설의 형태(모수의 값이 기존의 값인 θ_0과 다른가, 큰가, 작은가)에 따라 기본가설의 유형을 다음과 같이 3가지로 나눈다.

$\mathrm{H}_0 : \theta = \theta_0, \mathrm{H}_1 : \theta \neq \theta_0$ (양측검정)

$\mathrm{H}_0 : \theta = \theta_0, \mathrm{H}_1 : \theta > \theta_0$ (단측검정(우측검정))

$\mathrm{H}_0 : \theta = \theta_0, \mathrm{H}_1 : \theta < \theta_0$ (단측검정(좌측검정))

이러한 가설검정에는 확률변수인 검정통계량(test statistic)이 사용된다. 표본통계량인 검정통계량은 모평균의 검정에서는 표본평균이, 모분산의 검정에서는 표본분산이, 모비율의 검정에서는 표본비율이 이용된다. 또한 검정통계량의 귀무분포(귀무가설이 사실일 때 검정통계량의 분포)에 따라 가설검정의 유형을 Z검정(정규검정), T검정, F검정, χ^2검정으로 나눈다. 일반적으로 모수에 대한 가설검정은 모집단을 전수 조사하는 것이 가장 이상적이지만 여러 여건상 표본조사를 통해 판정하는 것이 현실적이다. 그래서 이러한 이유로 귀무가설을 기각하거나 채택하는 의사결정에서 두 가지 오류 가능성이 상존한다.

- 제1종 오류(type Ⅰ error): 귀무가설이 참인데도 불구하고 귀무가설을 기각하는 오류
- 제2종 오류(type Ⅱ error): 대립가설이 참인데도 불구하고 귀무가설을 채택하는 오류

판정 \ 실제상황	H_0(참)	H_0(거짓)
H_0 채택	옳은 결정	제2종 오류
H_0 기각	제1종 오류	옳은 결정

귀무가설이 참일 때 제1종 오류가 발생할 확률을 유의수준(significance level)이라 하며, α로 표기한다. 반면 대립가설이 참일 때 제2종 오류가 발생할 확률을 β로 표기한다. 유의수준 α는 보통 $\alpha = 0.01$, $\alpha = 0.05$를 주로 사용한다. 또, 검정통계량인 $\overline{X}$ 또는 Z의 값이 얼마일 때 귀무가설을 기각하거나 채택하는 것이 합리적인가에 대한 그 의사결정의 경계를 임계치(critical value)라 하며, 귀무가설이 사실이라는 가정하에서 관측된 결과보다 더 극단적인 결과(또는 대립가설을 더 지지하는 결과)가 발생할 확률을 유의확률 또는 p값(p-value)이라 한다. 11장에서는 모평균에 대한 검정을 다룬다.

11.2 검정

예제 11.1

양측검정(모분산을 아는 경우)

한국중학교는 지난 수십 년간 학생들의 감성지수를 조사한 결과, 감성지수는 평균 120, 표준편차가 20인 정규분포를 따른다고 한다. 한국중학교는 이번 신입생이 감성지수 평균이 120이 되는지를 알아보기 위하여 50명의 신입생을 임의로 추출하여 감성지수를 조사하였더니 123이 나왔다. 이번 신입생 전체의 평균감성지수를 120이라고 할 수 있는가? 5%의 유의수준으로 검정하시오.

풀이

임계치 C를 먼저 계산해 보자.

$$\mathrm{H}_0 : \mu = 120(=\mu_0),\ \mathrm{H}_1 : \mu \neq 120$$

검정통계량 : $\overline{X}$

오른쪽 임계치 $C = \mu_0 + 1.96\frac{\sigma}{\sqrt{n}} = 120 + 1.96\frac{20}{\sqrt{50}} = 125.54$

왼쪽 임계치 $C = \mu_0 - 1.96\frac{\sigma}{\sqrt{n}} = 120 - 1.96\frac{20}{\sqrt{50}} = 114.46$

따라서 표본평균 $\overline{X}$의 값이 125.54 이상이거나 114.46 이하이면 귀무가설(이번 신입생 전체의 평균감성지수는 120이다)을 기각한다. $\overline{X} = 123$이므로 귀무가설을 채택한다.

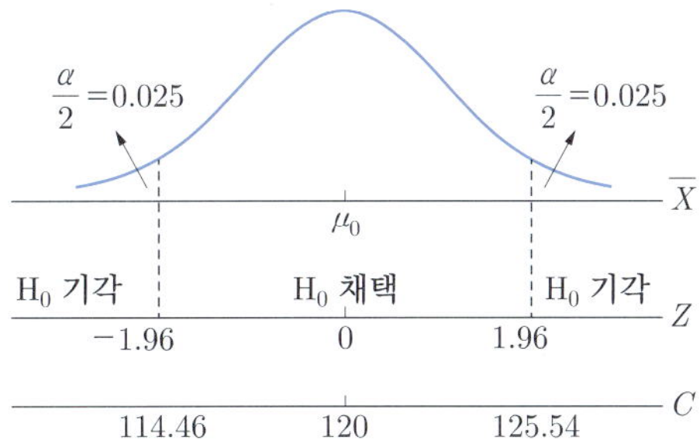

그러나 가설검정을 힐 때,

$$\mathrm{P}\left(-z_{\frac{\alpha}{2}} < \frac{\overline{X}-\mu_0}{\frac{\sigma}{\sqrt{n}}} < z_{\frac{\alpha}{2}}\right) = 1-\alpha \text{로부터 } \mu_0 - 1.96\frac{\sigma}{\sqrt{n}} < \overline{X} < \mu_0 + 1.96\frac{\sigma}{\sqrt{n}} \text{에 의해,}$$

임계치를 $\overline{X}$인 통계량으로 나타내는 것은 불편하므로 표준통계량인 Z로 나타내면 편리하다.

다시 말해, 오른쪽 임계치와 왼쪽 임계치의 Z값이 각각 1.96과 -1.96이므로 표본추출하여 얻은 $\overline{X}$값의 표준측도인 Z값을 계산하여 이 값이 1.96 이상이거나 -1.96 이하이면 유의수준 5%에서 귀무가설을 기각하게 된다.

$$Z = \frac{\overline{X} - \mu_0}{\frac{\sigma}{\sqrt{n}}} = \frac{123 - 120}{\frac{20}{\sqrt{50}}} = 1.06$$

따라서 $\alpha = 0.05$에서 귀무가설을 기각할 수 없다. 즉, 한국중학교 신입생의 평균감성지수는 120이라고 할 수 있다.

요약하여 다시 정리하면,

$\mathrm{H}_0 : \mu = 120$, $\mathrm{H}_1 : \mu \neq 120$

유의수준 $\alpha = 0.05$이고 양측검정이므로 $z_{\frac{\alpha}{2}} = z_{\frac{0.05}{2}} = z_{0.025} = 1.96$

$$Z = \frac{\overline{X} - \mu_0}{\frac{\sigma}{\sqrt{n}}} = \frac{123 - 120}{\frac{20}{\sqrt{50}}} = 1.06$$

$|Z| < z_{0.025}$이면 귀무가설을 채택하고, $|Z| \geq z_{0.025}$이면 귀무가설을 기각한다.

그런데 $|Z| = 1.06 < z_{0.025} = 1.96$이므로 채택한다. 즉, 한국중학교 신입생의 평균감성지수는 120이라고 할 수 있다.

만일, $\overline{X} = 126$이라면 $z = 2.12$이므로 귀무가설을 기각하여, 한국중학교 신입생의 평균감성지수는 120이라고 할 수 없다. 또는 유의확률을 계산하여 귀무가설의 기각 여부를 결정할 수도 있다. 양측검정에서 유의확률을 계산하면,

$$p = \mathrm{P}(|Z| \geq 2.12) = 2 \times 0.017 = 0.034 \leq \alpha = 0.05$$

이므로 귀무가설을 기각한다.

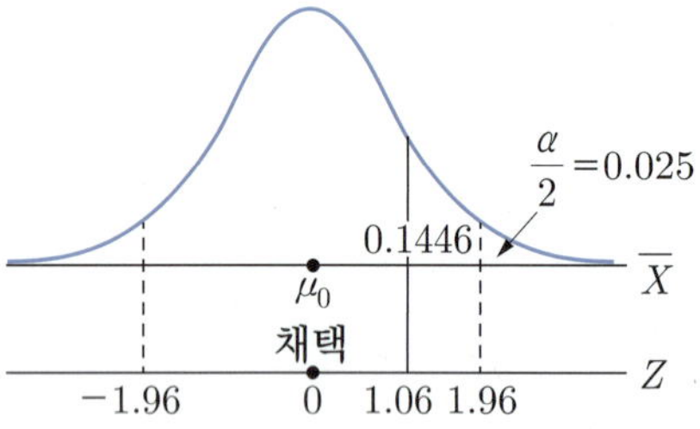

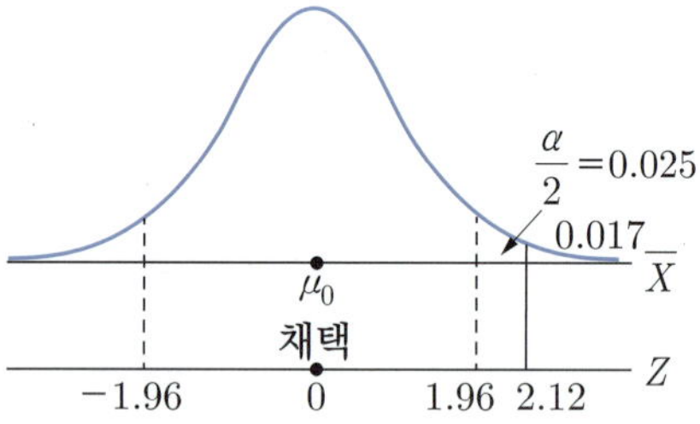

□

예제 11.2

단측검정(우측검정)

어느 기업의 노동자는 주당 평균근무시간 48시간이 된다고 노동조합에서 발표하고 있다. 또한 그 분포는 정규분포를 따르고 표준편차는 4시간이라고 한다. 그러나 일반사람들은 해당 기업의 근무시간이 48시간을 넘는다고 믿고 있다. 해당기업의 노동자 10명을 대상으로 주당 근무시간을 조사한 결과 50.5시간이었다. 이때, 해당기업 노동자의 주당 평균 근무시간이 48시간이 넘는다고 할 수 있는가? 5%의 유의수준으로 검정하시오.

풀이

$\mathrm{H}_0 : \mu \leq 48$, $\mathrm{H}_1 : \mu > 48 \Rightarrow \mathrm{H}_0 : \mu = 48$, $\mathrm{H}_1 : \mu > 48$으로 조정표현

유의수준 $\alpha = 0.05$, 우측검정이고 $z_{0.05} = 1.64$ (즉, $\mathrm{P}(Z < 1.64) = 0.95$)이다.

$$Z = \frac{\overline{X} - \mu_0}{\frac{\sigma}{\sqrt{n}}} = \frac{50.5 - 48}{\frac{4}{\sqrt{10}}} = 1.976$$

이다. $Z < z_{0.05}$이면 채택, $Z \geq z_{0.05}$이면 기각한다.

그런데 $Z = 1.976 \geq z_{0.05} = 1.64$이므로 귀무가설을 기각한다. 즉, 해당기업의 노동자의 주당 평균 근무시간이 48시간이 넘는다고 할 수 있다. □

예제 11.3

단측검정(좌측검정)

어느 제과점에서 생산하는 패밀리 케이크 무게의 평균은 $1480g$이고 분산이 $45g^2$인 정규분포를 따른다고 한다. 어느 소비자가 이 케이크 무게의 평균을 알아보고자 10개를 표본조사하여 무게를 측정한 결과 평균 $1477g$을 얻었다. 이때, 이 케이크 전체의 무게의 평균은 $1480g$보다 작다고 할 수 있는지 유의수준 5%로 검정하시오.

풀이

$\mathrm{H}_0 : \mu \geq 1480$, $\mathrm{H}_1 : \mu < 1480 \Rightarrow \mathrm{H}_0 : \mu = 1480$, $\mathrm{H}_1 : \mu < 1480$으로 조정표현

유의수준 $\alpha = 0.05$, 좌측검정이고 $z_{0.05} = 1.64$이다.

$$Z = \frac{\overline{X} - \mu_0}{\frac{\sigma}{\sqrt{n}}} = \frac{1477 - 1480}{\frac{\sqrt{45}}{\sqrt{10}}} = -1.414$$

$Z > -z_{0.05}$ 이면 채택, $Z \leq -z_{0.05}$ 이면 기각한다. 그런데
$Z = -1.414 > -z_{0.05} = -1.64$ 이므로 귀무가설을 채택한다. 즉, 케이크 무게의 평균은 $1480g$ 보다 작다고 할 수 없다.

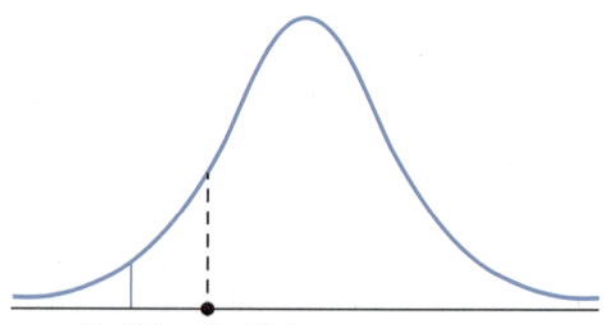

□

예제 11.4

(모분산을 모르는 경우)
A 회사에서는 생산하는 생수의 경도를 자체 검사하고자 한다. 원수(지하수)의 단위 L 당 무기질 수치의 합의 평균이 $20mg$ 미만이면 합격이라고 한다. 이 회사의 원수 16곳을 임의로 택하여 L 당 무기질 수치의 합을 조사하였더니 표본평균의 값이 $18.6mg$, 표본표준편차의 값이 $2mg$ 이었다. 이 회사의 원수의 단위 L 당 무기질 수치의 합은 정규분포를 따른다고 가정하고 유의수준 1%로 A 회사 생수의 경도가 합격인지 검정하시오.

풀이

$\mathrm{H}_0 : \mu \geq 20$, $\mathrm{H}_1 : \mu < 20 \Rightarrow \mathrm{H}_0 : \mu = 20$, $\mathrm{H}_1 : \mu < 20$ 으로 조정표현
유의수준 $\alpha = 0.01$ 이고 좌측검정이다. 자유도 $\nu = n - 1 = 15$ 일 때, $t_{0.01}(15) = 2.602$ 이다.

$$T = \frac{\overline{X} - \mu_0}{\frac{S}{\sqrt{n}}} = \frac{18.6 - 20}{\frac{2}{\sqrt{16}}} = -2.8$$

$T > -t_{0.01}$ 이면 채택, $T \leq -t_{0.01}$ 이면 기각한다. 그런데

$$t = -2.8 \leq -t_{0.01} = -2.602$$

이므로 귀무가설을 기각한다. 즉, 생수의 경도는 합격이다. □

〈표 11-1〉 t분포표

ν \ α	0.4	0.25	0.1	0.05	0.025	0.01	0.005	0.0025	0.001	0.0005
1	0.325	1.000	3.078	6.314	12.706	31.821	63.657	127.320	318.310	636.620
2	0.289	0.816	1.886	2.920	4.303	6.965	9.925	14.089	23.326	31.598
3	0.277	0.765	1.638	2.353	3.182	4.541	5.841	7.453	10.213	12.924
4	0.271	0.741	1.533	2.132	2.776	3.747	4.604	5.598	7.173	8.610
5	0.267	0.727	1.476	2.015	2.571	3.365	4.032	4.773	5.893	6.869
6	0.265	0.718	1.440	1.943	2.447	3.143	3.707	4.317	5.208	5.959
7	0.263	0.711	1.415	1.895	2.365	2.998	3.499	4.029	4.785	5.408
8	0.262	0.706	1.397	1.860	2.306	2.896	3.355	3.833	4.501	5.041
9	0.261	0.703	1.383	1.833	2.262	2.821	3.250	3.690	4.297	4.781
10	0.260	0.700	1.372	1.812	2.228	2.764	3.169	3.581	4.144	4.587
11	0.260	0.697	1.363	1.796	2.201	2.718	3.106	3.497	4.025	4.437
12	0.259	0.695	1.356	1.782	2.179	2.681	3.055	3.428	3.930	4.318
13	0.259	0.694	1.350	1.771	2.160	2.650	3.012	3.372	3.852	4.221
14	0.258	0.692	1.345	1.761	2.145	2.624	2.977	3.326	3.787	4.140
15	0.258	0.691	1.341	1.753	2.131	2.602	2.947	3.286	3.733	4.073
16	0.258	0.690	1.337	1.746	2.120	2.583	2.921	3.252	3.686	4.015
17	0.257	0.689	1.333	1.740	2.110	2.567	2.898	3.222	3.646	3.965
18	0.257	0.688	1.330	1.734	2.101	2.552	2.878	3.197	3.610	3.922
19	0.257	0.688	1.328	1.729	2.093	2.539	2.861	3.174	3.579	3.883
20	0.257	0.687	1.325	1.725	2.086	2.528	2.845	3.153	3.552	3.850
21	0.257	0.686	1.323	1.721	2.080	2.518	2.831	3.135	3.527	3.819
22	0.256	0.686	1.321	1.717	2.074	2.508	2.819	3.119	3.505	3.792
23	0.256	0.685	1.319	1.714	2.069	2.500	2.807	3.104	3.485	3.767
24	0.256	0.685	1.318	1.711	2.064	2.492	2.797	3.091	3.467	3.745
25	0.256	0.684	1.316	1.708	2.060	2.485	2.787	3.078	3.450	3.725
26	0.256	0.684	1.315	1.706	2.056	2.479	2.779	3.067	3.435	3.707
27	0.256	0.684	1.314	1.703	2.052	2.473	2.771	3.057	3.421	3.690
28	0.256	0.683	1.313	1.701	2.048	2.467	2.763	3.047	3.408	3.674
29	0.256	0.683	1.311	1.699	2.045	2.462	2.756	3.038	3.396	3.659
30	0.256	0.683	1.310	1.697	2.042	2.457	2.750	3.030	3.385	3.646
40	0.255	0.681	1.303	1.684	2.021	2.423	2.704	2.971	3.307	3.551
60	0.254	0.679	1.296	1.671	2.000	2.390	2.660	2.915	3.232	3.460
120	0.254	0.677	1.289	1.658	1.980	2.358	2.617	2.860	3.160	3.373
∞	0.253	0.674	1.282	1.645	1.960	2.326	2.576	2.807	3.090	3.291

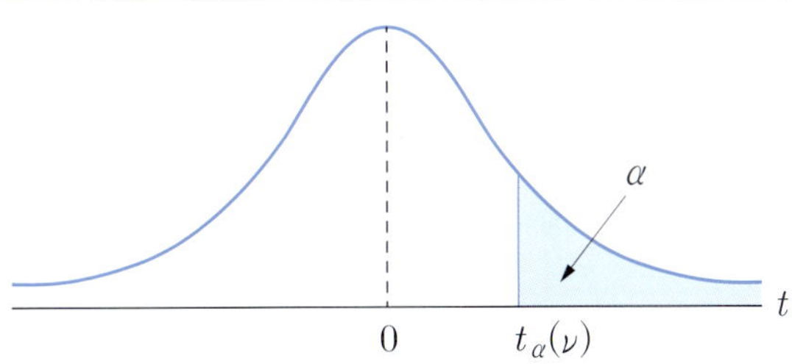

$$P(t \geq t_\alpha(\nu)) = \int_{t_\alpha(\nu)}^{\infty} f(t)dt = \alpha$$

11장 Exercise

문제 11.1

동전을 던져 나올 면을 미리 맞출 확률을 p라 하자. 갑은 자신의 경우에 p가 0.5보다 크다고 주장한다. 갑의 주장을 검증하기 위하여, 동전을 던져 나오는 면을 갑이 미리 예측하게 하고 실제로 동전을 던져 갑의 예측이 맞는지 확인하는 실험을 10번 하기로 하였다.

귀무가설 : $p = 0.5$

대립가설 : $p > 0.5$

10번의 실험에서 갑이 정확하게 예측한 횟수를 X라 하고 $X \geq 8$일 때 귀무가설을 기각하기로 한다.

(1) 이 검정의 제1종 오류의 확률을 구하시오.

(2) $p = 0.8$일 때 이 검정의 제2종 오류의 확률은 $1 - \frac{4^8}{5^{10}} \times a$이다. a의 값을 구하시오.

(3) 실험결과 $X = 9$일 때 유의확률을 구하시오.

문제 11.2

어느 회사에서 생산하는 볼베어링 중에서 9개를 임의추출하여 지름을 측정하였더니 표본평균의 값이 11.3mm이고 표본표준편차가 0.12mm이었다. 볼베어링의 지름이 정규분포를 따른다고 가정하고 지름의 평균이 11.4mm가 아니라고 할 수 있는지 유의수준 0.05에서 검정하시오.

문제 11.3

어느 신용카드 회사의 카드 사용자 중 카드 사용 금액의 결제를 연체하는 사용자의 비율이 4% 미만인지 확인하려고 한다. 지난 달에 이 회사의 카드를 사용한 600명을 대상으로 표본조사를 하였더니 15명이 사용 금액의 결제를 연체하였다고 한다. 연체하는 사용자의 비율이 4% 미만이라고 할 수 있는지 유의수준 0.025에서 검정하시오.

검정의 절차와 검정통계량

어느 제약회사에서 새로 개발한 신약의 치유율이 60%를 넘는 것으로 예상하고 있다. 이를 확인하기 위하여 관련 환자 100명을 임의추출하여 조사해 본 결과 치유된 환자가 66명이었다. 이 조사로부터 신약의 치유율이 60%를 넘는다고 볼 수 있는가?

순서 및 내용(예)

순서	내용(예)
① 귀무가설을 세운다	① 신약의 치유율이 60% 이하이다. $\mathrm{H}_0 : p = 0.6$
② 대립가설을 세운다	② 신약의 치유율이 60%를 넘는다. $\mathrm{H}_1 : p > 0.6$
③ 유의수준의 결정	③ 유의수준은 5%로 정하였다.
④ 검정통계량이 따르는 분포 확인	④ 귀무가설이 사실일 때 표본비율을 다음과 같이 표준화하면 표준정규분포를 따른다. 검정통계량 : $Z = \dfrac{\hat{p} - p_0}{\sqrt{p_0(1-p_0)/n}}$ $(p_0 = 0.6)$
⑤ 기각역 설정	⑤ $\alpha = 0.05$이므로 귀무가설 기각역은 $Z \geq z_\alpha = 1.64$
⑥ 검정통계량 계산	⑥ 검정통계량 값이 기각역에 있는지 확인한다. $Z = \dfrac{0.66 - 0.6}{\sqrt{(0.6)(0.4)/100}} = 1.225 < z_\alpha = 1.64$
⑦ 가설의 채택 또는 기각	⑦ 귀무가설을 채택한다. 신약의 치유율이 60%를 넘는다고 볼 수 없다.

- 모평균 검정에서 모집단의 특성과 표본의 크기에 따른 검정통계량

모집단	모분산	표본의 크기	검정통계량
정규분포	안다	크다 or 작다	$Z = \dfrac{\overline{X} - \mu_0}{\sigma/\sqrt{n}}$, Z검정
정규분포	모른다	크다 or 작다	$T = \dfrac{\overline{X} - \mu_0}{S/\sqrt{n}}$, T검정
일반분포	안다	크다	$Z = \dfrac{\overline{X} - \mu_0}{\sigma/\sqrt{n}}$, 근사적 Z검정
일반분포	모른다	크다	$Z = \dfrac{\overline{X} - \mu_0}{S/\sqrt{n}}$, 근사적 Z검정

제 12 장
χ^2 분포, t 분포, F 분포

12.1 개요

χ^2 분포는 정규모집단의 모분산을 추론하거나 모집단 분포 자체를 추론할 때 이용되는 중요한 연속확률분포 중의 하나이다. t 분포는 1907년 영국의 고셋(W. S. Gosset)이 양조회사에서 근무하며 필명 Student로 발표한 논문 "The Probable Error of a Mean" 에서 유래한 것으로 소표본을 통한 모평균의 통계적 추론에 매우 유용한 분포이다. 정규분포를 따르지만 모분산 σ^2을 모르는 모집단에서 추출한 표본평균 $\overline{X}$에 대하여 모표준편차 σ 대신에 표본표준편차 S를 이용하여 얻은 통계량 $T = \dfrac{\overline{X}-\mu}{S/\sqrt{n}}$는 $\mathrm{V}(T) > 1$이 되어 표준정규분포를 따르지 않음을 알 수 있고 이때 통계량 T가 따르는 분포가 t 분포이다. 다만, 표본의 크기 n이 커지면 이 t 분포는 근사적으로 표준정규분포에 접근한다. F 분포는 두 정규모집단에서 독립적으로 추출된 두 표본의 표본분산의 비(ratio)를 이용하여 두 모분산의 비에 대하여 추론할 때 사용되는 분포로서 영국의 통계학자 피셔(R. A. Fisher)의 이름에서 따온 것으로 알려져 있다.

χ^2 분포와 F 분포의 확률밀도함수의 그래프는 모두 원점을 지나며 오른쪽 꼬리형의 비대칭형 분포이다. 반면, t 분포의 확률밀도함수는 표준정규분포와 유사한 대칭형 분포이다.

12.2 χ^2 분포(모분산 σ^2에 대한 검정)

이제 다음 사례를 통해 t 분포와 χ^2 분포에 대한 개념을 살펴보자.

A 목장에서는 자신들이 생산하는 유제품의 중량(g)은 평균이 18이고, 분산이 2^2 미만인 정규분포를 따른다고 주장한다.

그런데 이 목장의 유제품의 중량의 평균이 18이 안될 것이라는 반론이 제기되어 이 반론이 사실인지 알아보기 위해 유제품 16개를 임의로 선택하여 중량을 측정하였으며 그 결과는 다음과 같다.

18.4 17.8 16.8 18.2 16.4 18.0 19.6 16.8

17.6 17.2 18.0 18.8 17.4 17.7 16.8 16.9

이때, 측정된 중량을 확률변수 $X_1,\ X_2,\ \cdots,\ X_{16}$라 하면 이 확률변수들의 평균 $\overline{X}$는 귀무가설 $(\mu = 18)$이 사실이라면

$$\overline{X} \sim \mathrm{N}\left(18,\ \frac{\sigma^2}{16}\right)$$

인 정규분포를 따라야 한다. 그리고 실제 관측된 표본값으로 계산한 표본평균과 분산이 각각

$$\overline{X} = 17.65, S^2 = 0.85^2$$

으로 조사되었다. 모집단은 정규분포를 따른다고 가정하고 모분산이 4 미만인지 검증하는 것에는 관심이 없다고 가정하자. 이때 통계량을 이용하여 유의수준 5%로 이 목장의 유제품의 중량의 평균이 18 미만인지 확인해 보자. 모분산을 모르므로 t검정을 이용해야 한다.

$$\mathrm{H}_0 : \mu = 18,\ \ \mathrm{H}_1 : \mu < 18$$

유의수준 $\alpha = 0.05$에 좌측검정으로 자유도 $\nu = n - 1 = 15$일 때, $-t_{0.05} = -1.753$을 이용하여 t검정하면 된다.

$$t = \frac{\overline{X} - \mu_0}{\dfrac{S}{\sqrt{n}}} = \frac{17.65 - 18}{\dfrac{0.85}{\sqrt{16}}} = -1.647$$

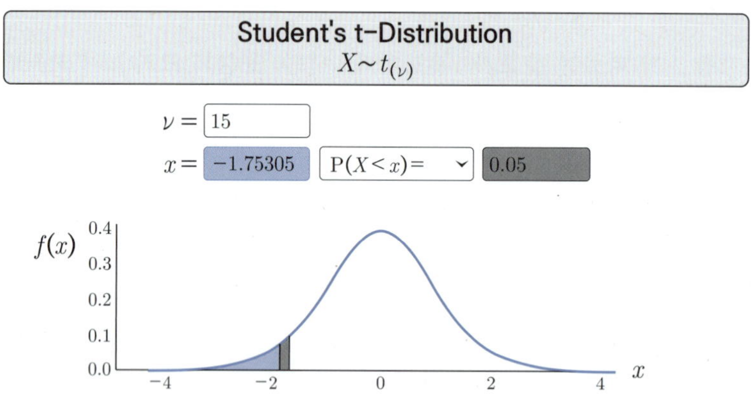

(출처: https://homepage.divms.uiowa.edu/ mbognar/applets/t.html)

여기서, $t > -t_{0.05}$이면 채택, $t \leq -t_{0.05}$이면 기각이다. 그런데

$$t = -1.647 > -t_{0.05} = -1.753$$

이므로 귀무가설을 채택한다. 즉, 중량(g)의 평균이 18이라는 A 목장의 주장을 받아들인다.

위에서는 $\overline{X}$의 통계량을 살펴보았으나 이와 달리 어떤 사람은 모평균에 대한 검정보다 모분산이 4 미만인가를 검증하고 싶을 수 있다. 이런 경우 또 다른 통계량 S^2을 계산해야 한다.

$$S^2 = \frac{1}{n-1}\sum_{i=1}^{n}(X_i - \overline{X})^2,\ \mathrm{E}(S^2) = \sigma^2$$

이다. 표본분산 S^2의 값으로 $\sigma^2 < 4$인지를 판단하려면 S^2이 어떤 분포를 따르는지 알아야 하는데, 바로 χ^2 분포와 관계가 있다.

예제 12.1

• 카이제곱분포(chi-square distribution)

확률변수 Z가 표준정규분포를 따를 때, $Y = Z^2$의 확률밀도함수를 구하시오.

풀이

우선 Y의 누적분포함수를 구하면

$$\begin{aligned} F_Y(y) = P(Y \le y) = P(Z^2 \le y) &= P(-\sqrt{y} \le Z \le \sqrt{y}) \\ &= \Phi(\sqrt{y}) - \Phi(-\sqrt{y}) \end{aligned}$$

로 표현된다. 이를 미분하면

$$\begin{aligned} f_Y(y) &= \frac{1}{2\sqrt{y}}\phi(\sqrt{y}) + \frac{1}{2\sqrt{y}}\phi(-\sqrt{y}) \\ &= \frac{1}{2\sqrt{y}}\frac{1}{\sqrt{2\pi}}e^{-\frac{y}{2}} + \frac{1}{2\sqrt{y}}\frac{1}{\sqrt{2\pi}}e^{-\frac{y}{2}} \\ &= \frac{1}{\sqrt{y}}\frac{1}{\sqrt{2\pi}}e^{-\frac{y}{2}} \\ &= \frac{1}{\sqrt{\pi}}\frac{1}{\sqrt{y}}\frac{1}{\sqrt{2}}e^{-\frac{y}{2}} \\ &= \frac{1}{2^{\frac{1}{2}}\Gamma\left(\frac{1}{2}\right)}y^{-\frac{1}{2}}e^{-\frac{y}{2}} \\ &= \frac{1}{2^{\frac{1}{2}}\Gamma\left(\frac{1}{2}\right)}y^{\left(\frac{1}{2}\right)-1}e^{-\frac{y}{2}} \end{aligned}$$

이고, 이것은 $\Gamma\left(\frac{1}{2}, \frac{1}{2}\right)$의 확률밀도함수이다(또는 자유도가 1인 χ^2 분포라 함)

일반적으로 감마분포 $\Gamma\left(\frac{n}{2}, \frac{1}{2}\right)$를 카이제곱분포 $\chi^2(n)$으로 정의한다. 그러므로 χ^2 분포를 따르는 확률밀도함수는

$$f(x) = \begin{cases} \dfrac{1}{2^{\frac{n}{2}}\Gamma(\frac{n}{2})} x^{\frac{n}{2}-1} e^{-\frac{x}{2}}, & x > 0 \\ 0, & \text{그 외 } x \end{cases}$$

이다. 그리고 $\mathrm{E}(X) = n$, $\mathrm{V}(X) = 2n$ 이다.

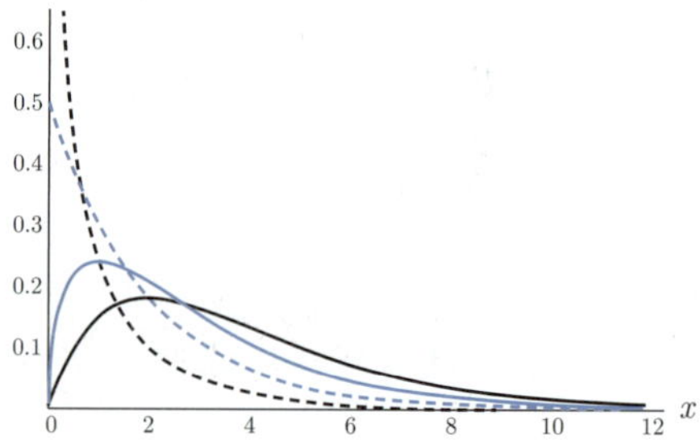

□

Note

$Z = \dfrac{X-\mu}{\sigma} \sim N(0,\, 1)$

확률변수 Z 의 확률밀도함수는 특별히 ϕ 로 표현하는데

$$\phi(z) = \frac{1}{\sqrt{2\pi}} e^{-\frac{z^2}{2}}$$

이고, 표준정규분포의 누적분포함수는 Φ 로 표현한다.

평균이 μ 이고, 분산이 σ^2 인 정규분포를 따르는 모집단이 있다고 가정하자. 이 모집단으로부터 무작위로 추출한 크기 n 의 표본을 $X_1,\, X_2,\, \cdots,\, X_n$ 라 하자.

이 확률변수들에 대해 각각을 표준정규화 한 뒤 제곱하여 모두 더하자. 즉,

$$X_i \longrightarrow Z_i = \frac{X_i - \mu}{\sigma} \longrightarrow Z_i^2 \longrightarrow Y_n = \sum_{i=1}^{n} Z_i^2$$

이때, Z_i 는 모두 독립적으로 표준정규분포를 따르고, Y_n 은 자유도가 n 인 χ^2 분포를 따른다.

$$Y_n = \sum_{i=1}^{n} \frac{1}{\sigma^2}(X_i - \mu)^2 \sim \chi^2(n) \cdots (*)$$

식 $(*)$ 을 변형해보자.

$$\begin{aligned} Y_n = \sum_{i=1}^{n} \frac{1}{\sigma^2}(X_i - \mu)^2 &= \frac{1}{\sigma^2} \sum_{i=1}^{n} \left(X_i - \overline{X} + \overline{X} - \mu\right)^2 \\ &= \frac{1}{\sigma^2} \sum_{i=1}^{n} \left[\left(X_i - \overline{X}\right)^2 + (\overline{X} - \mu)^2 + 2(X_i - \overline{X})(\overline{X} - \mu)\right] \\ &= \frac{1}{\sigma^2} \sum_{i=1}^{n} \left[\left(X_i - \overline{X}\right)^2 + (\overline{X} - \mu)^2\right] \\ &= \frac{1}{\sigma^2} \left[\sum_{i=1}^{n} \left(X_i - \overline{X}\right)^2 + \sum_{i=1}^{n} (\overline{X} - \mu)^2\right] \end{aligned}$$

$$= \frac{n-1}{\sigma^2}\frac{1}{n-1}\sum_{i=1}^{n}\left(X_i - \overline{X}\right)^2 + \frac{1}{\sigma^2}\cdot n\cdot(\overline{X}-\mu)^2$$
$$= \frac{(n-1)S^2}{\sigma^2} + \left(\frac{\overline{X}-\mu}{\sigma/\sqrt{n}}\right)^2$$

Note

• 카이제곱분포의 가법성

$Y_1 \sim \chi^2(\nu_1)$, $Y_2 \sim \chi^2(\nu_2)$이고 Y_1, Y_2가 서로 독립이면 $Y_1 + Y_2 \sim \chi^2(\nu_1+\nu_2)$

Note

$$\begin{aligned} 2\sum_{i=1}^{n}(X_i-\overline{X})(\overline{X}-\mu) = 2(\overline{X}-\mu)\sum_{i=1}^{n}(X_i-\overline{X}) &= 2(\overline{X}-\mu)\left[\sum_{i=1}^{n}X_i - \sum_{i=1}^{n}\overline{X}\right] \\ &= 2(\overline{X}-\mu)[n\overline{X}-n\overline{X}] \\ &= 0 \end{aligned}$$

$(\because \overline{X} = \frac{1}{n}\sum_{i=1}^{n}X_i \Leftrightarrow \sum_{i=1}^{n}X_i = n\overline{X})$

이때, 정규모집단에서 추출된 n개의 확률표본으로부터 구한 표본분산의 함수인 $\frac{(n-1)S^2}{\sigma^2}$은 $\chi^2(n-1)$분포를 따르고(S^2과 $\overline{X}$가 독립이라는 사실과 적률생성함수 기법을 이용하여 증명할 수 있음), 모분산을 추정하는데 사용된다.

다시, A 목장으로 돌아가서 모분산이 2^2이 안될 것이라는 A 목장의 주장을 검증해 보자.

① 가설 설정

$\mathrm{H}_0 : \sigma^2 = 2^2 (= \sigma_0^2)$

$\mathrm{H}_1 : \sigma^2 < 2^2$

② χ^2의 검정에 의한 임계치 결정과 기각역 결정

검정통계량은 $V = \frac{(n-1)S^2}{\sigma_0^2} = \frac{15\times S^2}{4}$ (귀무가설이 사실일 때 $V \sim \chi^2(15)$)

기각역은 $V \le \chi^2(0.95,\ 15) = 7.261$

(대립가설이 사실일 때 검정통계량의 값이 작아지는 경향이 있으므로 임계값은 카이제곱분포의 하위 5% 값이다.)

③ 검정통계량 값 계산

$$V = \frac{(16-1)(0.85^2)}{2^2} = 2.709$$

④ $V = 2.709 \le \chi^2(0.95,\ 15) = 7.261$이므로 귀무가설을 기각한다.

즉, A 목장의 유제품 중량의 표준편차는 2g 이내에 있다고 볼 수 있다.

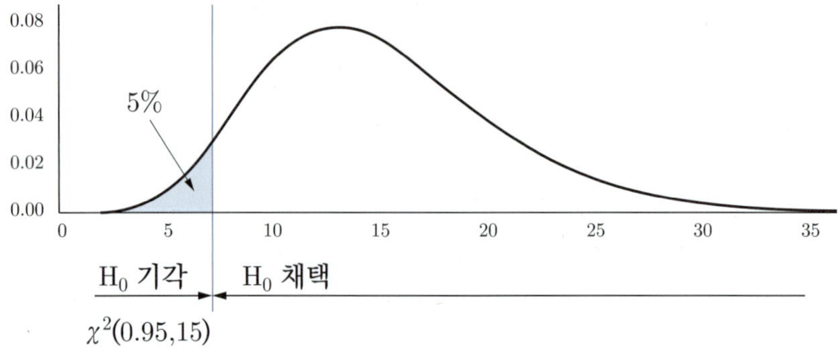

(출처: https://homepage.divms.uiowa.edu/ mbognar/applets/chisq.html)

12.3 t분포

$X_1, X_2, \cdots, X_n$이 평균이 μ이고 분산이 σ^2인 정규모집단에서 추출된 확률표본이라고 할 때, 표본평균 $\overline{X}$의 분포는

$$\overline{X} \sim \mathrm{N}\left(\mu,\ \frac{\sigma^2}{n}\right)$$

이고, 이를 표준화한 확률변수 Z는 표준정규분포를 따른다.

$$Z = \frac{\overline{X} - \mu}{\dfrac{\sigma}{\sqrt{n}}} \sim \mathrm{N}(0,\ 1)$$

일반적으로 위의 확률변수 Z를 이용하여 모평균을 추정하는데 대부분의 경우 모수인 μ, σ^2의 값은 실제로 알려져 있지 않다. 따라서 실제로 모평균에 대한 추정에서 모분산 대신 추정량인 표본분산 S^2을 사용하여 식을 유도하게 된다. 이때,

$$T = \frac{\overline{X} - \mu}{\dfrac{S}{\sqrt{n}}}$$

이 따르는 분포를 정의하기 위하여 먼저 다음의 정의를 내린다.

정의 12.1

- t분포(일반적 정의)

표준정규분포를 따르는 확률변수 Z와 자유도 ν인 χ^2분포를 따르는 확률변수 V가 서로 독립일 때, $T_\nu = \dfrac{Z}{\sqrt{\dfrac{V}{\nu}}}$ 이 따르는 분포를 자유도 ν인 t분포라 한다.

이제, 평균이 μ, 분산이 σ^2 인 정규모집단에서 크기 n 인 확률표본 $X_1, X_2, \cdots, X_n$ 을 추출하여 정의한 $T = \dfrac{\overline{X} - \mu}{\dfrac{S}{\sqrt{n}}}$ 가 t 분포를 따름을 보일 수 있다.

먼저 $\dfrac{\overline{X} - \mu}{\sigma/\sqrt{n}}$ 은 표준정규분포를 따르고 $\dfrac{(n-1)S^2}{\sigma^2}$ 은 자유도가 $n-1$ 인 χ^2 분포를 따름을 기억하자. 그러면 정의 12.1 에 의해 $\dfrac{\dfrac{\overline{X} - \mu}{\sigma/\sqrt{n}}}{\sqrt{\dfrac{(n-1)S^2/\sigma^2}{n-1}}} = \dfrac{\overline{X} - \mu}{\dfrac{S}{\sqrt{n}}}$ 은 자유도가 $n-1$ 인 t 분포를 따른다.

사실은 $T = \dfrac{\overline{X} - \mu}{\dfrac{S}{\sqrt{n}}}$ 가 따르는 분포를 t 분포라 명명하기 위하여 정의 12.1 을 내린 것이다.

정리 12.1

• t 분포(실제적 정의)

크기 n 인 표본 $X_1,\ X_2,\ \cdots,\ X_n$ 이 정규모집단 $\mathrm{N}(\mu,\ \sigma^2)$ 에서의 임의표본일 때

$$T = \frac{\overline{X} - \mu}{\dfrac{S}{\sqrt{n}}}$$

는 자유도 $\nu = n-1$ 인 t 분포를 따른다.

증명

증명 생략. ■

$n \to \infty$ 일 때, 즉 자유도가 한없이 커질 때 t 분포는 정규분포로 수렴함이 알려져 있다.

$$T = \frac{\overline{X} - \mu}{\dfrac{S}{\sqrt{n}}} \approx \mathrm{N}(0,\ 1)$$

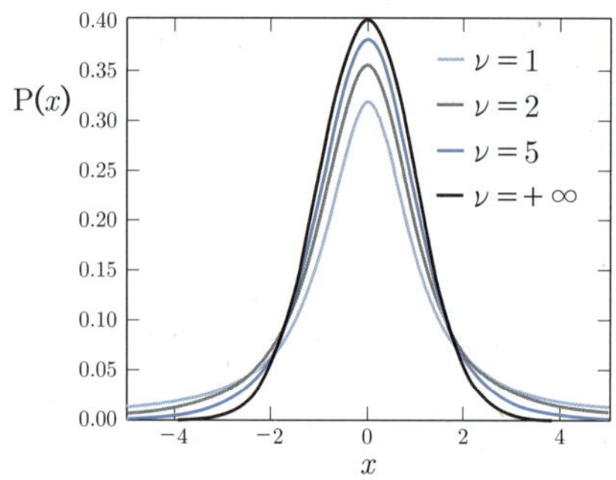

자유도 $\nu = n-1$

정리 12.2

X가 자유도 ν인 t분포를 따를 때

(1) 확률밀도함수는

$$f(x) = \frac{\Gamma\left(\frac{\nu+1}{2}\right)}{\Gamma\left(\frac{\nu}{2}\right)\sqrt{\nu\pi}}\left(1+\frac{x^2}{\nu}\right)^{-\frac{\nu+1}{2}}, -\infty < x < \infty, \nu \geq 1$$

(2) $\mathrm{E}(X) = 0,\ \nu > 1$

(3) $\mathrm{V}(X) = \frac{\nu}{\nu-2},\ \nu > 2$

증명

증명 생략. ■

12.4 F(Fisher)분포

F분포는 두 정규모집단의 분산이 같은지 또는 다른지를 추출된 표본을 통해 비교하고자 할 때 사용된다. 두 확률변수 X_1, X_2가 서로 독립이며 각각의 자유도가 n_1, n_2를 갖는 χ^2분포를 따를 때, 즉 $X_1 \sim \chi^2(n_1), X_2 \sim \chi^2(n_2)$일 때, 다음 확률변수 F는 자유도가 $(n_1,\ n_2)$인 F분포를 따른다고 한다.

정의 12.2

$$F = \frac{X_1/n_1}{X_2/n_2} \sim F(n_1,\ n_2)$$

F분포표를 이용하면 F분포를 따르는 확률변수의 확률값을 알 수 있다. $F \sim F(3,\ 6)$일 때, $F_{0.05}(3,\ 6) = 4.76$이고 이 의미는 $\mathrm{P}(F \geq 4.76) = 0.05$ 또는 $\mathrm{P}(F < 4.76) = 0.95$가 된다는 뜻이다.

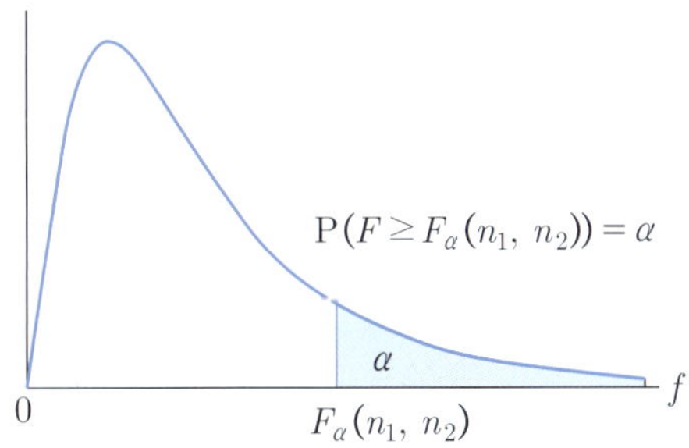

α = 0.05

n_2 \ n_1	1	2	3	4	5	6	7	8	9	10	12	15	20	24	30	40	60	120	∞
1	161.4	199.5	215.7	224.6	230.2	234.0	236.8	238.9	240.5	241.9	243.9	245.9	248.0	249.1	250.1	251.1	252.2	253.3	254.3
2	18.51	19.00	19.16	19.25	19.30	19.33	19.35	19.37	19.38	19.40	19.41	19.43	19.45	19.45	19.46	19.47	19.48	19.49	19.50
3	10.13	9.55	9.28	9.12	9.01	8.94	8.89	8.85	8.81	8.79	8.74	8.70	8.66	8.64	8.62	8.59	8.57	8.55	8.53
4	7.71	6.94	6.59	6.39	6.26	6.16	6.09	6.04	6.00	5.96	5.91	5.86	5.80	5.77	5.75	5.72	5.69	5.66	5.63
5	6.61	5.79	5.41	5.19	5.05	4.95	4.88	4.82	4.77	4.74	4.68	4.62	4.56	4.53	4.50	4.46	4.43	4.40	4.36
6	5.99	5.14	4.76	4.53	4.39	4.28	4.21	4.15	4.10	4.06	4.00	3.94	3.87	3.84	3.81	3.77	3.74	3.70	3.67
7	5.59	4.74	4.35	4.12	3.97	3.87	3.79	3.73	3.68	3.64	3.57	3.51	3.44	3.41	3.38	3.34	3.30	3.27	3.23
8	5.32	4.46	4.07	3.84	3.69	3.58	3.50	3.44	3.39	3.35	3.28	3.22	3.15	3.12	3.08	3.04	3.01	2.97	2.93
9	5.12	4.26	3.86	3.63	3.48	3.37	3.29	3.23	3.18	3.14	3.07	3.01	2.94	2.90	2.86	2.83	2.79	2.75	2.71
10	4.96	4.10	3.71	3.48	3.33	3.22	3.14	3.07	3.02	2.98	2.91	2.85	2.77	2.74	2.70	2.66	2.62	2.58	2.54
11	4.84	3.98	3.59	3.36	3.20	3.09	3.01	2.95	2.90	2.85	2.79	2.72	2.65	2.61	2.57	2.53	2.49	2.45	2.40
12	4.75	3.89	3.49	3.26	3.11	3.00	2.91	2.85	2.80	2.75	2.69	2.62	2.54	2.51	2.47	2.43	2.38	2.34	2.30
13	4.67	3.81	3.41	3.18	3.03	2.92	2.83	2.77	2.71	2.67	2.60	2.53	2.46	2.42	2.38	2.34	2.30	2.25	2.21
14	4.60	3.74	3.34	3.11	2.96	2.85	2.76	2.70	2.65	2.60	2.53	2.46	2.39	2.35	2.31	2.27	2.22	2.18	2.13
15	4.54	3.68	3.29	3.06	2.90	2.79	2.71	2.64	2.59	2.54	2.48	2.40	2.33	2.29	2.25	2.20	2.16	2.11	2.07
16	4.49	3.63	3.24	3.01	2.85	2.74	2.66	2.59	2.54	2.49	2.42	2.35	2.28	2.24	2.19	2.15	2.11	2.06	2.01
17	4.45	3.59	3.20	2.96	2.81	2.70	2.61	2.55	2.49	2.45	2.38	2.31	2.23	2.19	2.15	2.10	2.06	2.01	1.96
18	4.41	3.55	3.16	2.93	2.77	2.66	2.58	2.51	2.46	2.41	2.34	2.27	2.19	2.15	2.11	2.06	2.02	1.97	1.92
19	4.38	3.52	3.13	2.90	2.74	2.63	2.54	2.48	2.42	2.38	2.31	2.23	2.16	2.11	2.07	2.03	1.98	1.93	1.88
20	4.35	3.49	3.10	2.87	2.71	2.60	2.51	2.45	2.39	2.35	2.28	2.20	2.12	2.08	2.04	1.99	1.95	1.90	1.84
21	4.32	3.47	3.07	2.84	2.68	2.57	2.49	2.42	2.37	2.32	2.25	2.18	2.10	2.05	2.01	1.96	1.92	1.87	1.81
22	4.30	3.44	3.05	2.82	2.66	2.55	2.46	2.40	2.34	2.30	2.23	2.15	2.07	2.03	1.98	1.94	1.89	1.84	1.78
23	4.28	3.42	3.03	2.80	2.64	2.53	2.44	2.37	2.32	2.27	2.20	2.13	2.05	2.01	1.96	1.91	1.86	1.81	1.76
24	4.26	3.40	3.01	2.78	2.62	2.51	2.42	2.36	2.30	2.25	2.18	2.11	2.03	1.98	1.94	1.89	1.84	1.79	1.73
25	4.24	3.39	2.99	2.76	2.60	2.49	2.40	2.34	2.28	2.24	2.16	2.09	2.01	1.96	1.92	1.87	1.82	1.77	1.71
26	4.23	3.37	2.98	2.74	2.59	2.47	2.39	2.32	2.27	2.22	2.15	2.07	1.99	1.95	1.90	1.85	1.80	1.75	1.69
27	4.21	3.35	2.96	2.73	2.57	2.46	2.37	2.31	2.25	2.20	2.13	2.06	1.97	1.93	1.88	1.84	1.79	1.73	1.67
28	4.20	3.34	2.95	2.71	2.56	2.45	2.36	2.29	2.24	2.19	2.12	2.04	1.96	1.91	1.87	1.82	1.77	1.71	1.65
29	4.18	3.33	2.93	2.70	2.55	2.43	2.35	2.28	2.22	2.18	2.10	2.03	1.94	1.90	1.85	1.81	1.75	1.70	1.64
30	4.17	3.32	2.92	2.69	2.53	2.42	2.33	2.27	2.21	2.16	2.09	2.01	1.93	1.89	1.84	1.79	1.74	1.68	1.62
40	4.08	3.23	2.84	2.61	2.45	2.34	2.25	2.18	2.12	2.08	2.00	1.92	1.84	1.79	1.74	1.69	1.64	1.58	1.51
60	4.00	3.15	2.76	2.53	2.37	2.25	2.17	2.10	2.04	1.99	1.92	1.84	1.75	1.70	1.65	1.59	1.53	1.47	1.39
120	3.92	3.07	2.68	2.45	2.29	2.18	2.09	2.02	1.96	1.91	1.83	1.75	1.66	1.61	1.55	1.50	1.43	1.35	1.25
∞	3.84	3.00	2.60	2.37	2.21	2.10	2.01	1.94	1.88	1.83	1.75	1.67	1.57	1.52	1.46	1.39	1.32	1.22	1.00

F 분포의 확률밀도함수와 평균 $\mathrm{E}(X)$와 분산 $\mathrm{V}(X)$는 다음과 같다.

정리 12.3

(1) 확률밀도함수

$$f(x) = \frac{\Gamma[(n_1+n_2)/2]}{\Gamma(n_1/2)\Gamma(n_2/2)}\left(\frac{n_1}{n_2}\right)^{\frac{n_1}{2}} \frac{x^{(n_1-2)/2}}{[1+(n_1/n_2)x]^{(n_1+n_2)/2}},\ x>0$$

(2) $\mathrm{E}(X) = \dfrac{n_2}{n_2-2},\ n_2>2$ (3) $\mathrm{V}(X) = \dfrac{2n_2^2(n_1+n_2-2)}{n_1(n_2-2)^2(n_2-4)},\ n_2>4$

증명

증명 생략. ■

정리 12.4

$$\frac{1}{F} = \frac{X_2/n_2}{X_1/n_1} \sim F(n_2,\ n_1)$$

증명

정의 12.4 에 의해 자명하다. ■

정리 12.5

$$F_{1-\alpha}(n_1,\ n_2) = \frac{1}{F_\alpha(n_2,\ n_1)}$$

증명

$F \sim F(n_1,\ n_2)$일 때

$$\mathrm{P}(F < F_{1-\alpha}(n_1,\ n_2)) = \alpha$$

이므로

$$\mathrm{P}\left(\frac{1}{F} > \frac{1}{F_{1-\alpha}(n_1,\ n_2)}\right) = \alpha$$

이고, $\frac{1}{F}$는 $F(n_2,\ n_1)$을 따르므로

$$\mathrm{P}\left(\frac{1}{F} > F_{\alpha}(n_2,\ n_1)\right) = \alpha$$

를 만족한다. 따라서 $F_{1-\alpha}(n_1,\ n_2) = \dfrac{1}{F_{\alpha}(n_2,\ n_1)}$이다. ■

모분산이 각각 σ_1^2, σ_2^2인 정규분포를 따르는 독립적인 모집단1과 모집단2가 있다고 가정하자.

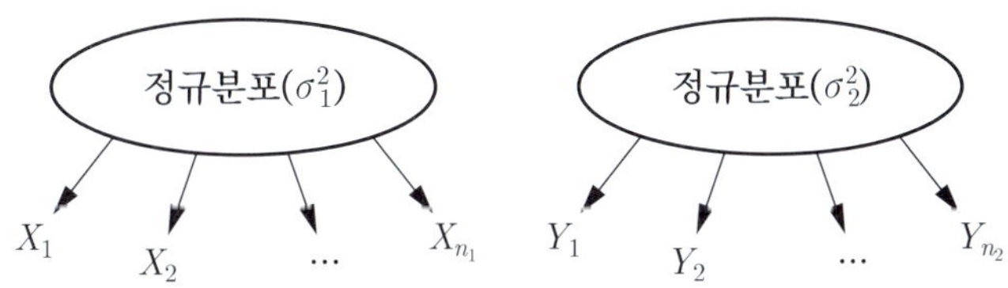

이때, 모집단1에서 추출한 크기 n_1인 표본의 표본분산을 S_1^2, 모집단2에서 추출한 크기 n_2인 표본의 표본분산을 S_2^2이라 하고 다음과 같은 새로운 확률변수를 정의하자.

$$F = \frac{S_1^2/\sigma_1^2}{S_2^2/\sigma_2^2}$$

이 확률변수는 자유도가 $n_1 - 1,\ n_2 - 1$의 F분포를 따른다. 즉,

정리 12.6

$$F = \frac{S_1^2/\sigma_1^2}{S_2^2/\sigma_2^2} \sim F(n_1 - 1,\ n_2 - 1)$$

증명

$$V_1 = \frac{(n_1-1)S_1^2}{\sigma_1^2} \sim \chi^2(n_1-1)$$

$$V_2 = \frac{(n_2-1)S_2^2}{\sigma_2^2} \sim \chi^2(n_2-1)$$

V_1과 V_2는 서로 독립이므로 $F \sim F(n_1-1,\ n_2-1)$이다.

한편, $\sigma_1^2 = \sigma_2^2$이면 $F = \dfrac{S_1^2}{S_2^2} \sim F(n_1-1,\ n_2-1)$이다. ■

Note

$F = \dfrac{V_1/n_1}{V_2/n_2}$ 이므로 $\dfrac{\left[\dfrac{(n_1-1)S_1^2}{\sigma_1^2}/(n_1-1)\right]}{\left[\dfrac{(n_2-1)S_2^2}{\sigma_2^2}/(n_2-1)\right]} = \dfrac{S_1^2/\sigma_1^2}{S_2^2/\sigma_2^2}$

예제 12.2

분산이 σ_1^2인 정규모집단 A로부터 임의로 추출된 10개의 표본을 통해 얻은 표본분산이 3^2, 분산이 σ_2^2인 정규모집단 B로부터 임의로 추출된 8개의 표본을 통해 얻은 표본분산이 2^2일 때, 유의수준 $\alpha = 0.1$에서 $\sigma_1^2 = 2\sigma_2^2$라고 할 수 있는지 확인하시오.

증명

$\mathrm{H}_0 : \sigma_1^2 = 2\sigma_2^2, \mathrm{H}_1 : \sigma_1^2 \neq 2\sigma_2^2$
귀무가설이 사실이면

$$F = \frac{S_1^2/\sigma_1^2}{S_2^2/\sigma_2^2} = \frac{S_1^2}{2S_2^2} \sim F(9,\ 7)$$

이어야 한다.
그리고 F 통계량이 충분히 작거나 충분히 크면 귀무가설을 기각해야 한다.
따라서 기각역은

$$F \le F_{0.95}(9,\ 7) = \frac{1}{F_{0.05}(7,\ 9)} = \frac{1}{3.29} = 0.30$$

또는 $F \ge F_{0.05}(9,\ 7) = 3.68$

이다. 그런데 F 통계량값은 $\frac{S_1^2}{2S_2^2} = \frac{9}{2 \times 4} = 1.125$ 이므로 기각역에 포함되지 않는다.

따라서 유의수준 10% 에서 귀무가설을 기각할 수 없다.

즉, $\sigma_1^2 = 2\sigma_2^2$ 라는 귀무가설을 채택한다. ■

보충설명

모수에 대한 양측검정과 양면 신뢰구간은 깊은 관계가 있다.

위의 예제에서는 $\frac{\sigma_1^2}{\sigma_2^2}$ 이 2인지를 $\alpha = 0.1$ 에서 양측검정하고 있다.

한편, $\frac{\sigma_1^2}{\sigma_2^2}$ 의 신뢰도 90% 의 양면 신뢰구간을 구해보자.

$\frac{S_1^2/\sigma_1^2}{S_2^2/\sigma_2^2} \sim F(9,\ 7)$ 이므로 다음의 식이 성립한다.

$$\mathrm{P}\left(F_{0.95}(9,\ 7) < \frac{S_1^2/\sigma_1^2}{S_2^2/\sigma_2^2} < F_{0.05}(9,\ 7)\right) = 0.9$$

$$\Leftrightarrow \mathrm{P}\left(F_{0.95}(9,\ 7) < \frac{S_1^2}{S_2^2} \times \frac{\sigma_2^2}{\sigma_1^2} < F_{0.05}(9,\ 7)\right) = 0.9$$

$$\Leftrightarrow \mathrm{P}\left(\frac{S_1^2/S_2^2}{F_{0.05}(9,\ 7)} < \frac{\sigma_1^2}{\sigma_2^2} < \frac{S_1^2/S_2^2}{F_{0.95}(9,\ 7)}\right) = 0.9$$

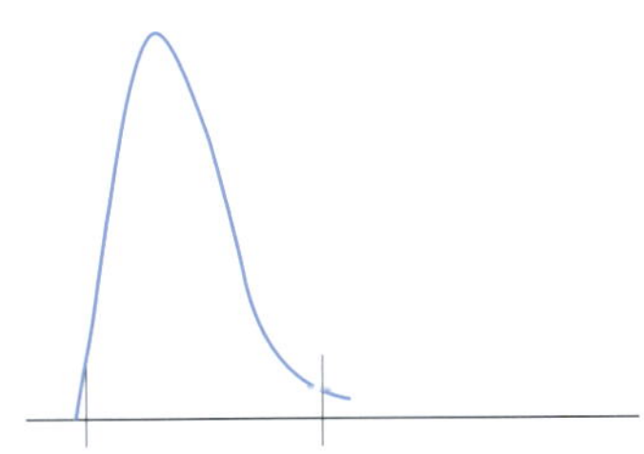

따라서 $\frac{\sigma_1^2}{\sigma_2^2}$ 의 신뢰도 90% 의 양면 신뢰구간은 $\left(\frac{S_1^2/S_2^2}{F_{0.05}(9,\ 7)},\ \frac{S_1^2/S_2^2}{F_{0.95}(9,\ 7)}\right)$ 이다.

이제 두 모집단에서 추출한 표본으로 신뢰구간의 하한값과 상한값을 계산하면, 다음의 신뢰구간을 얻는다.

$$\left(\frac{9/4}{F_{0.05}(9,\ 7)},\ \frac{9/4}{F_{0.95}(9,\ 7)}\right) = \left(\frac{9}{4} \times \frac{1}{F_{0.05}(9,\ 7)},\ \frac{9}{4} \times F_{0.05}(7,\ 9)\right) = (0.612,\ 7.409)$$

그런데 이렇게 구한 $\frac{\sigma_1^2}{\sigma_2^2}$ 의 신뢰도 90% 의 양면 신뢰구간에 2의 값이 포함되므로 $\sigma_1^2 = 2\sigma_2^2$ 이라는 귀무가설을 $\alpha = 10\%$ 에서 채택하면 된다.(양측검정)

예제 12.3

A 증권운용사 소속 펀드매니저와 B 증권운용사 소속 펀드매니저 간의 투자 위험도를 비교하기 위해 각각 10명과 8명의 펀드매니저를 선정하여 투자수익률을 조사하였더니 A 증권운용사 펀드매니저의 수익률은 평균 8%이고 표준편차가 15%로 조사되었다. 반면, B 증권운용사 소속 펀드매니저의 수익률은 평균 7%이고 표준편차가 12%로 나타났다. 두 증권운용사에 소속된 펀드매니저의 수익률이 정규분포를 따른다고 가정할 때 5%의 유의수준에서 두 모집단의 표준편차에 차이가 있다고 주장할 수 있는지 검정하시오.

풀이

① 가설 설정

$\mathrm{H}_0 : \sigma_1^2 = \sigma_2^2$

$\mathrm{H}_1 : \sigma_1^2 \neq \sigma_2^2$

② 검정통계량과 귀무분포(귀무가설이 사실일 때 검정통계량의 분포)의 결정

귀무가설이 사실이면, $F = \dfrac{S_1^2/\sigma_1^2}{S_2^2/\sigma_2^2} = \dfrac{S_1^2}{S_2^2} \sim F(9,\ 7)$

③ F 검정에 의한 기각역 결정

양측검정이므로 기각역은

$$F \leq F_{0.975}(9,\ 7) = \frac{1}{F_{0.025}(7,\ 9)} = \frac{1}{4.20} = 0.238 \text{ 또는 } F \geq F_{0.025}(9,\ 7) = 4.82$$

④ 검정통계량 값 계산: $S_1^2 = 0.15^2$, $S_2^2 = 0.12^2$

$$F = \frac{S_1^2}{S_2^2} = \frac{0.15^2}{0.12^2} = 1.5625$$

검정통계량의 값 1.5625는 임계치 0.238과 4.82사이에 있으므로 유의수준 5%에서 귀무가설을 채택한다. 따라서 두 증권운용사의 펀드매니저의 수익률의 표준편차에는 차이가 있다고 주장할 수 없다. □

〈표 12-1〉 F 분포표($\alpha = 0.025$)

n_2 \ n_1	1	2	3	4	5	6	7	8	9	10	12	15	20	24	30	40	60	120	∞
1	647.8	799.5	864.2	899.6	921.8	937.1	948.2	956.7	963.3	968.6	976.7	984.9	993.1	997.2	1001	1006	1010	1014	1018
2	38.51	39.00	39.17	39.25	39.30	39.33	39.36	39.37	39.39	39.40	39.41	39.43	39.45	39.46	39.46	39.47	39.48	39.49	39.50
3	17.44	16.04	15.44	15.10	14.88	14.73	14.62	14.54	14.47	14.42	14.34	14.25	14.17	14.12	14.08	14.04	13.99	13.95	13.90
4	12.22	10.65	9.98	9.60	9.36	9.20	9.07	8.98	8.90	8.84	8.75	8.66	8.56	8.51	8.46	8.41	8.36	8.31	8.26
5	10.01	8.43	7.76	7.39	7.15	6.98	6.85	6.76	6.68	6.62	6.52	6.43	6.33	6.28	6.23	6.18	6.12	6.07	6.02
6	8.81	7.26	6.60	6.23	5.99	5.82	5.70	5.60	5.52	5.46	5.37	5.27	5.17	5.12	5.07	5.01	4.96	4.90	4.85
7	8.07	6.54	5.89	5.52	5.29	5.12	4.99	4.90	4.82	4.76	4.67	4.57	4.47	4.41	4.36	4.31	4.25	4.20	4.14
8	7.57	6.06	5.42	5.05	4.82	4.65	4.53	4.43	4.36	4.30	4.20	4.10	4.00	3.95	3.89	3.84	3.78	3.73	3.67
9	7.21	5.71	5.08	4.72	4.48	4.32	4.20	4.10	4.03	3.96	3.87	3.77	3.67	3.61	3.56	3.51	3.45	3.39	3.33
10	6.94	5.46	4.83	4.47	4.24	4.07	3.95	3.85	3.78	3.72	3.62	3.52	3.42	3.37	3.31	3.26	3.20	3.14	3.08
11	6.72	5.26	4.63	4.28	4.04	3.88	3.76	3.66	3.59	3.53	3.43	3.33	3.23	3.17	3.12	3.06	3.00	2.94	2.88
12	6.55	5.10	4.47	4.12	3.89	3.73	3.61	3.51	3.44	3.37	3.28	3.18	3.07	3.02	2.96	2.91	2.85	2.79	2.72
13	6.41	4.97	4.35	4.00	3.77	3.60	3.48	3.39	3.31	3.25	3.15	3.05	2.95	2.89	2.84	2.78	2.72	2.66	2.60
14	6.30	4.86	4.24	3.89	3.66	3.50	3.38	3.29	3.21	3.15	3.05	2.95	2.84	2.79	2.73	2.67	2.61	2.55	2.49
15	6.20	4.77	4.15	3.80	3.58	3.41	3.29	3.20	3.12	3.06	2.96	2.86	2.76	2.70	2.64	2.59	2.52	2.46	2.40
16	6.12	4.69	4.08	3.73	3.50	3.34	3.22	3.12	3.05	2.99	2.89	2.79	2.68	2.63	2.57	2.51	2.45	2.38	2.32
17	6.04	4.62	4.01	3.66	3.44	3.28	3.16	3.06	2.98	2.92	2.82	2.72	2.62	2.56	2.50	2.44	2.38	2.32	2.25
18	5.98	4.56	3.95	3.61	3.38	3.22	3.10	3.01	2.93	2.87	2.77	2.67	2.56	2.50	2.44	2.38	2.32	2.26	2.19
19	5.92	4.51	3.90	3.56	3.33	3.17	3.05	2.96	2.88	2.82	2.72	2.62	2.51	2.45	2.39	2.33	2.27	2.20	2.13
20	5.87	4.46	3.86	3.51	3.29	3.13	3.01	2.91	2.84	2.77	2.68	2.57	2.46	2.41	2.35	2.29	2.22	2.16	2.09
21	5.83	4.42	3.82	3.48	3.25	3.09	2.97	2.87	2.80	2.73	2.64	2.53	2.42	2.37	2.31	2.25	2.18	2.11	2.04
22	5.79	4.38	3.78	3.44	3.22	3.05	2.93	2.84	2.76	2.70	2.60	2.50	2.39	2.33	2.27	2.21	2.14	2.08	2.00
23	5.75	4.35	3.75	3.41	3.18	3.02	2.90	2.81	2.73	2.67	2.57	2.47	2.36	2.30	2.24	2.18	2.11	2.04	1.97
24	5.72	4.32	3.72	3.38	3.15	2.99	2.87	2.78	2.70	2.64	2.54	2.44	2.33	2.27	2.21	2.15	2.08	2.01	1.94
25	5.69	4.29	3.69	3.35	3.13	2.97	2.85	2.75	2.68	2.61	2.51	2.41	2.30	2.24	2.18	2.12	2.05	1.98	1.91
26	5.66	4.27	3.67	3.33	3.10	2.94	2.82	2.73	2.65	2.59	2.49	2.39	2.28	2.22	2.16	2.09	2.03	1.95	1.88
27	5.63	4.24	3.65	3.31	3.08	2.92	2.80	2.71	2.63	2.57	2.47	2.36	2.25	2.19	2.13	2.07	2.00	1.93	1.85
28	5.61	4.22	3.63	3.29	3.06	2.90	2.78	2.69	2.61	2.55	2.45	2.34	2.23	2.17	2.11	2.05	1.98	1.91	1.83
29	5.59	4.20	3.01	3.27	3.04	2.00	2.76	2.67	2.59	2.53	2.43	2.32	2.21	2.15	2.09	2.03	1.96	1.89	1.81
30	5.57	4.18	3.59	3.25	3.03	2.87	2.75	2.65	2.57	2.51	2.41	2.31	2.20	2.14	2.07	2.01	1.94	1.87	1.79
40	5.42	4.05	3.46	3.13	2.90	2.74	2.62	2.53	2.45	2.39	2.29	2.18	2.07	2.01	1.94	1.88	1.80	1.72	1.64
60	5.29	3.93	3.34	3.01	2.79	2.63	2.51	2.41	2.33	2.27	2.17	2.06	1.94	1.88	1.82	1.74	1.67	1.58	1.48
120	5.15	3.80	3.23	2.89	2.67	2.52	2.39	2.30	2.22	2.16	2.05	1.94	1.82	1.76	1.69	1.61	1.53	1.43	1.31
∞	5.02	3.69	3.12	2.79	2.57	2.41	2.29	2.19	2.11	2.05	1.94	1.83	1.71	1.64	1.57	1.48	1.39	1.27	1.00

12장 Exercise

문제 12.1

모집단1과 모집단2는 각각 분산이 σ^2인 정규분포를 따르고 서로 독립적이다. 모집단1에서 추출한 크기 9인 표본의 표본분산을 S_1^2, 모집단2에서 추출한 크기 13인 표본의 표본분산을 S_2^2이라 하자.

(1) 상수 a, b에 대하여 $a \times S_1^2 + b \times S_2^2$ 이 σ^2에 대한 비편향추정량이 될 조건을 구하시오.

(2) 실수 t에 대하여 $f(t) = \mathrm{V}\left(t \times S_1^2 + (1-t) \times S_2^2\right)$로 정의할 때, 함수 $f(t)$를 유도하시오. (단, S_1^2과 S_2^2은 서로 독립임을 가정한다.) 또한, 함수 $f(t)$의 최솟값을 $k \times \sigma^4$이라 할 때 k의 값을 구하시오.

문제 12.2

정규분포 $\mathrm{N}\left(\mu, \sigma^2\right)$을 따르는 모집단이 있다. 이 모집단에서 추출한 크기 24의 표본의 표본평균을 $\overline{X}$, 표본분산을 S^2이라 하자. 또 이 모집단에서 추출한 크기 1인 새로운 표본을 X라 할 때,

$$\mathrm{P}(\overline{X} - kS \le X \le \overline{X} + kS) = 0.98$$

이 되도록 하는 양수 k의 값을 구하시오. (단, $\sqrt{6} = 2.45$로 계산하고, T가 자유도 23인 t분포를 따르는 확률변수일 때, $\mathrm{P}(T > 2.5) = 0.01$이다.)

수학교사를 위한 통계수업

모집단의 정규성

• 기본적으로 학교수학에서는 모수통계를 다룬다. 물론 χ^2분포, t분포, F분포도 정규모집단 가정에서 나온 분포이다. 이처럼 모집단이 특정 분포를 따른다는 가정을 둔 가설검정을 모수검정(parametric test)이라고 한다. 바꿔 말하면 χ^2분포, t분포, F분포의 통계량이 정규분포로부터 얻어졌다고 간주할 수 있는 성질을 갖고 있다는 것이다. 이를 정규성(normality)이라 한다. 반대로 모집단의 분포가 특정 분포라 가정할 수 없을 경우, 즉, 좌우 비대칭, 양봉형, 이상값 등으로 이 모집단에서 얻은 평균이나 표준편차 등의 값이 크게 도움이 되지 않을 때 평균이나 표준편차에 기반을 두지 않는 비모수검정(nonparametric test)을 하게 된다.

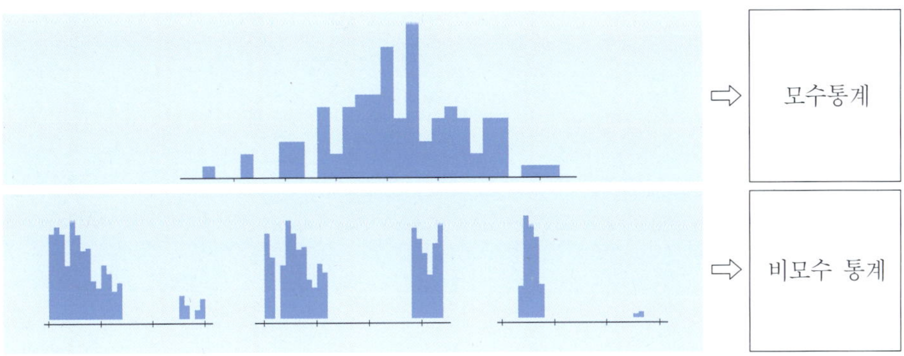

한편, 표본의 도수분포를 통해 모집단의 정규성을 조사하는 방법으로 여러 가지가 있으나 그 가운데 가설검정으로 조사하는 샤피로-윌크 검정(Shapiro-Wilk Test)이 가장 많이 이용된다.

정규성 검정

표본의 도수분포

↕ 모집단의 분포가 정규분포인지 조사

정규모집단

샤피로-윌크 검정 공식

$$W=\frac{\left(\sum_{i=1}^{n}a_i x_{(i)}\right)^2}{\sum_{i=1}^{n}\left(x_i-\bar{x}\right)^2}$$

- n : 표본의 개수
- a_i : 표본의 수에 따라 사전 결정되어 있는 상수
- $x_{(i)}$: 표본의 순서, 즉 i번째로 큰 표본
- x_i : 표본
- $\bar{x}$: 표본평균

이상적인 값(분자)과 표본에서 얻은 실제 값(분모) 사이의 비

• **가설검정**

H_0 : 모집단이 정규분포이다.

H_1 : 모집단이 정규분포가 아니다.

유의확률 p를 계산 : $p > 0.05$이면 정규성이 있고, $p \leq 0.05$이면 정규성이 없다고 판단.

제 13 장
통계와 인공지능

13.1 개요

IBM의 연구원이었던 사무엘(A. L. Samuel)은 "컴퓨터가 명시적으로 프로그램 되지 않고도 학습할 수 있도록 하는 연구 분야" 인 머신러닝(Machine Learning, 기계학습)을 사람과 체커 게임을 하는 프로그램을 통해 처음 시연했다. 이 머신러닝은 최근 자율 주행 기술, 자연어 처리 등에 광범위하게 사용되고 있다. 특히 알고리즘을 계층으로 구성하고 이를 자체적으로 학습해서 지적인 결정을 내릴 수 있는 '인공 신경망' 을 만들 수 있는 일종의 머신러닝인 딥러닝(Deep Learning)은 인공 지능 분야의 비약적인 발전을 가져오고 있다. 이러한 머신러닝은 크게 비지도 학습(Unsupervised learning), 지도학습(Supervised learning), 강화학습(Reinforcement learning) 3가지로 분류하고 있다.

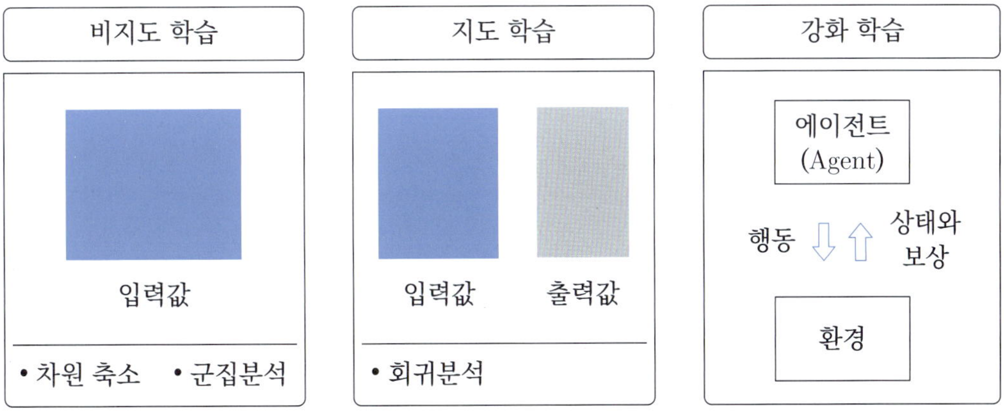

[그림 13-1] 머신러닝의 분류

비지도 학습은 입력 데이터만 있는 데이터를 이용하여 입력 데이터의 규칙성을 찾는 학습 방법(답을 알려주지 않고 학습시키는 방법)으로 주성분분석(Principal Component Analysis)과 같은 차원 축소(dimension reduction), 데이터를 정리하는 군집분석(cluster analysis) 등과 같이 데이터의 특징을 잘 표현하는 데이터 요약이나 유용한 지식을 추출하는 데이터 특징 추출이 주된 목적이다. 지도 학습은 입력 데이터와 출력 데이터의 관계를 학습하는 방법(문제와 답을 알려주고 학습시키는 방법)으로 통계의 회귀분석과 같이 입력된 문제에 답을 예측하는데 사용된다. 다시 말해, 특정 입력값에 어떤 출력값이 되는지에 대한 데이터를 바탕으로 출력값이 가능한 실제값에 가깝도록 하고자 모형(함수)의 파라미터를 구하는 것이다. 이때 모형의 출력값과 실제값 사이의 차이를 손실함수(제곱오차)로 나타내고 최소제곱법을 이용하여 이를 최소화하는 파라미터를 구하는 것이 목적이다. 그리고 강화학습은 에이전트(사람대신 업무를 처리하는 소프트웨어 또는 하드웨어)가 주어진 환경에 행동을 취하고, 주어진 상태에 맞춘 행동을 하면 그에 대한 보상으로 최적의 행동을 선택하도록 하는 학습 방법(보상을 통해 최적의 행동 방향으로 행위를 강화시키는 방법)이다.

통계학이 적은 표본에서 얻은 데이터를 처리하고 이에 대한 설명이나 해석에 중점을 둔다면 머신러닝은 통계를 기반으로 빅데이터를 대상으로 하여 최적화를 통한 문제해결과 예측시스템을 구축해 나간다고 볼 수 있다. 그리고 딥러닝은 컴퓨터가 스스로 필요한 데이터를 찾아내고 그 특성을 학습하고 학습한 데이터를 통해 복잡한 현상에 대한 예측 수행은 물론 인간 행동의 특성인 인식, 추론, 학습, 소통 등이 가능하도록 하는 기술이라 할 수 있다.

13.2 회귀(회귀분석)

인공지능과 관련된 수학은 명제, 행렬, 수열, 삼각함수, 지수와 로그, 미분, 벡터, 통계 등 다양하다. 이 절에서는 머신러닝에서 활용되는 통계 내용 요소인 회귀분석을 소개하고 다음 절에서는 최소제곱법을 중심으로 설명하도록 하겠다.

양적 변수 사이의 관계는 상관(correlation)과 회귀(regression)에 의해 밝힐 수 있다. 상관은 상관계수(정의 6.8 참조)값을 이용하여 두 변수 사이의 관계의 강도를 알 수 있다면 회귀는 하나의 변수가 다른 변수에 대해 어떠한 관계인지를 밝히는 것이라 할 수 있다. 회귀란 함수 $y = f(x)$를 통해 설명변수(explanatory variable) x와 반응변수(response variable) y 사이의 관계를 나타낸 것이다. 예를 들어, x를 음원 A의 스트리밍 횟수, y를 음원 A의 매출액이라 할 때, (음원 A의 매출액)$= 1.5\times$(음원 A의 스트리밍 횟수)이라는 관계식을 얻었다고 하자. 그러면 스트리밍 횟수가 5천만 건에 달했을 경우, 음원 A의 매출액은 7.5천만원이 될 것으로 예상할 수 있다.

이를 좀 더 구체적으로 살펴보자. 아래 표는 음원사이트 M에서 임의로 추출한 음원($A \sim E$)의 각 매출액과 스트리밍 횟수를 나타낸 것이다. 이를 토대로 음원 사이트 M에 탑재한 음원 F

의 스트리밍 횟수가 10천만 건이 되었을 때 매출액이 어느 정도일지 예측해 볼 수 있다.

음원	매출액(천 만원)	스트리밍 횟수(천 만)
A	7	5
B	7	6
C	10	7
D	14	8
E	12	9
F	?	10

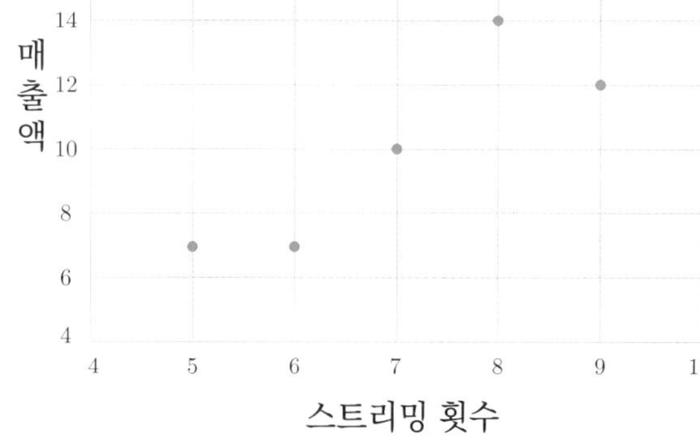

먼저, 음원 A에 대한 매출액은

$$(\textbf{매출액}) = b \times (\text{스트리밍 횟수}) + a \cdots (*)$$

와 같은 문제로 생각하고 음원 A에 대한 매출액을 $7 = 1.5 \times 5 - 0.5$과 같이 얻었다고 가정할 수 있다. 같은 방법으로 $b = 1.5,\ a = -0.5$를 식 $(*)$에 대입하여 나머지 음원 스트리밍에 대한 매출액을 계산해 보면 다음 표와 같이 매출액과 차이가 발생한다.

음원	매출액(천 만원)	식 $(*)$의 매출액	차이
A	7	$1.5 \times 5 - 0.5 = 7$	0.0
B	7	$1.5 \times 6 - 0.5 = 8.5$	−1.5
C	10	$1.5 \times 7 - 0.5 = 10$	0.0
D	14	$1.5 \times 8 - 0.5 = 11.5$	2.5
E	12	$1.5 \times 9 - 0.5 = 13$	−1.0

이처럼 단순 계산으로 이 문제를 해결하기 어렵다. 이를 알아보기 위한 최적의 방법이 바로 회귀분석이다. 다시 설명하면, 어느 음반회사에서 음원사이트 M에 탑재된 음원에 대한 스트리밍 횟수와 매출액의 자료를 이용하여 스트리밍 횟수를 설명변수 X, 매출액은 반응변수 Y로 하여 분석한 결과 다음과 같은 관계식을 얻었다고 하자.

$$\mathrm{E}(Y|X) = -0.5 + 1.6X \text{ (단위: 천 만원)} \cdots (**)$$

이 식을 이용하면 스트리밍 횟수가 10일 때, 기댓값 $\mathrm{E}(Y|X) = 15.5$이다. 하지만 실제매출액은 이와 다를 수 있다. 이 차이를 오차(ϵ)라 하면 실제매출액은 다음과 같이 나타낼 수 있다.

$$Y = \mathrm{E}(Y|X) + \epsilon = -0.5 + 1.6X + \epsilon$$

예를 들어, 스트리밍 횟수가 10일 때 매출액이 17로 집계되었다면 스트리밍 횟수 이외 방송출연

이나 공연, 굿즈 판매 등의 요인이 매출에 영향을 끼친 것으로 볼 수 있으며 그 영향이 1.5라 할 수 있다. 다시 말해, Y의 값이 평균적으로 15.5이지만 스트리밍 횟수 이외 다른 요인에 의해 15.5보다 클 수도 작을 수도 있다는 의미이기도 하다. 이를 좀 더 살펴보자. $\mathrm{E}(Y|X) = -0.5 + 1.6X$이므로 음원($A \sim E$)의 스트리밍 횟수 X에 따른 매출액 Y의 평균값 $\mathrm{E}(Y|X)$은 아래 표와 같지만 이때도 Y의 실제 값은 스트리밍 횟수 이외 다른 요인에 의해 각각의 평균값보다 크거나 작을 수 있다. 이를 그림으로 표현하면 아래 그래프와 같다.

음원	X	$\mathrm{E}(Y\|X)$
A	5	7.5
B	6	9.1
C	7	10.7
D	8	12.3
E	9	13.9
F	10	15.5

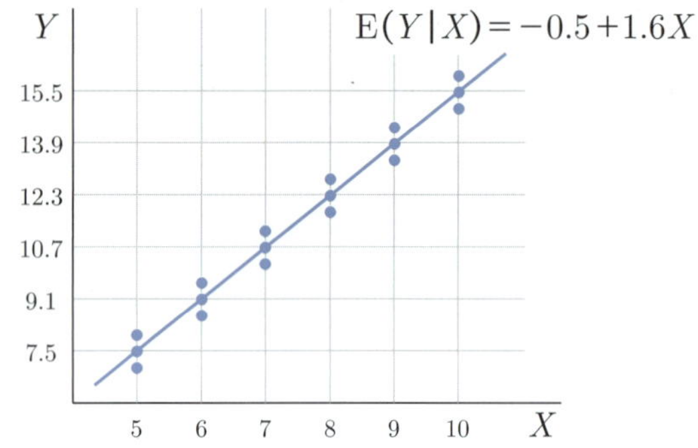

이처럼 관측값이 쌍으로 관찰된 두 변수 사이에 선형관계가 있다고 전제하고 하나의 반응변수 Y와 설명변수 X의 관계식을 설정하여 추정하는 통계분석 방법을 회귀분석이라 한다.

정의 13.1

두 변수 X와 Y에 대하여

$$Y = \alpha + \beta X + \epsilon$$

으로 나타낸 식을 단순선형회귀모형이라고 한다. 이때, α, β는 회귀계수, ϵ은 미지의 오차항으로 서로 독립인 확률변수이고 ϵ은 $\mathrm{N}(0,\ \sigma_\epsilon^2)$을 따른다. 그리고 아래 식

$$\mathrm{E}(Y|X) = \alpha + \beta X$$

을 회귀식이라 한다.

만일 회귀식이 다변량의 관계를 수식으로 나타내었다면 이를 다중회귀모형이라고 한다.

정의 13.2

하나의 반응변수 Y와 n개의 설명변수 $X_1,\ X_2,\ \cdots,\ X_n$에 대하여

$$Y = \alpha + \beta_1 X_1 + \beta_2 X_2 + \cdots + \beta_n X_n + \epsilon$$

으로 나타낸 식을 다중회귀모형이라고 한다.

정리 13.1

단순선형회귀모형에서 X가 주어졌을 때,
다음과 같은 모회귀방정식(population regression equation)

$$\mathrm{E}(Y) = \alpha + \beta X, \ \ \mathrm{V}(Y) = \sigma^2$$

을 얻을 수 있다.

증명

$$\begin{aligned}\mathrm{E}(Y) &= \mathrm{E}(\alpha + \beta X + \epsilon) \\ &= \alpha + \beta X + \mathrm{E}(\epsilon) \\ &= \alpha + \beta X\end{aligned}$$

이고, Y의 분산

$$\begin{aligned}\mathrm{V}(Y) &= \mathrm{V}(\alpha + \beta X + \epsilon) \\ &= \mathrm{V}(\epsilon) \\ &= \sigma_\epsilon^2 \ \ (\text{상수인 } \alpha + \beta X \text{의 분산은 } 0\text{이다.})\end{aligned}$$

■

즉, 확률변수 Y는 평균이 $\alpha+\beta X$, 분산은 σ_ϵ^2이며 $Y = \alpha+\beta X+\epsilon$에서 ϵ은 평균이 0, 분산이 σ_ϵ^2인 독립확률변수이다. 이 관계를 그림으로 나타내면 [그림 13-2]와 같다.

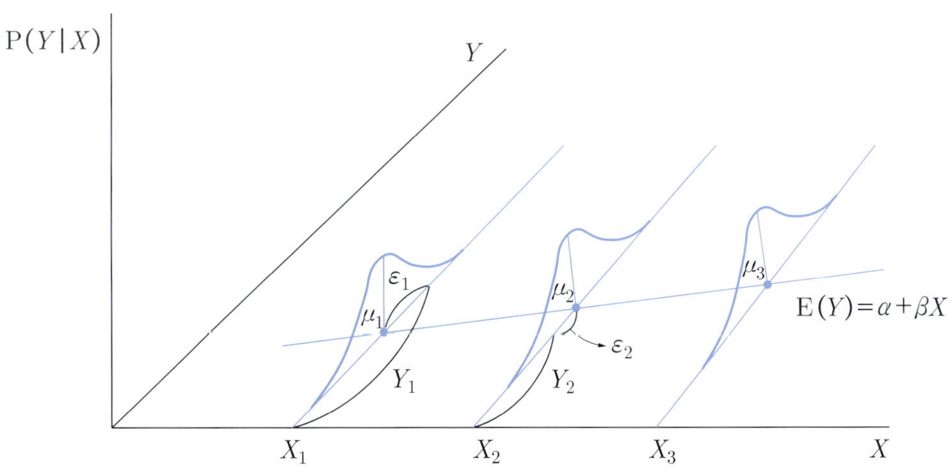

[그림 13-2] 단순선형회귀모형

다만, 모집단의 회귀모형은 회귀계수 α, β를 알 수 없기 때문에 현실적으로 활용할 수 없다. 따라서 이를 추정하기 위해 추정량을 a, b라 하면, 이 추정량을 이용하여 $\mathrm{E}(Y|X)$를 추정한다. 그리고 그 추정값을 $\hat{Y}$라 하면 표본회귀식은 $\hat{Y} = a + bX$로 나타낼 수 있다.

위의 식(*)에 대한 표본회귀식은

$$\hat{Y} = -1.9 + 1.7X \cdots \text{(***)}$$

이다. 표본회귀계수 $a = -1.9$, $b = 1.7$은 실제값(실제 매출액)과 추정값의 차이를 가능한 없게 만들기 위한 값으로, 회귀계수의 단위는 반응변수의 단위와 같다. 매출액의 단위가 1000만원이므로 스트리밍 횟수의 표본회귀계수 1.7은 1700만원을 가리킨다. 또 상수항 1.9 역시 1900만원을 나타낸다.

보충설명

• 표본회귀식

회귀분석의 목적은 모집단의 회귀식 추정에 있다. 다만, 모집단 전체를 대상으로 모수 α, β를 구하는 것은 매우 어려운 일이다. 따라서 표본조사에서 얻어진 표본회귀식을 근거로 모회귀식에 대하여 통계적 추론을 하게 된다. 즉, 모집단에서 회귀식을 구한 것 같이 표본자료 $(X_i,\ Y_i)$ $(i = 1,\ 2,\ \cdots,\ n)$에서 표본회귀식(직선)을 구할 수 있다. 이를 식으로 나타내면 다음과 같다.

$\hat{Y} = a + bX$ (a는 표본회귀상수, b는 표본회귀계수)

Note

• 추세선(황선욱 외, 2021)

자료의 산점도에서 두 변량 사이의 상관관계를 판단하려면 어떤 직선의 주위에 모여 있는지 봐야 한다. 이처럼 자료의 경향을 나타내는 직선을 추세선이라 하고 이를

$f(x) = ax + b$ (a, b는 상수)

와 같이 x에 대한 일차함수로 나타낼 수 있다.

13.3 최소제곱법

위 식(*) 음원 A에 대한 매출액으로 되돌아가 보자. 위에서 식 (*)의 표본회귀식이

$$\hat{Y} = \mathrm{E}(Y|X) = -1.9 + 1.7X \cdots \quad (***)$$

이라 하였다. 또, 음원사이트 M에서 임의로 추출한 음원($A \sim E$)의 각 스트리밍 횟수 X, 매출액 Y 그리고 표본회귀식(***)을 통해 얻은 추정값 $\hat{Y}$을 정리하면 다음과 같다.

음원	X	Y	$\hat{Y}$
A	5	7	6.6
B	6	7	8.3
C	7	10	10
D	8	14	11.7
E	9	12	13.4

위 표를 살펴보면 여기서도 매출액(실제값) Y와 추정값 $\hat{Y}$ 사이에 오차가 발생하고 있는데 이를 잔차(residual)라 한다.

정의 13.3

- 잔차(residual)

$$e_i = Y_i - \hat{Y}_i = Y_i - (a + bX_i)$$

여기서 Y_i는 실제값, $\hat{Y}_i$는 표본회귀식 선상의 값(추정값)

실제로 이 잔차 e_i를 가장 작게 만드는 것이 표본회귀식을 구하는 가장 좋은 방법이다. 이때, 잔차 $e_i = Y_i - \hat{Y}_i$는 표본관측치(실제값)가 표본회귀직선의 위쪽 또는 아래쪽 또는 직선상 위의 어느 위치에 있는가에 따라 양(+), 음(−), 0이 된다. [그림 13-3]은 잔차의 의미를 나타낸 것이다.

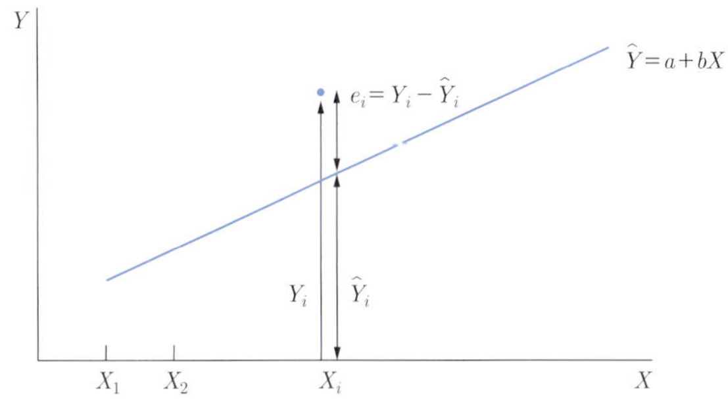

[그림 13-3] 잔차

이 잔차를 이용하기 전에 다음 표를 살펴보자. 다음 표는

매출액 : Y

스트리밍 횟수 : X

(i) 식 $(*)$에 $a = -0.5,\ b = 1.5$ 대입 : (매출액) $= 1.5 \times$ (스트리밍 횟수) $- 0.5$

(ii) 표본회귀식 : $\hat{Y} = -1.9 + 1.7X$

을 통해 얻은 값을 정리하여 나타낸 것이다.

음원	Y	X	(i) $Y - (1.5X - 0.5)$	(ii) $Y_i - \hat{Y}_i$
A	7	5	0.0	0.4
B	7	6	−1.5	−1.3
C	10	7	0.0	0.0
D	14	8	2.5	2.3
E	12	9	−1.0	−1.4

여기서, 식 $Y - (1.5X - 0.5)$의 값의 제곱의 합, 즉

$$(0.0)^2 + (-1.5)^2 + (0.0)^2 + (2.5)^2 + (-1.0)^2 = 9.5$$

이다. 같은 방법으로, $Y_i - \hat{Y}_i$의 값의 제곱의 합을 구하면 9.1이다. 이때, 실제값 Y에서 추정값 $\hat{Y}$을 뺀 값이 잔차이며, 이 잔차의 제곱의 합을 가장 작게 만든 것이 바로 $Y_i - \hat{Y}_i$이다. 이처럼 잔차를 가장 작게 해주는 회귀식을 구하는 방법을 최소제곱법(least squares method)이라 하고 이는 회귀식을 추정하는 가장 기본적인 방법이다. 이때, $\hat{Y} = 1.5X - 0.5$는 임의 회귀식, $\hat{Y} = -1.9 + 1.7X$은 최소제곱법으로 구한 회귀식이다. 그렇다면 여기서 잔차를 작게 해주는 최소화 방법을 알아보자.

먼저, $\sum(Y_i - \hat{Y}_i)$를 최소화하는 방법을 고려하자. 이 방법은 표본회귀식을 구하였을 때 양의 잔차와 음의 잔차가 서로 상쇄되어 회귀식에 총잔차가 반영되지 않는다는 문제를 갖고 있다. 예를 들어, $\sum(Y - (1.5X - 0.5)) = 0 + (-1.5) + 0 + 2.5 + (-1) = 0$, $\sum(Y - (1.7X - 1.9)) = 0$으로 두 표본회귀식 $\hat{Y} = 1.5X - 0.5$와 $\hat{Y} = -1.9 + 1.7X$은 $\sum(Y_i - \hat{Y}_i)$으로는 차이가 없으나 실제로는 [그림 13-4]에서 볼 수 있듯이 다른 직선의 모습임을 알 수 있다.

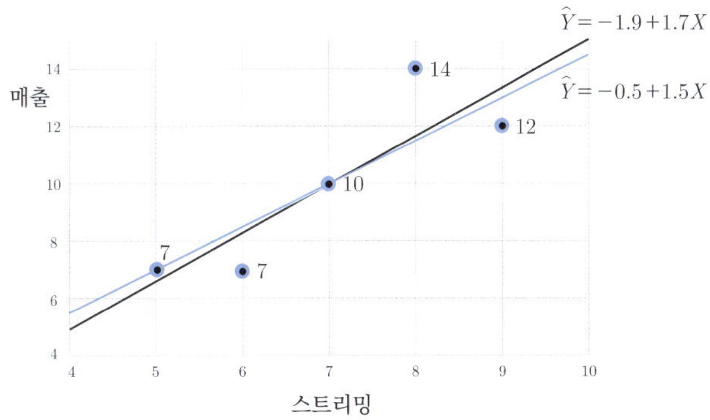

[그림 13-4] 표본회귀식 $\hat{Y}=-0.5+1.5X$와 $\hat{Y}=-1.9+1.7X$

다음은 $\sum\left|Y_i-\hat{Y}_i\right|$를 최소화하는 방법을 생각할 수 있다. 이 방법은 $\sum(Y_i-\hat{Y}_i)$의 문제점을 보완할 수 있다. 예를 들어, 표본회귀식 $\hat{Y}=-0.5+1.5X$일 때 $\sum\left|Y_i-\hat{Y}_i\right|=5$, $\hat{Y}=-1.9+1.7X$일 때 $\sum\left|Y_i-\hat{Y}_i\right|=5.4$로 이 방법에 의하면 $\hat{Y}=-0.5+1.5X$이 $\hat{Y}=-1.9+1.7X$보다 더 적합한 회귀식이라 할 수 있다. 다만, 이 방법은 절댓값 함수로 인하여 미분이 되지 않아 수학적 분석이 어렵다는 단점이 있다.

세 번째 방법으로, 잔차의 제곱의 합, 즉 $\sum(Y_i-\hat{Y}_i)^2$을 최소화하는 방법으로 최소제곱법이라 부른다. 최소제곱법은 잔차의 제곱의 합을 가장 작게 하는 a, b를 구하는 방법이라 할 수 있다. n쌍의 표본 $(X_1,\ Y_1),\ (X_2,\ Y_2),\ \cdots,\ (X_n,\ Y_n)$에서

$$\begin{aligned}\sum_{i=1}^{n}e_i^2&=e_1^2+e_2^2+\cdots+e_n^2\\&=\sum_{i=1}^{n}(Y_i-(a+bX_i))^2\end{aligned}$$

을 최소화하는 a, b를 구하면 된다. $\sum_{i=1}^{n}e_i^2$를 r라 놓고,

$$r=\sum_{i=1}^{n}(Y_i-(a+bX_i))^2\ (a,\ b\text{는 독립변수})$$

r를 a, b에 대하여 편미분하여 0으로 놓으면 다음과 같은 연립방정식을 얻는다.

$$\frac{\partial r}{\partial a}=0\qquad\left\{\begin{array}{l}-2\sum(Y_i-a-bX_i)=0\\-2\sum(Y_i-a-bX_i)X_i=0\end{array}\right.$$
$$\frac{\partial r}{\partial b}=0,$$

이를 정리하면 다음과 같다.

$$\sum Y_i=na+b\sum X_i$$
$$\sum X_iY_i=a\sum X_i+b\sum X_i^2$$

다시 이 연립방정식을 풀면 다음과 같은 표본회귀계수 a, b를 얻을 수 있으며, 이 a, b를 α, β의 최소제곱추정량(leaet squares estimator)이라 한다.

$$b = \frac{n\sum X_iY_i - \sum X_i \sum Y_i}{n\sum X_i^2 - (\sum X_i)^2} = \frac{\sum(X_i - \overline{X})(Y_i - \overline{Y})}{\sum (X_i - \overline{X})^2}$$

$$a = \overline{Y} - b\overline{X}$$

다시, 위의 표들로 돌아가 다음 표를 작성해보자.

음원	X_i	Y_i	X_i^2	Y_i^2	X_iY_i	$\hat{Y}_i$	$Y_i - \hat{Y}_i$
A	5	7	25	49	35	6.6	0.4
B	6	7	36	49	42	8.3	−1.3
C	7	10	49	100	70	10	0.0
D	8	14	64	196	112	11.7	2.3
E	9	12	81	144	108	13.4	−1.4
합계	35	50	255	538	367	50	0

$$b = \frac{n\sum X_iY_i - \sum X_i \sum Y_i}{n\sum X_i^2 - (\sum X_i)^2} = \frac{(5)(367) - (35)(50)}{(5)(255) - (35)^2} = 1.7$$

$$a = \overline{Y} - b\overline{X} = \frac{50}{5} - (1.7)\left(\frac{35}{5}\right) = -1.9$$

즉, 음원사이트 M에서 임의로 추출한 음원($A \sim E$)의 각 매출액과 스트리밍 횟수를 토대로 음원 사이트 M에 탑재한 음원 F의 스트리밍 횟수가 10천만 건이 되었을 때 매출액이 어느 정도일지 예측해 볼 수 있는 가장 좋은 표본회귀식은

$$\hat{Y} = \mathrm{E}(Y|X) = -1.9 + 1.7X$$

이다. 그리고 $X = 10$일 때

$$\hat{Y} = \mathrm{E}(Y|X) = -1.9 + 1.7 \times 10 = 15.1$$

이라는 것을 알 수 있다.

Note

• 오차와 손실함수 (황선욱 외, 2021)

입력값 $x_1, x_2, \cdots, x_n$에 대한 측정값이 $y_1, y_2, \cdots, y_n$이고 추세선 $f(x) = ax$(a는 상수)에 따른 예측값이 $ax_1, ax_2, \cdots, ax_n$이라 할 때, 추세선 $f(x) = ax$에 대한 오차(error)와 손실함수(loss function)는 다음과 같다.

(1) 오차: $y_1 - ax_1,\ y_2 - ax_2,\ \cdots,\ y_n - ax_n$

(2) 손실함수: $L(a) = \dfrac{(y_1 - ax_1)^2 + (y_2 - ax_2)^2 + \cdots (y_n - ax_n)^2}{n}$

13장 Exercise

문제 13.1

아래 표는 어느 화장품 회사에서 생산되는 제품 X에 대한 광고 계획을 세우기 위해 지난 5개월 동안 월별 광고비와 매출액에 대해 조사해 나타낸 것이다. 최소제곱법을 이용하여 광고비를 설명변수로 하는 표본회귀직선을 구하시오.

(단위: 백만 원)

월	1	2	3	4	5
광고비	6	8	10	12	9
매출액	70	100	120	110	90

문제 13.2

다음 두 그림 (a), (b)는 이변량변수 (x, y)의 산점도 및 설명변수 x와 반응변수 y의 선형관계식을 직선으로 표현한 것이다. (a)와 (b) 중 설명변수가 반응변수의 변화를 더 잘 설명하고 있는 식은 어느 것인지 선택하고, 그 이유를 설명하시오.

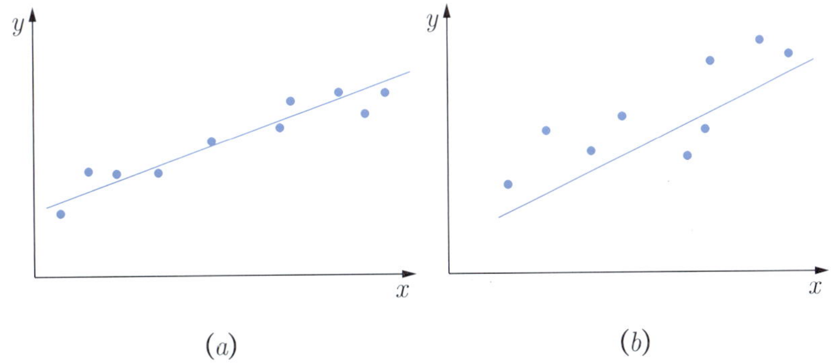

고등학교 <인공지능 수학>의 영역/핵심 개념 및 내용 요소, 관련 학습 요소 그리고 인공지능(AI) 내용 범주와 수학 내용 요소

영역/핵심 개념	일반화된 지식	내용 요소	관련 학습 요소	내용 범주	수학 내용 요소
인공지능과 수학	정보기술을 활용하여 문제 해결에 필요한 데이터 수집	·인공지능과 관련된 수학	·진리표 ·순서도	·자료 수집 -직접(설문, 센서를 통한) -간접(제공되는 공공·민간 데이터) ·데이터 포맷의 종류 (CSV, JSON, XLSX) ·데이터의 정제 및 선택	자료의 정리
자료의 표현	정보 활용 목적에 따라 효율적인 디지털 표현 방법(숫자, 문자, 그림, 소리 등)	·텍스트 자료의 표현 ·이미지 자료의 표현	·벡터 ·행렬	·정형 데이터 ·비정형 데이터 ·범주형 데이터 ·연속형 데이터	벡터, 행렬, 집합, 그래프
분류와 예측	문제해결을 위한 방법과 절차로 분류, 처리, 구조화	·자료의 분류 ·경향성과 예측	·유사도 ·추세선 ·조건부확률	·군집화 ·차원축소 ·회귀, 분류 ·강화학습	명제, 진리값, 삼각함수, 거리(Norm, Mahalanobis distance), 지수함수, 로그함수, 집합의 분할, 순열, 조합, 확률, 조건부확률, 결합확률분포, 통계, 공분산, 베이즈 정리(Bayes' Rule), 회귀분석, 선형대수
최적화	데이터에 가장 적합한 의사 결정을 위한 모델링	·최적화와 의사 결정	·함수의 극한 ·이차함수의 미분계수 ·손실함수 ·경사하강법	·손실함수 ·경사하강법	함수, 함수의 극한, 미분, 편미분, 다변수 함수, 분포, 선형회귀, 최적화 이론(Bellman equation), 마르코프 결정 과정(Markov Decision Process)

* 출처: 김창일, 전영주 (2021). 수학과 인공지능(AI) 핵심 개념과 <인공지능 수학> 내용 체계 분석

참고 문헌

김응환, 이석훈(2015). **통계와 확률교육**. 경문사.

김창일, 전영주(2017). 수학과 중등임용 확률과 통계학 기출문항 분석. **한국학교수학회논문집**, 20(4), 387-404.

김창일, 전영주(2020). 자유도의 교수학적 분석. **한국학교수학회논문집**, 23(3), 239-257.

김창일, 전영주(2021). 수학과 인공지능(AI) 핵심 개념과 〈인공지능 수학〉 내용 체계 분석. **한국학교수학회논문집**, 24(4), 391-405.

황선욱, 권성훈, 정두섭, 박상의, 홍창섭 (2021). **고등학교 인공지능수학**. 미래엔.

Ben-Zvi, D., & Garfield, J. B.(2010). **통계적 사고의 의미와 교육** (이경화 외 역). 경문사. (원저 2004년 출판).

Lane, D. M.(2003). Introduction to statistics in Lane, D. M., Scott, D., Hebi, M., Guerra, R., Osherson, D. & Zimmer, H (Eds), *Degrees of Freedom*, 330-332. Online Edition. (https://open.umn.edu/opentextbooks/textbooks/introduction-to-statistics)

National Council of Teachers of Mathematics(2000). *Principle and standards for school mathematics* Reston, VA: Author.

Naver (2024). 네이버 국어사전

Wakui, Y. & Wakui, s.(2016). **통계학** (김선숙, 역). 성안당. (원저 2015년 출판).

Watson, J. M.(2013). **학교에서 어떤 통계를 배워야 하지?** (박영희 역). 경문사. (원저 2006년 출판).

연습문제 해답

1장 연습문제 해답

문제 1.1

기술통계학이 조사 집단의 구체적인 성질을 밝히기 위해 수집한 자료를 정리해 표나 그래프로 나타내는 일종의 자료처리 영역의 통계학이라면, 추측통계학은 조사 집단의 일부를 토대로 전체의 성질을 조사하여 합리적으로 의사결정 하는데 기여하는 영역의 통계학이라 할 수 있다. 이를 그림으로 나타내면 아래와 같다.

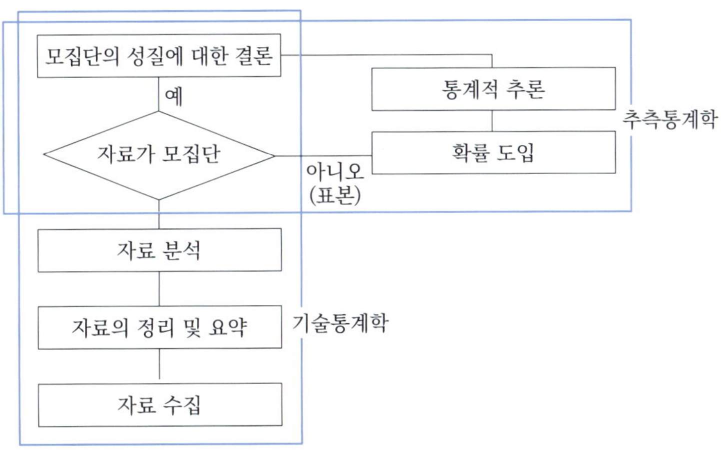

문제 1.2

범주자료: (2)

이산자료: (3), (5)

연속자료: (1), (4)

2장 연습문제 해답

문제 2.1

우선 중위수의 정의에 의해 $\frac{x_{(10)}+x_{(11)}}{2}=50$이고 $y_{(8)}=58$이다.
따라서 $x_{(1)},\ x_{(2)},\ \cdots,\ x_{(10)}<50$이고 $y_{(1)},\ y_{(2)},\ \cdots,\ y_{(7)}<58$이다. $\cdots$(*)
그리고 $x_{(i)}$들과 $y_{(i)}$들을 모은 35개의 자료의 중위수가 58이므로 $x_{(i)}$들과 $y_{(i)}$들을 모은 자료 중에서 18번째로 작은 자료가 58이어야 한다.
그런데, (*)에 의해 10개의 $x_{(i)}$ 자료들과 7개의 $y_{(i)}$ 자료들이 58보다 작은 것은 확실하다.
그러므로 $x_{(11)}\geq 58$이어야 한다. ($\because$ 만일 $x_{(11)}<58$이면 $x_{(i)}$들과 $y_{(i)}$들을 모은 35개의 자료 중 18개 이상의 자료들이 58보다 작으므로 $x_{(i)}$들과 $y_{(i)}$들을 모은 자료의 중위수가 58이라는 조건에 모순이다.)

따라서 $x_{(11)}\geq 58$과 $\frac{x_{(10)}+x_{(11)}}{2}=50$으로부터 $x_{(10)}\leq 42$이다.

즉, $x_{(10)}$의 최댓값은 42이다.

문제 2.2

직사각형들의 개수를 n이라 하고, 각 직사각형의 가로의 길이를 x_i, 세로의 길이를 $3x_i$라 하면(단위는 cm), 각 직사각형의 둘레의 길이는 $8x_i$(단위는 cm)이고 넓이는 $3x_i^2$ (단위는 cm^2)이다. ($i=1,\ 2,\ \cdots,\ n$)

직사각형들의 둘레의 길이의 평균이 $12cm$이므로 $8\times\frac{\sum_{i=1}^{n}x_i}{n}=12$이고

표준편차가 $4cm$이므로 $8\times\sqrt{\frac{\sum_{i=1}^{n}x_i^2}{n}-\left(\frac{\sum_{i=1}^{n}x_i}{n}\right)^2}=4$이다. 또한 종이의 넓이가

$75cm^2$이므로

$3 \times \sum_{i=1}^{n} x_i^2 = 75$이다. 즉, $\dfrac{\sum_{i=1}^{n} x_i}{n} = \dfrac{3}{2}$이고 $\sum_{i=1}^{n} x_i^2 = 25$임을 얻고 이 결과를 두 번째 식에 대입하면 $8 \times \sqrt{\dfrac{25}{n} - \dfrac{9}{4}} = 4$이다. 따라서 $n = 10$이다.

[실제 데이터]

아래와 같은 모양의 종이를 $1cm \times 3cm$ 직사각형 5개와 $2cm \times 6cm$ 직사각형 5개로 나누면 된다.

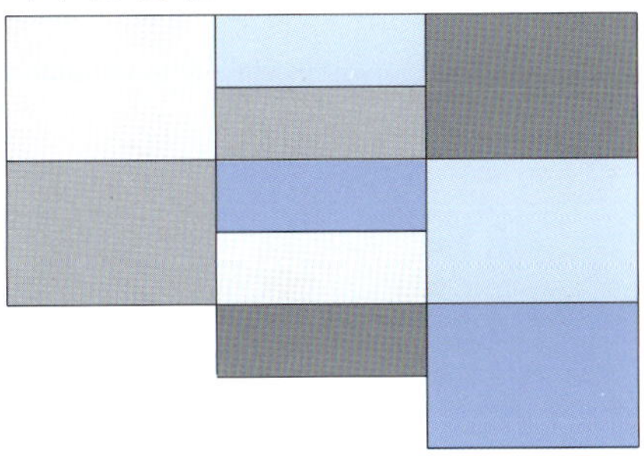

3장 연습문제 해답

문제 3.1

(1) $A = \phi$ 또는 $B = \phi$이므로 $A \cap B = \phi$이고 $\mathrm{P}(A \cap B) = 0$
이다. 또한 $\mathrm{P}(A)\mathrm{P}(B) = 0$이다. 따라서 $\mathrm{P}(A \cap B) = \mathrm{P}(A)\mathrm{P}(B)$

(2) $\mathrm{P}(A) > 0$, $\mathrm{P}(B) > 0$이므로 $\mathrm{P}(A) \cdot \mathrm{P}(B) > 0$이다.
A와 B가 상호배반이므로 $A \cap B = \phi$이고 $\mathrm{P}(A \cap B) = 0$이다.
따라서, $\mathrm{P}(A)\mathrm{P}(B) \neq \mathrm{P}(A \cap B)$

(3)
$$\begin{aligned}\mathrm{P}(A^C \cap B^C) &= \mathrm{P}\left((A \cup B)^C\right) = 1 - \mathrm{P}(A \cup B) = 1 - (\mathrm{P}(A) + \mathrm{P}(B) - \mathrm{P}(A \cap B)) \\ &= 1 - \mathrm{P}(A) - (\mathrm{P}(B) - \mathrm{P}(A)\mathrm{P}(B)) = 1 - \mathrm{P}(A) - (\mathrm{P}(B)(1 - \mathrm{P}(A))) \\ &= (1 - \mathrm{P}(A))(1 - \mathrm{P}(B)) = \mathrm{P}(A^C)\mathrm{P}(B^C)\end{aligned}$$

문제 3.2

A_i: 문 A_i 뒤에 자동차가 있는 사건이라 하자. $(i = 1, 2, 3)$

(가정) 참가자가 첫 번째 문 A_1을 선택하고, 진행자가 문 A_2를 열어보였다고 하자.

O를 진행자가 문 A_2를 열어 보여준 사건이라 하고 두 확률 $\mathrm{P}(A_1|O)$와 $\mathrm{P}(A_3|O)$를

비교하면 된다.

여기서, $P(A_i) = \frac{1}{3}$, $P(O|A_1) = \frac{1}{2}$, $P(O|A_2) = 0$, $P(O|A_3) = 1$이다. 왜냐하면

$P(O|A_1) = \frac{1}{2}$ (A_1에 자동차가 있을 경우 사회자가 A_2를 여는 확률은 A_2 또는 A_3 가운데 선택)

$P(O|A_2) = 0$ (A_2에 자동차가 있을 경우 사회자가 A_2를 여는 확률은 0)

$P(O|A_3) = 1$ (A_3에 자동차가 있을 경우 사회자가 A_2를 여는 확률은 1)

전확률의 정리에 의해,

$$\begin{aligned} P(O) &= P(A_1 \cap O) + P(A_2 \cap O) + P(A_3 \cap O) \\ &= P(A_1)P(O|A_1) + P(A_2)P(O|A_2) + P(A_3)P(O|A_3) \\ &= \left(\frac{1}{3}\right)\left(\frac{1}{2}\right) + \left(\frac{1}{3}\right)(0) + \left(\frac{1}{3}\right)(1) \\ &= \frac{1}{2} \end{aligned}$$

따라서 구하고자 하는 확률 $P(A_1|O)$와 $P(A_3|O)$는

$$P(A_1|O) = \frac{P(A_1 \cap O)}{P(O)} = \frac{P(A_1)P(O|A_1)}{P(O)} = \frac{\left(\frac{1}{6}\right)}{\left(\frac{1}{2}\right)} = \frac{1}{3}$$

$$P(A_3|O) = \frac{P(A_3 \cap O)}{P(O)} = \frac{P(A_3)P(O|A_3)}{P(O)} = \frac{\left(\frac{1}{3}\right)}{\left(\frac{1}{2}\right)} = \frac{2}{3}$$

이다. 그러므로 문을 바꾸는 것이 더 좋다.

문제 3.3

A: 사과가 상등급일 사건

B: 사과가 중등급일 사건

C: 사과가 하등급일 사건

D: 사과가 3일 이내에 판매될 사건

이라고 하면

$P(A) = 0.7,\ P(B) = 0.2,\ P(C) = 0.1$

이고,

$P(D|A) = 0.9,\ P(D|B) = 0.8,\ P(D|C) = 0.6$

이다. 구하는 확률은 베이즈정리에 의하여

$$\begin{aligned} \mathrm{P}(B|D^C) &= \frac{\mathrm{P}(B)\mathrm{P}(D^C|B)}{\mathrm{P}(A)\mathrm{P}(D^C|A)+\mathrm{P}(B)\mathrm{P}(D^C|B)+\mathrm{P}(C)\mathrm{P}(D^C|C)} \\ &= \frac{0.2\times 0.2}{0.7\times 0.1+0.2\times 0.2+0.1\times 0.4} \\ &= \frac{4}{15} \end{aligned}$$

문제 3.4

A: 귤이 과수원 A에서 생산될 사건

B: 귤이 과수원 B에서 생산될 사건

C: 귤이 과수원 C에서 생산될 사건

D: 귤이 불량품일 사건

이라고 하면

$$\mathrm{P}(A)=0.2,\ \mathrm{P}(B)=0.3,\ \mathrm{P}(C)=0.5$$

이고,

$$\mathrm{P}(D|A)=\frac{1}{2}\mathrm{P}(D|B)=2P(D|C)$$

이다. 구하는 확률은 베이즈정리에 의하여

$$\begin{aligned} \mathrm{P}(C|D) &= \frac{\mathrm{P}(C)P(D|C)}{\mathrm{P}(A)\mathrm{P}(D|A)+\mathrm{P}(B)\mathrm{P}(D|B)+\mathrm{P}(C)\mathrm{P}(D|C)} \\ &= \frac{\mathrm{P}(C)\mathrm{P}(D|C)}{2\mathrm{P}(A)\mathrm{P}(D|C)+4\mathrm{P}(B)\mathrm{P}(D|C)+\mathrm{P}(C)\mathrm{P}(D|C)} \\ &= \frac{0.5}{2\times 0.2+4\times 0.3+0.5} \\ &= \frac{5}{21} \end{aligned}$$

문제 3.5

A: 주머니 A를 선택하는 사건

B: 주머니 B를 선택하는 사건

C: 파란 공이 나오는 사건

n: 주머니 B에 들어있는 파란 공의 개수

라고 하면

$$\mathrm{P}(A)=\frac{1}{3},\ \mathrm{P}(B)=\frac{2}{3},\ \mathrm{P}(C|A)=\frac{3}{5},\ \mathrm{P}(C|B)=\frac{n}{10}$$

이다. 베이즈정리에 의하여

$$\begin{aligned}\frac{3}{10}=\mathrm{P}(A|C)&=\frac{\mathrm{P}(A)\mathrm{P}(C|A)}{\mathrm{P}(A)\mathrm{P}(C|A)+\mathrm{P}(B)\mathrm{P}(C|B)}\\&=\frac{\frac{1}{3}\times\frac{3}{5}}{\frac{1}{3}\times\frac{3}{5}+\frac{2}{3}\times\frac{n}{10}}\end{aligned}$$

이므로 $n=7$이다.

4장 연습문제 해답

문제 4.1

$$\begin{aligned}\mathrm{P}(X\geq k)&=\mathrm{P}(X=k)+\mathrm{P}(X=k+1)+\cdots\\&=\sum_{x=k}^{\infty}\mathrm{P}(X=x)\end{aligned}$$

이므로

$$\begin{aligned}\sum_{k=1}^{\infty}\mathrm{P}(X\geq k)&=\sum_{k=1}^{\infty}\sum_{x=k}^{\infty}\mathrm{P}(X=x)\\&=\sum_{x=1}^{\infty}\sum_{k=1}^{x}\mathrm{P}(X=x)\\&=\sum_{x=1}^{\infty}x\mathrm{P}(X=x)\\&=\mathrm{E}(X)\end{aligned}$$

문제 4.2

$$\mathrm{E}(Y)=\mathrm{E}\left(\frac{2}{X}\right)=2\mathrm{E}\left(\frac{1}{X}\right)$$

이다. 여기서

$$\mathrm{E}\left(\frac{1}{X}\right)=\int_1^2\frac{1}{x}f(x)dx=\int_1^2\frac{1}{x}\left(\frac{2}{3}x\right)dx=\int_1^2\frac{2}{3}dx=\frac{2}{3}$$

이다. 그러므로

$$E(Y) = 2E\left(\frac{1}{X}\right) = \frac{4}{3}$$

문제 4.3

구하는 확률은 $\sum_{n=3}^{\infty} p_n$ 이다. 그런데

$$\sum_{n=1}^{\infty} p_n = p_1 + \frac{1}{3}p_1 + \left(\frac{1}{3}\right)^2 p_1 + \cdots = p_1 \frac{1}{1-\frac{1}{3}} = \frac{3p_1}{2} = 1$$

이므로 $p_1 = \frac{2}{3}$ 이다. 따라서

$$\sum_{n=3}^{\infty} p_n = 1 - (p_1 + p_2) = 1 - \left(\frac{2}{3} + \frac{1}{3}\cdot\frac{2}{3}\right) = \frac{1}{9}$$

문제 4.4

확률변수 Y 의 누적분포함수를 구하면

$$\begin{aligned} F_Y(y) &= P(Y \le y) = P(X^2 \le y) = P(X \le \sqrt{y}) \\ &= F_X(\sqrt{y}) = 1 - \left(\frac{3}{\sqrt{y}}\right)^2 = 1 - \frac{9}{y} \quad (y > 9) \end{aligned}$$

이다. 따라서

$$f_Y(y) = F_Y'(y) = \frac{9}{y^2}, \ (y > 9)$$

문제 4.5

교환한 부품이 교환 후 X 년째에 고장난다고 하고 Y 를 교환한 부품에 대한 보증금이라 하자. 그러면

$$P(X = k) = p_X(k) = \frac{k}{10}, \ k = 1,\ 2,\ \cdots,\ 4$$

$$Y = g(X) = \begin{cases} 10000(7 - 2X), & X = 1,\ 2,\ 3 \\ 0, & \text{그 외에서} \end{cases}$$

이다. 따라서

$$\begin{aligned}\mathrm{E}[Y] &= \mathrm{E}[g(X)] = \sum_{k=1}^{3} g(k)p_X(k) \\ &= 50000 \times \frac{1}{10} + 30000 \times \frac{2}{10} + 10000 \times \frac{3}{10} \\ &= 14000\end{aligned}$$

문제 4.6

$F(x)$를 $X_1,\ X_2,\ X_3$의 공통의 분포함수라 하면

$$F(x) = \int_1^x \frac{2}{t^3}dt = 1 - \frac{1}{x^2}$$

이다. Y의 기댓값을 구하기 위하여 Y의 확률밀도함수 $f_Y(y)$를 구하여야 한다. 먼저 Y의 분포함수 $F_Y(y)$를 구하면

$$\begin{aligned}F_Y(y) &= \mathrm{P}(Y \le y) = \mathrm{P}(X_1 \le y,\ X_2 \le y,\ X_3 \le y) \\ &= \mathrm{P}(X_1 \le y)\mathrm{P}(X_2 \le y)\mathrm{P}(X_3 \le y) \\ &= F(y)^3 = \left(1 - \frac{1}{y^2}\right)^3\end{aligned}$$

이므로 Y의 확률밀도함수는 $y > 1$일 때,

$$f_Y(y) = F_Y'(y) = 3\left(1 - \frac{1}{y^2}\right)^2 \frac{2}{y^3} = \frac{6}{y^3}\left(1 - \frac{1}{y^2}\right)^2$$

이다. 따라서

$$\begin{aligned}\mathrm{E}[Y] &= \int_1^\infty y f_Y(y)dy = \int_1^\infty y\frac{6}{y^3}\left(1 - \frac{1}{y^2}\right)^2 dy \\ &= 6\int_1^\infty \left(\frac{1}{y^2} - \frac{2}{y^4} + \frac{1}{y^6}\right) dy \\ &= 6\left[-\frac{1}{y} + \frac{2}{3y^3} - \frac{1}{5y^5}\right]_1^\infty = \frac{16}{5}\end{aligned}$$

문제 4.7

$Y = -\dfrac{1}{X}$ 이므로 확률변수 Y는 확률변수 X와 함수 $y = g(x) = -\dfrac{1}{x}$과의 합성함수이다.

$y = -\dfrac{1}{x}$ 은 증가함수이고 $x = g^{-1}(y) = -\dfrac{1}{y}$ 이다. $\dfrac{dx}{dy} = \dfrac{1}{y^2}$ 이므로

$$f_Y(y) = f_X\left(g^{-1}(y)\right) \times \left|\frac{d}{dy}g^{-1}(y)\right| = 3\left(-\frac{1}{y}\right)^2 \frac{1}{y^2} = \frac{3}{y^4}$$

이다. $0 < x \le 1$ 이므로 $0 < x = -\dfrac{1}{y} \le 1$ 로부터 $-\infty < y \le -1$ 이다. 그러므로 구하는 확률변수 Y 의 확률밀도함수 $f_Y(y)$는

$$f_Y(y) = \begin{cases} \dfrac{3}{y^4}, & -\infty < y \le -1 \\ 0, & \text{그 외} \end{cases}$$

5장 연습문제 해답

문제 5.1

$E(X^2) = M_X''(0) = \dfrac{3}{5}$

$E(X^4) = M_X^{(4)}(0) = \dfrac{3}{5}$

$V(X^2) = E(X^4) - \left[E(X^2)\right]^2 = M_X^{(4)}(0) - [M_X''(0)]^2 = \dfrac{6}{25}$

문제 5.2

[풀이 1]

$E(X) = M_X'(0) = \left.\dfrac{8}{(1-2t)^5}\right|_{t=0} = 8$

$E(X^2) = M_X''(0) = \left.\dfrac{80}{(1-2t)^6}\right|_{t=0} = 80$

따라서, $V(X) = E(X^2) - [E(X)]^2 = M_X''(0) - [M_X'(0)]^2 = 80 - 64 = 16$

[풀이 2]

$M_X(t) = \dfrac{1}{(1-2t)^4} = \displaystyle\sum_{n=0}^{\infty} ({}_4H_n)(2t)^n = 1 + 8t + 40t^2 + \cdots = 1 + tE(X) + \frac{t^2}{2!}E(X^2) + \cdots$

그러므로, $E(X) = 8$, $E(X^2) = 80$

Note

$$\frac{1}{(1+x)^k} = (1+x)^{-k} = \sum_{n=0}^{\infty}\binom{-k}{n}x^n = \sum_{n=0}^{\infty}(-1)^n_k\mathrm{H}_n x^n$$

이다. 여기서 x에 $-x$을 대입하면

$$(1-x)^{-k} = \sum_{n=0}^{\infty}\binom{-k}{n}(-x)^n = \sum_{n=0}^{\infty}(-1)^n{}_k\mathrm{H}_n(-x)^n = \sum_{n=0}^{\infty}{}_k\mathrm{H}_n x^n$$

문제 5.3

$M_S(t)$를 S의 적률생성함수라 하면

$$\begin{aligned} M_S(t) &= \mathrm{E}[e^{tS}] = \mathrm{E}[e^{t(X+Y+Z)}] = \mathrm{E}[e^{tX}e^{tY}e^{tZ}] \\ &= \mathrm{E}[e^{tX}]\mathrm{E}[e^{tY}]E[e^{tZ}] = M_X(t)M_Y(t)M_Z(t) \\ &= (1-3t)^{-9} \end{aligned}$$

이다. 미분하면

$$\begin{aligned} M_S'(t) &= (-9)(-3)(1-3t)^{-10} = 27(1-3t)^{-10} \\ M_S''(t) &= 27(-10)(-3)(1-3t)^{-11} = 810(1-3t)^{-11} \\ M_S'''(t) &= 810(-11)(-3)(1-3t)^{-12} = 26730(1-3t)^{-12} \end{aligned}$$

이므로

$$E[S^3] = M_S'''(0) = 26730$$

문제 5.4

정의에 의하여 $X = Y = Z = 1$이면 $S = 1$이고, 그 외에는 $S = 0$이다.

$$\mathrm{P}(X=0) = \mathrm{P}(Y=0) = \mathrm{P}(Z=0) = p(0) = \frac{1}{4}$$

$$\mathrm{P}(X=1) = \mathrm{P}(Y=1) = \mathrm{P}(Z=1) = p(1) = \frac{3}{4}$$

이므로 S의 확률질량함수는

$$p_S(s) = \begin{cases} 1-\left(\frac{3}{4}\right)^3, & s=0 \\ \left(\frac{3}{4}\right)^3, & s=1 \\ 0, & \text{그 외에서} \end{cases}$$

이다. 따라서 S의 적률생성함수를 $M_S(t)$라 하면

$$M_S(t) = \mathrm{E}[e^{tS}] = e^{t\times 0} \times \frac{37}{64} + e^{t\times 1} \times \frac{27}{64} = \frac{27}{64}e^t + \frac{37}{64}$$

6장 연습문제 해답

문제 6.1

$$\begin{aligned}
\mathrm{V}(X+Y) &= \mathrm{E}\left[\{(X+Y) - \mathrm{E}(X+Y)\}^2\right] \\
&= \mathrm{E}\left[\{X - \mathrm{E}(X) + Y - \mathrm{E}(Y)\}^2\right] \\
&= \mathrm{E}\left[(X - \mathrm{E}(X))^2 + (Y - \mathrm{E}(Y))^2 + 2(X - \mathrm{E}(X))(Y - \mathrm{E}(Y))\right] \\
&= \mathrm{E}\left[(X - \mu_X)^2\right] + \mathrm{E}\left[(Y - \mu_Y)^2\right] + 2\mathrm{E}\left[(X - \mu_X)(Y - \mu_Y)\right] \\
&= \mathrm{V}(X) + \mathrm{V}(Y) + 2Cov(X,\, Y) \\
&= \mathrm{V}(X) + \mathrm{V}(Y) \ (\because \text{확률변수 X, Y가 서로 독립})
\end{aligned}$$

문제 6.2

$$h(y) = \int_{-\infty}^{\infty} f(x,\, y)dx = \int_0^y 2dx = 2y,\ 0 < y \le 1$$

이므로 조건부밀도함수는 다음과 같다.

$$f(x|y) = \frac{f(x,\, y)}{h(y)} = \frac{2}{2y} = \frac{1}{y},\ 0 < x < y$$

이다. 따라서

$$\mathrm{E}[X|Y=y] = \int_0^y xf(x|y)dx = \int_0^y x\frac{1}{y}dx = \frac{y}{2}$$

$$\mathrm{E}[X^2|Y=y] = \int_0^y x^2 f(x|y)dx = \int_0^y x^2\frac{1}{y}dx = \frac{y^2}{3}$$

$$\mathrm{V}(X|Y=y) = \mathrm{E}(X^2|Y=y) - [\mathrm{E}(X|Y=y)]^2 = \frac{y^2}{3} - \left(\frac{y}{2}\right)^2 = \frac{y^2}{12}$$

문제 6.3

Y의 주변확률밀도함수

$$f_Y(y) = \int_0^1 \frac{1}{5}xy(1-x+y)dx = \frac{1}{5}\int_0^1 (xy - x^2y + xy^2)dx = \frac{1}{30}(3y^2+y)$$

이다. $f_Y(2) = \frac{7}{15}$, $f(x,\ 2) = \frac{2}{5}x(3-x)$이므로

$$f_{X|Y}(x|2) = \frac{f(x,\ 2)}{f_Y(2)} = \frac{\frac{2x(3-x)}{5}}{\frac{7}{15}} = \frac{6}{7}(3x - x^2)$$

이다. 따라서

$$\begin{aligned} \mathrm{E}[X|Y=2] &= \int_0^1 x f_{X|Y}(x|2)dx \\ &= \int_0^1 \frac{6}{7}(3x^2 - x^3)dx \\ &= \frac{9}{14} \end{aligned}$$

문제 6.4

조건 $M = \left[\frac{X}{Y}\right] = 2$에서 $2 \le \frac{x}{y} < 3$이므로 $2y \le x < 3y$이다. 따라서

$$\begin{aligned} \mathrm{P}(M=2) = \mathrm{P}(2Y \le X < 3Y) &= \int_0^1 \int_{x/3}^{x/2} f(x,\ y)dydx \\ &= \int_0^1 \int_{x/3}^{x/2} 2xdydx = \int_0^1 \frac{x^2}{3}dx = \frac{1}{9} \end{aligned}$$

아래 그림을 참고하면 $\int_0^1 \int_{x/3}^{x/2} f(x,\ y)dydx$이 되어야 하는 이유를 볼 수 있다.

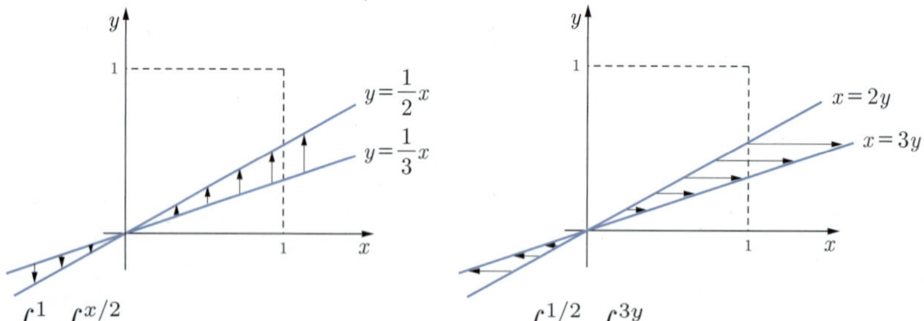

$\int_0^1 \int_{x/3}^{x/2} f(x,\ y)dydx$ (단, $0 \le x \le 1$) $\int_0^{1/2} \int_{2y}^{3y} f(x,\ y)dxdy$ (단, $0 \le y \le 1$)

문제 6.5

다음과 같이 합성곱과 누적분포함수를 이용하여 구할 수 있다.

[풀이 1]

$z = x + 2y$에서 $y = \frac{z-x}{2}$이므로 $x = 0$일 때, $y = \frac{z}{2}$가 최대이다. 따라서

$$\begin{aligned} g(z) &= \int_0^{z/2} f_Y(y) f_X(z-2y)dy \\ &= \int_0^{z/2} (e^{-y}) \left(\frac{1}{2} e^{-\frac{z-2y}{2}} \right) dy \\ &= \int_0^{z/2} \frac{1}{2} e^{-\frac{z}{2}} dy = \frac{1}{2} e^{-\frac{z}{2}} \int_0^{z/2} dy = \frac{z}{4} e^{-\frac{z}{2}} \end{aligned}$$

[풀이 2]

$G(z) = \mathrm{P}(X + 2Y \le z),\ z > 0$이라 두면

$$\begin{aligned} G(z) &= \int_0^{z/2} \int_0^{z-2y} \frac{1}{2} e^{-\frac{x}{2}-y} dx dy \\ &= \int_0^{z/2} \left[-e^{-\frac{x}{2}-y} \right]_0^{z-2y} dy \\ &= \int_0^{z/2} e^{-y} - e^{-\frac{z}{2}} dy \\ &= [-e^{-y}]_0^{z/2} - \frac{z}{2} e^{-z/2} \\ &= 1 - e^{-z/2} - \frac{z}{2} e^{-z/2} \end{aligned}$$

$$\therefore g(z) = G'(z) = \frac{z}{4} e^{-\frac{z}{2}}$$

문제 6.6

$$\begin{aligned} \mathrm{E}(X|Y=1) &= \sum_x x f(x|1) = \sum_x x \cdot \frac{f(x,\,1)}{h(1)} \\ &= 0 \cdot \frac{2/15}{6/15} + 1 \cdot \frac{3/15}{6/15} + 2 \cdot \frac{1/15}{6/15} = \frac{5}{6} \end{aligned}$$

문제 6.7

$$\begin{aligned}P(Z>10) &= P(X>10,\ Y>10) = P(X>10)P(Y>10)\\ &= \left(\int_{10}^{\infty}\frac{1}{5}e^{-\frac{x}{5}}\,dx\right)\left(\int_{10}^{\infty}\frac{1}{10}e^{-\frac{y}{10}}\,dy\right)\\ &= e^{-2}e^{-1} = e^{-3}\end{aligned}$$

문제 6.8

$Y = 2\ln\left(\dfrac{3}{3-X}\right)$ 이므로 $0<X<3$일 때 $0<Y<\infty$

$$2\ln\left(\frac{3}{3-X}\right)\le y \Leftrightarrow \frac{3}{3-X}\le e^{\frac{y}{2}} \Leftrightarrow X\le 3-3e^{-\frac{y}{2}}$$

이고, X의 확률밀도함수는 $(0,\ 3)$에서 $\dfrac{1}{3}$ 이므로

$$\begin{aligned}F_Y(y) &= P(Y\le y)\\ &= P\left(2\ln\left(\frac{3}{3-X}\right)\le y\right)\\ &= P\left(X\le 3-3e^{-\frac{y}{2}}\right)\\ &= \frac{3-3e^{-\frac{y}{2}}}{3}\\ &= 1-e^{-\frac{y}{2}},\ 0<y<\infty\end{aligned}$$

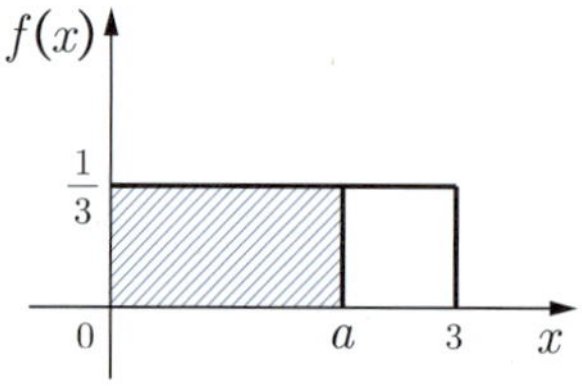

참고, $P(X\le a) = \dfrac{1}{3}a$

Y의 확률밀도함수는 $f(y) = F'(y) = \dfrac{1}{2}e^{-\frac{y}{2}}, 0<y<\infty$

한편, $|Y-2|>2 \Leftrightarrow Y>4$ 또는 $Y<0$이므로

$$P(|Y-2|>2) = P(Y>4) = 1-F(4) = e^{-2}$$

문제 6.9

(1) $$\begin{aligned}\mathrm{E}(X) &= \sum_{0}^{2} xg(x) \\ &= (0)g(0) + (1)g(1) + 2g(2) \\ &= \left(\frac{1}{12} + \frac{1}{8} + \frac{1}{24}\right) + 2\left(\frac{1}{12} + \frac{1}{8} + \frac{1}{12} + q\right) \\ &= \frac{11}{12}\end{aligned}$$

이므로 $q = \dfrac{1}{24}$ 이고, $p = \dfrac{1}{6}$ 이다. 그러므로 $p \times \dfrac{1}{q} = 4$ 이다.

(2) $$\begin{aligned}\mathrm{P}(Y - X = 2) &= \mathrm{P}(X = 0,\ Y = 2) + \mathrm{P}(X = 1,\ Y = 3) + \mathrm{P}(X = 2,\ Y = 4) \\ &= \frac{1}{24} + \frac{1}{8} + q \\ &= \frac{5}{24}\end{aligned}$$

이고, $$\begin{aligned}\mathrm{P}(X + Y \le 4,\ Y - X = 2) &= \mathrm{P}(X = 0,\ Y = 2) + \mathrm{P}(X = 1,\ Y = 3) \\ &= \frac{1}{24} + \frac{1}{8} \\ &= \frac{1}{6}\end{aligned}$$

이다. 따라서

$$\begin{aligned}\mathrm{P}(X + Y \le 4 | Y - X = 2) &= \frac{\mathrm{P}(X + Y \le 4,\ Y - X = 2)}{\mathrm{P}(Y - X = 2)} \\ &= \frac{1}{6} \times \frac{24}{5} = \frac{4}{5}\end{aligned}$$

문제 6.10

결합확률밀도함수 $f(x, y)$는 $0 < x < 2 - y < 1$에서 균등분포이고,

$$\begin{aligned}G(z) = \mathrm{P}(Z \le z) &= \mathrm{P}(Y - X \le z),\ 0 < z < 2\ \ (0 < x < 1,\ 1 < y < 2) \\ &= \mathrm{P}(Y \le X + z)\end{aligned}$$

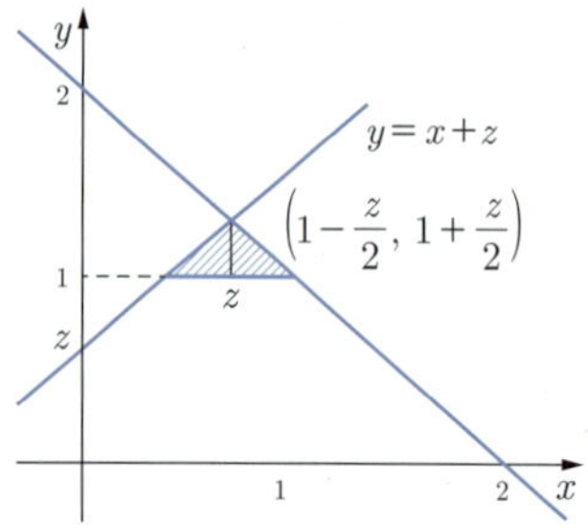

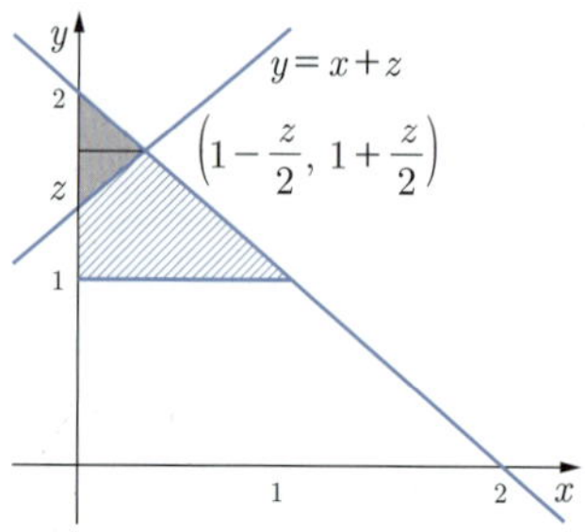

$0 < z < 1$이면

$$G(z) = 2 \times \left(\frac{1}{2} \times z \times \frac{z}{2}\right) = \frac{z^2}{2}$$

$1 \leq z < 2$이면

$$G(z) = 1 - 2 \times \left(\frac{1}{2} \times (2 - z) \times \left(1 - \frac{z}{2}\right)\right)$$
$$= 1 - \frac{(2 - z)^2}{2}$$

한편, $z \leq 0$이면 $G(z) = 0$,

$z \geq 2$이면 $G(z) = 1$

이다. 이때, $g(z) = z \ (0 < z < 1)$, $g(z) = 2 - z \ (1 \leq z < 2)$이다.

따라서

$$\mathrm{P}\left(g(Z) > \frac{1}{2}\right) = \mathrm{P}\left(\frac{1}{2} < Z < 1\right) + \mathrm{P}\left(1 \leq Z < \frac{3}{2}\right) = \mathrm{P}\left(\frac{1}{2} < Z < \frac{3}{2}\right) = \frac{3}{4}$$

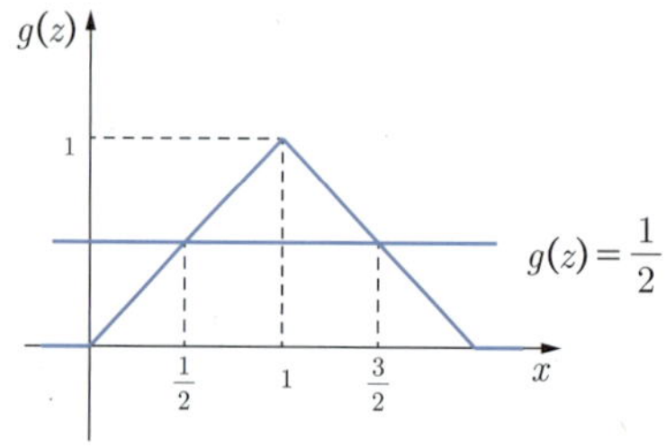

문제 6.11

(1) Y 의 주변확률밀도함수 $f_Y(y)$를 구하면,

$$f_Y(y) = \int_1^3 \frac{1}{30}(x + y^2)dx = \frac{1}{30}\left[\frac{x^2}{2} + xy^2\right]_1^3 = \frac{1}{15}(y^2 + 2)$$

이다. 조건부분포의 정의에 의하여

$$f_{X|Y}(x|y) = \frac{\frac{1}{30}(x+y^2)}{\frac{1}{15}(y^2+2)} = \frac{x+y^2}{2(y^2+2)}$$

이므로

$$f_{X|Y}(x|2) = \frac{x+4}{12}$$

이다. 그러므로 구하는 조건부기댓값은

$$\begin{aligned} \mathrm{E}[X|Y=2] &= \int_{-\infty}^{\infty} x f_{X|Y}(x|2)dx \\ &= \int_1^3 x\frac{x+4}{12}dx \\ &= \frac{37}{18} \end{aligned}$$

(2) 조건부기댓값은

$$\begin{aligned} \mathrm{E}[X^2+2X|Y=2] &= \int_{-\infty}^{\infty} (x^2+2x) f_{X|Y}(x|2)dx \\ &= \int_1^3 (x^2+2x)\frac{x+4}{12}dx = \frac{26}{3} \end{aligned}$$

문제 6.12

(1) Y 의 주변확률밀도함수 $f_Y(y)$를 구하면,

$$\begin{aligned} f_Y(y) &= \int_0^3 \frac{1}{54}x^2 y dx \\ &= \frac{y}{54}\left[\frac{x^3}{3}\right]_0^3 \\ &= \frac{y}{6} \end{aligned}$$

이다. 조건부분포의 정의에 의하여

$$f_{X|Y}(x|y) = \frac{x^2y/54}{y/6} = \frac{x^2}{9}$$

이므로

$$\mathrm{P}(1 < X \le 2|Y=3) = \int_1^2 f_{X|Y}(x|3)dx = \int_1^2 \frac{x^2}{9}dx = \frac{7}{27}$$

(2) $f_Y(y) = \frac{y}{6}$ 이므로

$$\begin{aligned} P(2 \le Y \le 3) &= \int_2^3 f_Y(y)dy \\ &= \int_2^3 \frac{y}{6}dy \\ &= \frac{5}{12} \end{aligned}$$

이고, 결합확률밀도함수의 정의에 의하여

$$\begin{aligned} P(0 \le X \le 2,\ 2 \le Y \le 3) &= \frac{1}{54}\int_2^3 \int_0^2 x^2 y dx dy \\ &= \frac{1}{54}\int_2^3 \frac{8}{3} y dy \\ &= \frac{10}{81} \end{aligned}$$

이므로

$$\begin{aligned} P(0 \le X \le 2 | 2 \le Y \le 3) &= \frac{P(0 \le X \le 2,\ 2 \le Y \le 3)}{P(2 \le Y \le 3)} \\ &= \frac{10/81}{5/12} \\ &= \frac{8}{27} \end{aligned}$$

문제 6.13

(1) $f(x,\ y)$가 결합확률밀도함수이므로

$$\begin{aligned} \int_{-\infty}^{\infty}\int_{-\infty}^{\infty} f(x,\ y)dx dy &= \int_2^4 \int_0^3 cx^2 y dx dy \\ &= c\int_2^4 y \int_0^3 x^2 dx dy \\ &= c\int_2^4 9y dy = 54c = 1 \end{aligned}$$

이다. 그러므로 $c = \frac{1}{54}$ 이다.

(2) 결합확률밀도함수 $f(x,\ y)$가 영역 $0 \le x \le 3,\ 2 \le y \le 4$ 이외에서는 0이므로

$$\begin{aligned} P(0 < X \le 2,\ 0 < Y \le 3) &= \frac{1}{54}\int_2^3 \int_0^2 x^2 y dx dy \\ &= \frac{1}{54}\int_2^3 \frac{8}{3} y dy \\ &= \frac{10}{81} \end{aligned}$$

(3) 결합확률밀도함수 $f(x,\ y)$가 영역 $0 \le x \le 3,\ 2 \le y \le 4$ 이외에서는 0이므로

$$\begin{aligned} P(1 \le X \le 6,\ 1 \le Y \le 6) &= \frac{1}{54}\int_2^4 \int_1^3 x^2 y dx dy \\ &= \frac{1}{54}\int_2^4 \frac{26}{3} y dy \\ &= \frac{26}{27} \end{aligned}$$

(4) 먼저 X의 주변확률밀도함수 $f_X(x)$는

$$\begin{aligned} f_X(x) &= \int_{-\infty}^{\infty} f(x,\ y) dy \\ &= \frac{1}{54}\int_2^4 x^2 y dy \\ &= \frac{1}{9}x^2 \end{aligned}$$

이므로 $f_X(x) = \frac{1}{9}x^2,\ 0 \le x \le 3$이다. Y의 주변확률밀도함수는

$$\begin{aligned} f_Y(y) &= \int_{-\infty}^{\infty} f(x,\ y) dx \\ &= \frac{1}{54}\int_0^3 x^2 y dx \\ &= \frac{1}{6}y \end{aligned}$$

이므로 $f_Y(y) = \frac{1}{6}y,\ 2 \le y \le 4$이다.

(5) 결합분포함수 $F(x,\ y)$의 정의에 의하여

$$F(x,\, y) = \mathrm{P}(X \le x,\, Y \le y)$$
$$= \frac{1}{54}\int_{-\infty}^{y}\int_{-\infty}^{x} u^2 v du dv$$

이므로 영역을 나누어 계산하여야 한다.

(i) $x \le 0$ 또는 $y \le 2$인 영역의 경우는

$$F(x,\, y) = \frac{1}{54}\int_{-\infty}^{y}\int_{-\infty}^{x} 0 du dv = 0$$

(ii) $0 < x < 3$이고 $2 < y < 4$인 영역의 경우는

$$\begin{aligned} F(x,\, y) &= \frac{1}{54}\int_{-\infty}^{y}\int_{-\infty}^{x} u^2 v du dv \\ &= \frac{1}{54}\int_{2}^{y}\int_{0}^{x} u^2 v du dv \\ &= \frac{x^3}{162}\int_{2}^{y} v dv \\ &= \frac{x^3(y^2-4)}{324} \end{aligned}$$

(iii) $0 < x < 3$이고 $4 \le y$인 영역의 경우는

$$\begin{aligned} F(x,\, y) &= \frac{1}{54}\int_{-\infty}^{y}\int_{-\infty}^{x} u^2 v du dv \\ &= \frac{1}{54}\int_{2}^{4}\int_{0}^{x} u^2 v du dv \\ &= \frac{x^3}{162}\int_{2}^{4} v dv \\ &= \frac{x^3}{27} \end{aligned}$$

(iv) $3 \le x$이고 $2 < y < 4$인 영역의 경우는

$$
\begin{aligned}
F(x,\ y) &= \frac{1}{54}\int_{-\infty}^{y}\int_{-\infty}^{x} u^2 v du dv \\
&= \frac{1}{54}\int_{2}^{y}\int_{0}^{3} u^2 v du dv \\
&= \frac{1}{6}\int_{2}^{y} v dv \\
&= \frac{y^2-4}{12}
\end{aligned}
$$

(v) $3 \leq x$이고 $4 \leq y$인 영역의 경우는

$$
\begin{aligned}
F(x,\ y) &= \frac{1}{54}\int_{-\infty}^{y}\int_{-\infty}^{x} u^2 v du dv \\
&= \frac{1}{54}\int_{2}^{4}\int_{0}^{3} u^2 v du dv \\
&= \frac{1}{6}\int_{2}^{4} v dv = 1
\end{aligned}
$$

문제 6.14

(1) $f(x,\ y)$가 결합확률밀도함수이므로

$$
\begin{aligned}
\int_{-\infty}^{\infty}\int_{-\infty}^{\infty} f(x,\ y) dx dy &= \int_{0}^{3}\int_{1}^{3} c(x+y^2) dx dy \\
&= c\int_{0}^{3} (2y^2+4) dy \\
&= c\left[\frac{2}{3}y^3+4y\right]_{0}^{3} = 30c = 1
\end{aligned}
$$

이다. 그러므로 $c = \dfrac{1}{30}$이다.

(2) 결합확률밀도함수 $f_{XY}(x,\ y)$가 영역 $1 \leq x \leq 3,\ 0 \leq y \leq 3$ 이외에서는 0이므로

$$\begin{aligned} P(0 < X \le 2,\ 0 < Y \le 4) &= \frac{1}{30}\int_0^3 \int_1^2 (x+y^2)dxdy \\ &= \frac{1}{30}\int_0^3 (y^2+\frac{3}{2})dy \\ &= \frac{1}{30}\left[\frac{1}{3}y^3+\frac{3}{2}y\right]_0^3 = \frac{9}{20} \end{aligned}$$

(3) 먼저 X 의 주변확률밀도함수 $f_X(x)$는

$$\begin{aligned} f_X(x) &= \int_{-\infty}^{\infty} f(x,\ y)dy \\ &= \frac{1}{30}\int_0^3 (x+y^2)dy \\ &= \frac{1}{10}(x+3) \end{aligned}$$

이므로 $f_X(x) = \frac{1}{10}(x+3),\ 1 \le x \le 3$이다. Y 의 주변확률밀도함수도

$$\begin{aligned} f_Y(y) &= \int_{-\infty}^{\infty} f(x,\ y)dx \\ &= \frac{1}{30}\int_1^3 (x+y^2)dx \\ &= \frac{1}{15}(y^2+2) \end{aligned}$$

이므로 $f_Y(y) = \frac{1}{15}(y^2+2),\ 0 \le y \le 3$이다.

(4) 결합분포함수 $F(x,\ y)$의 정의에 의하여

$$\begin{aligned} F(x,\ y) &= P(X \le x,\ Y \le y) \\ &= \frac{1}{30}\int_{-\infty}^{y}\int_{-\infty}^{x} (u+v^2)dudv \end{aligned}$$

이므로 영역을 나누어 계산하여야 한다.

(i) $x \le 1$ 또는 $y \le 0$인 영역의 경우는

$$F(x,\ y) = \frac{1}{30}\int_{-\infty}^{y}\int_{-\infty}^{x} 0dudv = 0$$

(ii) $1 < x < 3$이고 $0 < y < 3$인 영역의 경우는

$$F(x,\ y) = \frac{1}{30}\int_{-\infty}^{y}\int_{-\infty}^{x}(u+v^2)dudv$$
$$= \frac{1}{30}\int_{0}^{y}\int_{1}^{x}(u+v^2)dudv$$
$$= \frac{1}{30}\int_{0}^{y}\left(\frac{1}{2}x^2+xv^2-v^2-\frac{1}{2}\right)dv$$
$$= \frac{1}{30}\left(\frac{1}{2}x^2y+\frac{1}{3}xy^3-\frac{1}{3}y^3-\frac{1}{2}y\right)$$

(iii) $1 < x < 3$이고 $3 \le y$인 영역의 경우는

$$F(x,\ y) = \frac{1}{30}\int_{-\infty}^{y}\int_{-\infty}^{x}(u+v^2)dudv$$
$$= \frac{1}{30}\int_{0}^{3}\int_{1}^{x}(u+v^2)dudv$$
$$= \frac{1}{30}\int_{0}^{3}\left(\frac{1}{2}x^2+xv^2-v^2-\frac{1}{2}\right)dv$$
$$= \frac{1}{30}\left(\frac{3}{2}x^2+9x-\frac{21}{2}\right)$$

(iv) $3 \le x$이고 $0 < y < 3$인 영역의 경우는

$$F(x,\ y) = \frac{1}{30}\int_{-\infty}^{y}\int_{-\infty}^{x}(u+v^2)dudv$$
$$= \frac{1}{30}\int_{0}^{y}\int_{1}^{3}(u+v^2)dudv$$
$$= \frac{1}{15}\int_{0}^{y}(v^2+2)dv$$
$$= \frac{1}{15}\left(\frac{1}{3}y^3+2y\right)$$

(v) $3 \le x$이고 $3 \le y$인 영역의 경우는

$$
\begin{aligned}
F(x,\, y) &= \frac{1}{30}\int_{-\infty}^{y}\int_{-\infty}^{x}(u+v^2)dudv \\
&= \frac{1}{30}\int_{0}^{3}\int_{1}^{3}(u+v^2)dudv \\
&= \frac{1}{15}\int_{0}^{3}(v^2+2)dv = 1
\end{aligned}
$$

7장 연습문제 해답

문제 7.1

$$
\begin{aligned}
(1-q)^{-r} &= \sum_{n=0}^{\infty}\binom{-r}{n}(-q)^n \\
&= \sum_{n=0}^{\infty}\frac{(-r)(-r-1)\cdots(-r-n+1)}{n!}(-q)^n \\
&= \sum_{n=0}^{\infty}\frac{(r)(r+1)\cdots(r+n-1)}{n!}(q)^n \\
&= \sum_{x=r}^{\infty}\frac{(r)(r+1)\cdots(x-1)}{(x-r)!}q^{x-r} \quad (x=n+r) \\
&= \sum_{x=r}^{\infty}\frac{(x-1)(x-2)\cdots(r+1)(r)}{(x-r)!}q^{x-r} \quad (x=n+r) \\
&= \sum_{x=r}^{\infty}\frac{(x-1)!}{(r-1)!(x-r)!}q^{x-r} = \sum_{x=r}^{\infty}\binom{x-1}{x-r}q^{x-r}
\end{aligned}
$$

이므로 $1 = p^r p^{-r} = p^r(1-q)^{-r} = \sum_{x=r}^{\infty}\binom{x-1}{x-r}p^r q^{x-r} = \sum_{x=r}^{\infty}\binom{x-1}{r-1}p^r q^{x-r}$ 이다.

* 음이항분포 이름 유래 : 음이항 전개

Note

(일반화된 이항정리)

a가 임의의 실수일 때

$$(1+x)^a = \sum_{n=0}^{\infty} \binom{a}{n} x^n$$

이다. (단, $|x| < 1$이다.)

문제 7.2

$$\sum_{x=1}^{\infty} f(x) = \sum_{x=1}^{\infty} pq^{x-1} = \frac{p}{1-q} = 1 \ (0 < q < 1)$$

문제 7.3

n명의 환자 중 부작용이 나타난 환자수를 X라 하면

$X \sim \mathrm{B}(n,\ p)$

(1) $X \sim \mathrm{B}(10,\ 0.1)$

$$\begin{aligned}\mathrm{P}(X \le 1) &= \mathrm{P}(X=0) + \mathrm{P}(X=1) \\ &= \binom{10}{0}(0.1)^0(0.9)^{10} + \binom{10}{1}(0.1)(0.9)^9 \\ &= 0.736099\end{aligned}$$

(2) $X \sim \mathrm{B}(100,\ 0.01)$

$$\begin{aligned}\mathrm{P}(X \le 1) &= \mathrm{P}(X=0) + \mathrm{P}(X=1) \\ &= \binom{100}{0}(0.01)^0(0.99)^{100} + \binom{100}{1}(0.01)(0.99)^{99} \\ &= 0.735762\end{aligned}$$

포아송 분포로 생각하면 $np = 10 \times 0.1 = 100 \times 0.01 = 1$이고

$X \sim \mathrm{Poi}(1)$

$$
\begin{aligned}
P(X \le 1) &= P(X=0) + P(X=1) \\
&= \frac{e^{-\lambda}(\lambda)^0}{0!} + \frac{e^{-\lambda}(\lambda)^1}{1!} \\
&= e^{-1} + e^{-1} \\
&= 0.735759
\end{aligned}
$$

* 비교해보면 (1)과의 오차는 0.00034이고, (2)와의 오차는 0.000003이다. 따라서 두 경우 비교적 작은 오차를 가지며, n이 클수록 더 좋은 근사확률을 얻음을 알 수 있다.

문제 7.4

(1) 09 : 00에서 09 : 05 사이에 들어온 손님의 수를 X라 하면

$X \sim \text{Poi}\left(\frac{5}{2}\right)$

$P(X=0) = e^{-\frac{5}{2}} = 0.0821$

(2) 09 : 05에서 09 : 10 사이에 들어온 손님의 수를 Y라 하면 Y는 X와 독립이다.

$Y \sim \text{Poi}\left(\frac{5}{2}\right)$이고, 따라서

$$
\begin{aligned}
P(Y \ge 3) &= 1 - (P(Y=0) + P(Y=1) + P(Y=2)) \\
&= 1 - e^{-\frac{5}{2}}\left(1 + \frac{5}{2} + \frac{\left(\frac{5}{2}\right)^2}{2!}\right) = 0.4562
\end{aligned}
$$

문제 7.5

어느 날 09시부터 11시 사이에 오는 손님의 수를 X, 어느 날 비가 오는 사건을 R이라 하면

$P(R) = 0.2,\ X|_R \sim \text{Poi}(6),\ X|_{R^C} \sim \text{Poi}(10)$

이다.

(1) $\mathrm{P}(R|X=5) = \dfrac{\mathrm{P}(R)\mathrm{P}(X=5|R)}{\mathrm{P}(X=5)}$

$$= \frac{\mathrm{P}(R)\mathrm{P}(X=5|R)}{\mathrm{P}(R)\mathrm{P}(X=5|R)+\mathrm{P}(R^c)\mathrm{P}(X=5|R^c)}$$

$$= \frac{0.2 \times \dfrac{e^{-6}(6)^5}{5!}}{0.2 \times \dfrac{e^{-6}(6)^5}{5!} + 0.8 \times \dfrac{e^{-10}(10)^5}{5!}}$$

$$= 0.5149$$

(2) 그날 11시에서 13시 사이의 손님의 수를 Y라 하면

$$\mathrm{P}(Y=5|X=5) = \frac{\mathrm{P}(X=5,\ Y=5)}{\mathrm{P}(X=5)}$$

$$= \frac{\mathrm{P}(R)\mathrm{P}(X=5,\ Y=5|R)+\mathrm{P}(R^C)\mathrm{P}(X=5,\ Y=5|R^C)}{\mathrm{P}(X=5)}$$

$$= \frac{\mathrm{P}(R)\mathrm{P}(X=5|R)\mathrm{P}(Y=5|R)+\mathrm{P}(R^C)\mathrm{P}(X=5|R^C)\mathrm{P}(Y=5|R^C)}{\mathrm{P}(X=5)}$$

$$= \frac{0.2 \times \left(\dfrac{e^{-6}(6)^5}{5!}\right)^2 + 0.8 \times \left(\dfrac{e^{-10}(10)^5}{5!}\right)^2}{0.0624} = 0.1010$$

보충설명

* X가 포아송분포를 따르는 것이 아니라 $X|_R$, $X|_{R^C}$가 포아송분포를 따른다.

문제 7.6

$X \sim \mathrm{Poi}(5)$

이므로 $\mathrm{E}(X)=5$, $\mathrm{V}(X)=5$이다.

따라서

$$\mathrm{E}\left(\frac{1}{n-1}\sum_{i=1}^{n}(X_i-\overline{X})^2\right) = \frac{140}{n-1},$$

$$\mathrm{V}(X) = \frac{140}{n-1} = 5$$

이므로 $n=29$

문제 7.7

$X \sim \mathrm{B}(10,\ \frac{1}{5})$ 인 이항확률변수이므로

$$\begin{aligned}\sum_{n=3}^{10} \mathrm{P}(X=n) &= 1-\mathrm{P}(X=0)-\mathrm{P}(X=1)-\mathrm{P}(X=2)\\ &= 1-\binom{10}{0}\left(\frac{1}{5}\right)^0\left(\frac{4}{5}\right)^{10}-\binom{10}{1}\left(\frac{1}{5}\right)^1\left(\frac{4}{5}\right)^9-\binom{10}{2}\left(\frac{1}{5}\right)^2\left(\frac{4}{5}\right)^8\\ &= 0.3222\end{aligned}$$

문제 7.8

$X \sim \mathrm{NB}(6,\ \frac{1}{3})$ 인 음이항확률변수이므로

$$b^*(n; 6,\ \frac{1}{3}) = \binom{n-1}{5}\left(\frac{2}{3}\right)^{n-6}\left(\frac{1}{3}\right)^6,\ n=6,\ 7,\ 8,\ \cdots$$

문제 7.9

(1) $X \sim \mathrm{Geo}(\frac{1}{3})$ 인 기하확률변수이므로

$$\mathrm{P}(X=4) = \left(\frac{2}{3}\right)^3 \cdot \frac{1}{3} = \frac{2^3}{3^4}$$

(2) 두 번 이내에 2 또는 5의 눈이 나올 확률은

$$\mathrm{P}(X=1)+\mathrm{P}(X=2) = \frac{1}{3}+\frac{2}{3}\cdot\frac{1}{3} = \frac{5}{9}$$

문제 7.10

(1) 하루 동안 걸려오는 전화의 건수는 모수가 $\lambda = 9$ 인 포아송분포를 따르므로 하루에 걸려온 전화 건수가 7통이 될 확률은

$$\mathrm{P}(X=7) = \frac{e^{-9}\times 9^7}{7!}$$

(2) 어느 날 하루에 걸려온 전화 건수가 3통 이상이 될 확률은

$$\sum_{n=3}^{\infty} \mathrm{P}(X=n) = 1 - \mathrm{P}(X=0) - \mathrm{P}(X=1) - \mathrm{P}(X=2)$$
$$= 1 - \frac{e^{-9}9^0}{0!} - \frac{e^{-9}9^1}{1!} - \frac{e^{-9}9^2}{2!}$$
$$= 1 - \frac{101}{2}e^{-9}$$

문제 7.11

X가 모수 λ_1인 포아송분포를 따르므로 적률생성함수는

$$M_X(t) = \exp(\lambda_1(e^t - 1))$$

이다. X와 Y가 서로 독립이므로

$$M_Z(t) = M_{X+Y}(t) = M_X(t)M_Y(t)$$
$$= \exp(\lambda_1(e^t - 1)) \times \exp(\lambda_2(e^t - 1))$$
$$= \exp((\lambda_1 + \lambda_2)(e^t - 1))$$

문제 7.12

(1) X가 모수 λ의 포아송분포를 따를 때, X의 적률생성함수는

$$M_X(t) = \exp(\lambda(e^t - 1))$$

이고, t에 관하여 두 번 미분한 식이

$$M_X^{''}(t) = \lambda e^t \exp(\lambda(e^t - 1)) + (\lambda e^t)^2 \exp(\lambda(e^t - 1))$$

이므로, 한 번 더 미분하면

$$M_X^{(3)}(t) = \lambda e^t \exp(\lambda(e^t - 1)) + (\lambda e^t)^2 \exp(\lambda(e^t - 1))$$
$$+2(\lambda e^t)^2 \exp(\lambda(e^t - 1)) + (\lambda e^t)^3 \exp(\lambda(e^t - 1))$$
$$= \lambda e^t \exp(\lambda(e^t - 1)) + 3(\lambda e^t)^2 \exp(\lambda(e^t - 1))$$
$$+(\lambda e^t)^3 \exp(\lambda(e^t - 1))$$

이다. 따라서

$$\mathrm{E}[X^3] = M_X^{(3)}(0) = \lambda + 3\lambda^2 + \lambda^3$$

이므로 $\lambda = 4$를 대입하면

$$\mathrm{E}[X^3] = 4 + 48 + 64 = 116$$

(2) X의 적률생성함수가

$$M_X(t) = \exp(4(e^t - 1))$$

이므로

$$M_Y(t) = e^{3t}\exp(4(e^{2t} - 1))$$

8장 연습문제 해답

문제 8.1

균등분포에서의 $f(x) = \begin{cases} \dfrac{1}{b-a}, & a \le x \le b \\ 0, & \text{그 외의 } x \end{cases}$, $\mu = \dfrac{a+b}{2}$, $\sigma^2 = \dfrac{(b-a)^2}{12}$ 이므로

$$f(x) = \frac{1}{4},\ 1 \le x \le 5$$

이다. 그리고 $\mu = \dfrac{6}{2} = 3$, $\sigma^2 = \dfrac{4}{3}$

문제 8.2

성인 400명 중 A 통신사를 이용하는 성인 고객 수를 확률변수 X라 하자.

$$X \sim \mathrm{B}\left(400,\ \frac{1}{5}\right)\ (\text{단, } 20\% = \frac{1}{5} = p)$$

그러므로 $\mathrm{E}(X) = np = 80$, $\mathrm{V}(X) = np(1-p) = 64$이고, 400이 충분히 큰 수이므로 X는 정규분포에 가깝다. 즉, $X \sim \mathrm{N}\left(80,\ 8^2\right)$이다.

따라서,

$$\begin{aligned} \mathrm{P}(80 \le X \le 92) &\approx \mathrm{P}\left(\frac{80-80}{8} \le Z \le \frac{92-80}{8}\right) \\ &= \mathrm{P}\left(0 \le Z \le \frac{3}{2}\right) \end{aligned}$$

이다. 그러므로 $k = \dfrac{3}{2}$이다.

문제 8.3

$X \sim N(175,\ 25)$이고, $\alpha \sim N(0,\ 12)$이므로

$$\mathrm{E}(Y) = \mathrm{E}\left(\frac{2}{5}X + \alpha\right) = \frac{2}{5}\mathrm{E}(X) + \mathrm{E}(\alpha) = 70$$

$$\mathrm{V}(Y) = \mathrm{V}\left(\frac{2}{5}X + \alpha\right) = \frac{4}{25}\mathrm{V}(X) + \mathrm{V}(\alpha) = 4 + 12 = 16$$

즉, Y는 평균이 70, 분산이 16인 정규분포를 따른다. 그러므로

$$\mathrm{P}(Y > 72) = \mathrm{P}\left(Z > \frac{72-70}{4}\right) = \mathrm{P}(Z > 0.5),\ k = 0.5\text{이다.}$$

문제 8.4

$X \sim \mathrm{N}(82,\ 6^2)$, $Y \sim \mathrm{N}(80,\ 8^2)$가 독립이므로

$$\mathrm{E}(T) = \mathrm{E}\left(\frac{1}{2}X + \frac{1}{2}Y\right) = \frac{1}{2}\mathrm{E}(X) + \frac{1}{2}\mathrm{E}(Y) = 81$$

$$\mathrm{V}(T) = \mathrm{V}\left(\frac{1}{2}X + \frac{1}{2}Y\right) = \frac{1}{4}\mathrm{V}(X) + \frac{1}{4}\mathrm{V}(Y) = 25$$

즉, T는 평균이 81, 분산이 25인 정규분포를 따른다. 그러므로

$$\mathrm{P}(T \geq 90) = \mathrm{P}\left(Z \geq \frac{90-81}{5}\right) = \mathrm{P}(Z \geq 1.8),\ k = 1.8\text{이다.}$$

문제 8.5

(1) X가 $X \sim N(\mu,\ \sigma^2)$인 정규확률분포를 따를 때, X의 적률생성함수는

$$M_X(t) = \exp\left(\mu t + \frac{\sigma^2 t^2}{2}\right)$$

이고, t에 관하여 두 번 미분한 식이

$$M_X''(t) = \sigma^2 \exp\left(\mu t + \frac{\sigma^2 t^2}{2}\right) + (\mu + \sigma^2 t)^2 \exp\left(\mu t + \frac{\sigma^2 t^2}{2}\right)$$

이므로, 한 번 더 미분하면

$$M_X^{(3)}(t) = \sigma^2 \exp\left(\mu t + \frac{\sigma^2 t^2}{2}\right)(\mu + \sigma^2 t) + 2\sigma^2(\mu + \sigma^2 t)\exp\left(\mu t + \frac{\sigma^2 t^2}{2}\right)$$
$$+(\mu + \sigma^2 t)^3 \exp\left(\mu t + \frac{\sigma^2 t^2}{2}\right)$$

이다. 따라서

$$\mathrm{E}[X^3] = M_X^{(3)}(0) = \sigma^2\mu + 2\sigma^2\mu + \mu^3$$

이므로 $\mu = 2$와 $\sigma = 3$을 대입하면

$$\mathrm{E}[X^3] = 18 + 36 + 8 = 62$$

(2) X의 적률생성함수가

$$M_X(t) = \exp\left(2t + \frac{9t^2}{2}\right)$$

이므로 $M_Y(t) = e^{3t}\exp\left(4t + 18t^2\right) = \exp\left(7t + 18t^2\right)$이다.

문제 8.6

(1) Y가 취할 수 있는 값의 범위는 $\left[0,\ \frac{1}{2}\right]$이다.

Y의 누적분포함수는

$$G(y) = \mathrm{P}(Y \le y) = \mathrm{P}(X \le y \text{ or } X \ge 1-y) = 2y,\ 0 \le y \le \frac{1}{2}$$

그러므로 Y의 확률밀도함수는

$$g(y) = 2,\ 0 \le y \le \frac{1}{2}$$

이다. 즉 Y는 $\mathrm{Unif}\left(0,\ \frac{1}{2}\right)$를 따르므로

$$\mathrm{V}(Y) = \frac{1}{12} \times \left(\frac{1}{2} - 0\right)^2 = \frac{1}{48}$$

(2) 잘린 막대기의 두 조각의 길이는 각각 X와 $1-X$이므로

두 길이의 조화평균은 $2X(1-X)$이다. 따라서

$$\mathrm{E}(2X(1-X)) = \int_0^1 2x(1-x) \times 1dx = \frac{1}{3}$$

또는 잘린 막대기의 두 조각의 길이를 Y와 $1-Y$로 생각할 수도 있으므로

$$\mathrm{E}(2Y(1-Y)) = \int_0^{1/2} 2y(1-y) \times 2dy = \frac{1}{3}$$

문제 8.7

A 지점에서 1이 전송되었을 때, B 지점에 도착하는 값은 $k + X_1 + X_2$이다.

그리고 $X_1,\ X_2$는 각각 정규분포를 따르고 서로 독립이므로

$X_1 + X_2 \sim \mathrm{N}\left(0,\ 0.3^2 + 0.4^2\right)$이다.

주어진 조건에 의하여 $\mathrm{P}(k+X_1+X_2 \geq 0.8)=0.9$이므로

$$\mathrm{P}(X_1+X_2 \geq 0.8-k)=\mathrm{P}\left(\frac{X_1+X_2}{0.5} \geq \frac{0.8-k}{0.5}\right)=\mathrm{P}\left(Z \geq \frac{0.8-k}{0.5}\right)$$

이 0.9이어야 한다. 따라서, $\dfrac{0.8-k}{0.5}=-1.28$이고 $k=1.44$이다.

문제 8.8

(1) $\mu=\int_0^\infty xe^{-x}dx=1$이고,

$$\mathrm{E}(X^2)=\int_0^\infty x^2e^{-x}dx=\left[-x^2e^{-x}\right]_0^\infty-\int_0^\infty 2x(-e^{-x})dx=2\int_0^\infty xe^{-x}dx=2$$

그러므로 $\sigma=\sqrt{\mathrm{E}(X^2)-\mu^2}=1$

따라서,

$$\begin{aligned}\mathrm{P}(|X-\mu|\geq 2\sigma)&=\mathrm{P}(|X-1|\geq 2)=\mathrm{P}(X\leq -1 \text{ or } X\geq 3)=\mathrm{P}(X\geq 3)\\&=\int_3^\infty e^{-x}dx=e^{-3}\end{aligned}$$

(2) 체비셰프 부등식에 의해 $\mathrm{P}(|X-\mu|\geq 2\sigma)\leq \dfrac{1}{2^2}$

이 문제에서는 $\mathrm{P}(|X-\mu|\geq 2\sigma)=e^{-3}\fallingdotseq 0.05\leq \dfrac{1}{2^2}$

9장 연습문제 해답

문제 9.1

$$\int_{-\infty}^\infty f(x)dx=\int_0^1 adx+\int_1^\infty be^{1-x}dx=a+b=1$$

$$\int_{-\infty}^\infty xf(x)dx=\int_0^1 axdx+\int_1^\infty bxe^{1-x}dx=\frac{a}{2}+2b=\frac{3}{2}(\because \mathrm{E}(\overline{X})=\mu)$$

이므로, 연립하여 풀면 $a^2+b^2=\dfrac{5}{9}$

문제 9.2

각 $i = 1, 2, 3, \cdots, n$에 대하여

$$\mathrm{P}(X_i = 1) = \mathrm{P}(X_i = 3) = \frac{1}{2} \times \frac{1}{2} + \frac{1}{2} \times \frac{1}{4} = \frac{3}{8}$$

$$\mathrm{P}(X_i = 2) = \mathrm{P}(X_i = 4) = \frac{1}{2} \times \frac{1}{4} = \frac{1}{8}$$

그러므로

$$\mathrm{E}(X_i) = 1 \times \frac{3}{8} + 2 \times \frac{1}{8} + 3 \times \frac{3}{8} + 4 \times \frac{1}{8} = \frac{9}{4}$$

$$\mathrm{E}\left(X_i^2\right) = 1^2 \times \frac{3}{8} + 2^2 \times \frac{1}{8} + 3^2 \times \frac{3}{8} + 4^2 \times \frac{1}{8} = \frac{25}{4}$$

$$\sigma(X_i) = \sqrt{\frac{25}{4} - \frac{81}{16}} = \frac{\sqrt{19}}{4}$$

이다. 각 X_i들은 서로 독립이므로

$\mathrm{E}(\overline{X}) = \mathrm{E}(X_i) = \frac{9}{4}$ 이고 $\sigma(\overline{X}) = \frac{\sigma(X_i)}{\sqrt{n}} = \frac{\sqrt{19}}{4\sqrt{n}}$ 이다.

주어진 조건에 의하여

$\frac{\mathrm{E}(\overline{X})}{\sigma(\overline{X})} = \frac{9\sqrt{n}}{\sqrt{19}} = 9$ 이므로 $n = 19$이다.

문제 9.3

중심극한정리에 의해 $\hat{p}$는 근사적으로 평균이 $\frac{1}{2}$이고

표준편차가 $\sqrt{\frac{1}{2} \times \left(1 - \frac{1}{2}\right) \times \frac{1}{196}} = \frac{1}{28}$인 정규분포를 따른다. 그런데

$$\mathrm{P}(\hat{p} > a) = \mathrm{P}\left(\frac{\hat{p} - 1/2}{1/28} > \frac{a - 1/2}{1/28}\right) = 0.04$$

이므로 $\frac{a - 1/2}{1/28} = 1.75$이다. 따라서 $a = \frac{1}{2} + \frac{7}{4} \times \frac{1}{28} = \frac{9}{16}$이다.

문제 9.4

$Y_i = X_i^2$ 으로 두자. 그러면 $Y_1,\ Y_2,\ \cdots,\ Y_n$ 은

평균이 $\mathrm{E}(Y_i) = \mathrm{E}\left(X_i^2\right) = \int_0^1 x^2 dx = \frac{1}{3}$ 이고

분산이 $\mathrm{V}(Y_i) = \mathrm{E}\left(X_i^4\right) - \left\{\mathrm{E}\left(X_i^2\right)\right\}^2 = \int_0^1 x^4 dx - \left(\frac{1}{3}\right)^2 = \frac{4}{45}$ 인

모집단에서 추출한 표본이다. 그러므로

$$\mathrm{P}\left(\sum_{i=1}^{40} X_i^2 \le \frac{50}{3}\right) = \mathrm{P}\left(\frac{\sum_{i=1}^{40} Y_i}{40} \le \frac{5}{12}\right) = \mathrm{P}\left(\overline{Y} \le \frac{5}{12}\right)$$

$$= \mathrm{P}\left(\frac{\overline{Y} - \frac{1}{3}}{\frac{2}{\sqrt{45 \times 40}}} \le \frac{\frac{5}{12} - \frac{1}{3}}{\frac{2}{\sqrt{45 \times 40}}}\right)$$

이고, 중심극한정리에 의해 이 값은 근사적으로

$$\mathrm{P}\left(Z \le \frac{\frac{5}{12} - \frac{1}{3}}{\frac{2}{\sqrt{45 \times 40}}}\right) = \mathrm{P}\left(Z \le \frac{5\sqrt{2}}{4}\right)$$

와 같다. 그러므로 $k = \frac{5\sqrt{2}}{4}$ 이다.

10장 연습문제 해답

문제 10.1

성인 300명을 대상으로 조사한 표본비율은 $\frac{180}{300} = 0.6$ 이다.

$$\left(0.6 - 2.58\sqrt{\frac{0.6 \times 0.4}{300}},\ 0.6 + 2.58\sqrt{\frac{0.6 \times 0.4}{300}}\right),\ 0.527244 < p < 0.672756$$

이므로 소수점 다섯째 자리에서 반올림한 구간은 $(0.5272,\ 0.6728)$ 이다.

문제 10.2

우선, $\overline{X}$는 $N\left(\mu, \left(\frac{9}{6}\right)^2\right)$을 따른다.

$$P(|\overline{X}-\mu|<c) = 1 - P(|\overline{X}-\mu|>c) = 0.9$$

이므로

$$P\left(\frac{|\overline{X}-\mu|}{\frac{9}{6}} < \frac{c}{\frac{9}{6}}\right) = P\left(|Z| < \frac{2}{3}c\right) = 0.9$$

한편, $P(Z<1.64)=0.95$이고, $P(|Z|<1.64)=0.9$이므로 $\frac{2}{3}c = 1.64$이다.

따라서 $c = 2.46$이다.

또한, 모평균 μ에 대한 90% 양측 신뢰구간은 $\left(\overline{X} - 1.64\frac{\sigma}{\sqrt{n}},\ \overline{X} + 1.64\frac{\sigma}{\sqrt{n}}\right)$이므로

$$\left(60 - 1.64\frac{9}{\sqrt{36}},\ 60 + 1.64\frac{9}{\sqrt{36}}\right) = (57.54,\ 62.46)$$

문제 10.3

$$E(X) = M_X'(0) = \left.\frac{8}{(1-2t)^5}\right|_{t=0} = 8$$

$$E(X^2) = M_X''(0) = \left.\frac{80}{(1-2t)^6}\right|_{t=0} = 80$$

그러므로 $V(X) = E(X^2) - [E(X)]^2 = M_X''(0) - [M_X'(0)]^2 = 80 - 64 = 16$

이다. 따라서 $E(\overline{X}) = 8$, $V(\overline{X}) = \frac{16}{100}$이므로 중심극한정리에 의해

$$\overline{X} \approx N\left(8, \frac{16}{100}\right)$$

이다.

$$P(\overline{X} \geq 9) \fallingdotseq P\left(Z \geq \frac{9-8}{\sqrt{\frac{16}{100}}}\right) = P\left(Z \geq \frac{5}{2}\right)$$

이므로 $c = \frac{5}{2}$

문제 10.4

중심극한정리에 의해

$$\hat{p_1} \sim \mathrm{N}\left(p_1, \frac{p_1(1-p_1)}{350}\right), \hat{p_2} \sim \mathrm{N}\left(p_2, \frac{p_2(1-p_2)}{160}\right)$$

이고, $p = \frac{p_1 + p_2}{2}$라 하면 $\hat{p} = \frac{\hat{p_1} + \hat{p_2}}{2}$ 이다. 각 도시에서 일어나는 상황은 독립이므로,

$\hat{p} \sim \mathrm{N}\left(p, \frac{1}{4}\left(\frac{p_1(1-p_1)}{350} + \frac{p_2(1-p_2)}{160}\right)\right)$이다. 신뢰구간을 고려할 때 모비율을 알지 못하므로, 표본비율을 이용하면 된다. 따라서 p에 대한 90% 신뢰구간은

$$\left(\hat{p} - 1.645 \times \sqrt{\frac{1}{4}\left(\frac{\hat{p_1}(1-\hat{p_1})}{350} + \frac{\hat{p_2}(1-\hat{p_2})}{160}\right)},\right.$$
$$\left.\hat{p} + 1.645 \times \sqrt{\frac{1}{4}\left(\frac{\hat{p_1}(1-\hat{p_1})}{350} + \frac{\hat{p_2}(1-\hat{p_2})}{160}\right)}\right)$$

이다. 그러므로

$$a = \hat{p} = \frac{0.7 + 0.8}{2} = 0.75,\ b = \sqrt{\frac{1}{4}\left(\frac{0.7 \times 0.3}{350} + \frac{0.8 \times 0.2}{160}\right)} = 0.02$$

문제 10.5

신뢰구간의 하한값은 $\overline{x} - t_{0.05}(7) \times \frac{s}{\sqrt{8}} = 2.5 - 1.89 \times \frac{0.94}{2 \times 1.41} = 2.5 - 0.63 = 1.87$이고
신뢰구간의 상한값은 $\overline{x} + t_{0.05}(7) \times \frac{s}{\sqrt{8}} = 2.5 + 1.89 \times \frac{0.94}{2 \times 1.41} = 2.5 + 0.63 = 3.13$이다.
그러므로 μ에 대한 90% 양면신뢰구간은 $(1.87,\ 3.13)$이다.

문제 10.6

(1) $0 \le y \le a$일 때,

$$\mathrm{P}(Y \le y) = \mathrm{P}(\max\{X_1,\ X_2\} \le y) = \mathrm{P}(X_1 \le y,\ X_2 \le y) = \mathrm{P}(X_1 \le y) \times \mathrm{P}(X_2 \le y)$$

이고

$$\mathrm{P}(X_1 \le y) = \mathrm{P}(X_2 \le y) = \int_0^y \frac{2}{a^2} x dx = \frac{y^2}{a^2}$$

이므로

$$P(Y \le y) = \begin{cases} 0, & (y < 0) \\ \dfrac{y^4}{a^4}, & (0 \le y \le a) \\ 1, & (y > a) \end{cases}$$

(2) Y 의 확률밀도함수는 $g(y) = \dfrac{4}{a^4}y^3,\ 0 \le y \le a$ 이므로

$$E(Y) = \int_0^a y \times \frac{4}{a^4} \times y^3 dy = \frac{4}{5}a$$

이다. 따라서 $E\left(\dfrac{5}{4}Y\right) = a$ 이고 $k = \dfrac{5}{4}$ 이다.

11장 연습문제 해답

문제 11.1

(1) X 는 이항분포 $B(10, p)$를 따른다.

제1종 오류의 확률은, $p = 0.5$ 일 때 $P(X \ge 8)$과 같다. 그러므로

$$P(X \ge 8) = \binom{10}{8} \times \frac{1}{2^{10}} + \binom{10}{9} \times \frac{1}{2^{10}} + \binom{10}{10} \times \frac{1}{2^{10}} = \frac{7}{128}$$

(2) 제2종 오류의 확률은, $p = 0.8$ 일 때 $P(X \le 7)$과 같다. 그러므로

$$\begin{aligned} P(X \le 7) &= 1 - P(X \ge 8) \\ &= 1 - \binom{10}{8} \times \left(\frac{4}{5}\right)^8 \times \left(\frac{1}{5}\right)^2 - \binom{10}{9} \times \left(\frac{4}{5}\right)^9 \times \left(\frac{1}{5}\right)^1 \\ &\quad - \binom{10}{10} \times \left(\frac{4}{5}\right)^{10} \times \left(\frac{1}{5}\right)^0 \\ &= 1 - 45 \times \frac{4^8}{5^{10}} - 10 \times \frac{4^9}{5^{10}} - \frac{4^{10}}{5^{10}} \\ &= 1 - \frac{4^8}{5^{10}} \times (45 + 40 + 16) = 1 - \frac{4^8}{5^{10}} \times 101 \end{aligned}$$

그러므로 $a = 101$

(3) 유의확률은, $p = 0.5$ 일 때 $P(X \ge 9)$와 같다.그러므로

$$P(X \ge 9) = \binom{10}{9} \times \frac{1}{2^{10}} + \binom{10}{10} \times \frac{1}{2^{10}} = \frac{11}{1024}$$

문제 11.2

볼베어링의 지름은 평균이 μ인 정규분포를 따른다고 가정하자.

귀무가설: $\mu = 11.4$

대립가설: $\mu \neq 11.4$

검정을 위한 통계량 값은 $t = \dfrac{\overline{x} - 11.4}{s/\sqrt{9}}$이고, $|t| \geq t_{0.025}(8)$일 때 귀무가설을 기각해야 한다.

$t = \dfrac{11.3 - 11.4}{0.12/\sqrt{9}} = -2.5$이고 $t_{0.025}(8) = 2.306$이므로 귀무가설을 기각한다.

그러므로 지름의 평균이 11.4mm가 아니라고 할 수 있다.

문제 11.3

모비율(=연체하는 사용자의 비율)을 p, 표본비율을 $\hat{p}$라고 하자.

귀무가설: $p = 0.04$

대립가설: $p < 0.04$

검정을 위한 통계량 값은 $z = \dfrac{\hat{p} - 0.04}{\sqrt{\dfrac{0.04 \times 0.96}{600}}}$이고, $z \leq -z_{0.025}$일 때 귀무가설을 기각해야 한다.

$z = \dfrac{15/600 - 0.04}{\sqrt{\dfrac{0.04 \times 0.96}{600}}} = -1.875$이고 $z_{0.025} = 1.96$이므로 귀무가설을 기각하지 않는다.

그러므로 연체하는 사용자의 비율이 4% 미만이라고 할 수 없다.

12장 연습문제 해답

문제 12.1

(1) $\mathrm{E}\left(S_1^2\right) = \mathrm{E}\left(S_2^2\right) = \sigma^2$이므로, 주어진 통계량이 σ^2에 대한 비편향추정량이 되기 위해서는 $\mathrm{E}\left(a \times S_1^2 + b \times S_2^2\right) = a \times \sigma^2 + b \times \sigma^2$이 σ^2과 같아야 한다. 그러므로 $a + b = 1$이다.

(2) $\dfrac{8}{\sigma^2} \times S_1^2 \sim \chi^2(8)$이고 $\dfrac{12}{\sigma^2} \times S_2^2 \sim \chi^2(12)$이므로 $\mathrm{V}\left(\dfrac{8}{\sigma^2} \times S_1^2\right) = 16$이고,

$\mathrm{V}\left(\dfrac{12}{\sigma^2} \times S_2^2\right) = 24$이다. 따라서, $\dfrac{64}{\sigma^4} \times \mathrm{V}\left(S_1^2\right) = 16$이고 $\dfrac{144}{\sigma^4} \times \mathrm{V}\left(S_2^2\right) = 24$이다.

즉, $\mathrm{V}\left(S_1^2\right) = \dfrac{\sigma^4}{4}$ 이고 $\mathrm{V}\left(S_2^2\right) = \dfrac{\sigma^4}{6}$ 이다. 그러므로

$$\begin{aligned} f(t) &= \mathrm{V}\left(t \times S_1^2 + (1-t) \times S_2^2\right) = t^2 \times \mathrm{V}\left(S_1^2\right) + (1-t)^2 \times \mathrm{V}\left(S_2^2\right) \\ &= t^2 \times \frac{\sigma^4}{4} + (1-t)^2 \times \frac{\sigma^4}{6} = \frac{\sigma^4}{12} \times \left(5t^2 - 4t + 2\right) \end{aligned}$$

$f(t)$는 t에 관한 2차함수이고 $t = \dfrac{2}{5}$에서 최솟값을 갖는다.

그러므로 $f(t)$의 최솟값은 $f\left(\dfrac{2}{5}\right) = \dfrac{\sigma^4}{10}$ 이다. 그러므로 $k = \dfrac{1}{10}$ 이다.

문제 12.2

$\overline{X} \sim \mathrm{N}\left(\mu,\ \dfrac{\sigma^2}{24}\right)$ 이고 $X \sim \mathrm{N}\left(\mu,\ \sigma^2\right)$ 이다.

$\overline{X}$와 X는 서로 독립이므로 $\overline{X} - X \sim \mathrm{N}\left(0,\ \dfrac{25}{24}\sigma^2\right)$ 이고 $\dfrac{\overline{X} - X}{\frac{5}{\sqrt{24}}\sigma} \sim \mathrm{N}(0,\ 1)$

또한 $\dfrac{23S^2}{\sigma^2} \sim \chi^2(23)$ 이고 $\dfrac{\overline{X} - X}{\frac{5}{\sqrt{24}}\sigma}$ 와 S^2은 서로 독립이므로

$$\frac{\overline{X} - X}{\frac{5}{\sqrt{24}}\sigma} \div \sqrt{\frac{S^2}{\sigma^2}} = \frac{\overline{X} - X}{\frac{5}{\sqrt{24}}S} \sim t(23)$$

주어진 식으로부터

$$\begin{aligned} \mathrm{P}(\overline{X} - kS \le X \le \overline{X} + kS) &= \mathrm{P}(-kS \le \overline{X} - X \le kS) = \mathrm{P}\left(-k \le \frac{\overline{X} - X}{S} \le k\right) \\ &= \mathrm{P}\left(\left|\frac{\overline{X} - X}{S}\right| \le k\right) = \mathrm{P}\left(\left|\frac{\overline{X} - X}{(\frac{5}{\sqrt{24}})S}\right| \le \frac{\sqrt{24}}{5}k\right) \end{aligned}$$

의 값이 0.98이고, $\dfrac{\overline{X} - X}{(\frac{5}{\sqrt{24}})S} \sim t(23)$ 이므로 $\dfrac{\sqrt{24}}{5}k = 2.5$이다.

따라서 $k = \dfrac{5 \times 2.5}{2\sqrt{6}} = \dfrac{125}{49}$ 이다.

13장 연습문제 해답

문제 13.1

우선 다음 표를 만들어보자.

월	X_i	Y_i	X_i^2	Y_i^2	X_iY_i
1	6	100	64	4900	800
2	8	100	64	10000	800
3	10	120	100	14400	1200
4	12	110	144	12100	1320
5	9	90	81	8100	810
합계	45	490	425	49500	4550

$$b = \frac{n\sum X_iY_i - \sum X_i \sum Y_i}{n\sum X_i^2 - \left(\sum X_i\right)^2} = \frac{(5)(4550) - (45)(490)}{(5)(425) - (45)^2} = 7$$

$$a = \overline{Y} - b\overline{X} = \frac{490}{5} - (7)\left(\frac{45}{5}\right) = 35$$

즉, 계산된 a, b를 표본회귀식에 대입하면

$$\hat{Y} = \mathrm{E}(Y|X) = 35 + 7X$$

문제 13.2

그림 (a)에서는 잔차의 합이 0이고 (b)에서는 잔차의 합이 0이 아니다. 그리고 그림 (a)에서 잔차제곱의 합이 그림 (b)에서 잔차제곱의 합이 더 작다. 그러므로 설명변수가 반응변수의 변화를 더 잘 설명하고 있는 그림은 (a)이다.

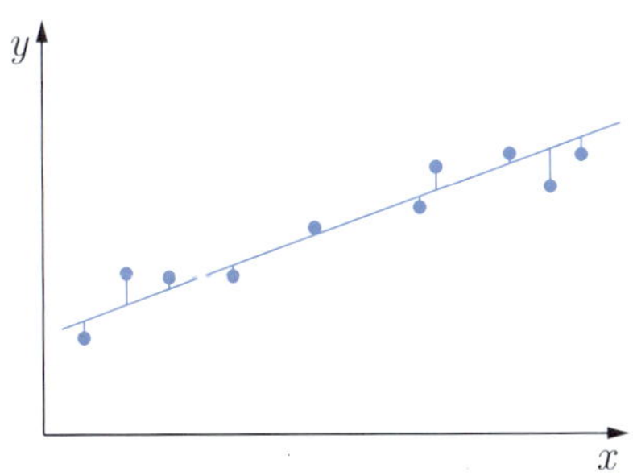

(a)

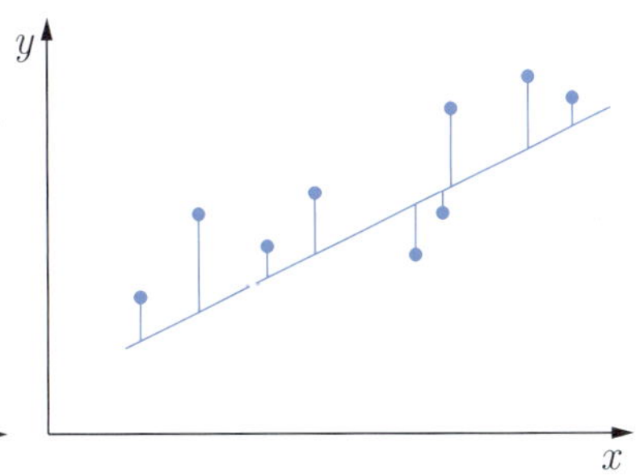

(b)

찾아보기

【 T 】

저자 소개

전영주

•단국대학교 수학교육학 박사
•한국교육과정평가원(KICE) 부연구위원
•(현)전북대학교 수학교육과 교수
•주요 저서
《수학과 교수·학습의 이론과 실제》(공저)
《CODAP으로 통계 수업 디자인하기》(공저)
《키워드 수학교육학》(공저) 등

윤용식

•교토(Kyoto)대학 이학박사
•(현)제주대학교 수학과 교수
•주요 저서
《확률론》(저)
《보험수학》(공저)
《확률과 생활》(저) 등

배종호

•포항공과대학교 이학박사
•서울대학교 복잡계통계연구센터 연구원
•전주대학교 수학과 교수
•(현)충남대학교 정보통계학과 교수
•주요 저서
《통계학입문》(공저)

※ 이 저서는 2023년 전북대학교 국립대학 육성사업의 지원을 받아 수행되었음.

수학교사를 위한 통계수업

지은이 전영주 · 윤용식 · 배종호
펴낸이 조경희
펴낸곳 경문사
펴낸날 2025년 1월 3일 1판 1쇄
등 록 1979년 11월 9일 제1979-000023호
주 소 04057, 서울특별시 마포구 와우산로 174
전 화 (02)332-2004 팩스 (02)336-5193
이메일 kyungmoon@kyungmoon.com

값 23,000원

ISBN 979-11-6073-739-4